KB204217

출·레·민·신 가정예배

너희 자녀에게 성경을 가르치라

현재까지 출간된 책들

- **창세기 가정예배** : 세상의 시작
- **출레민신 가정예배** : 광야를 지나는 언약 백성

출·레·민·신 가정예배

광야를 지나는 언약 백성

조엘 R. 비키, 닉 톰슨 지음

조계광 옮김

개혁된실천사

자녀 양육의 주된 목적은 무엇인가? 그것은 〈웨스트민스터 소요리 문답〉에 함축되어 있는 대로 우리의 자녀들이 하나님의 은혜로 구원받아 그분을 영화롭게 하고, 영원히 즐거워하는 것이다. 우리가 부모라면, 우리의 일차적인 목표는 지성적이고, 성공적이고, 유능하고, 정직한 시민을 육성하는 데 있지 않다. 물론, 그런 일에도 당연히 관심을 기울여야 하겠지만, 자녀들의 영혼을 유익하게 하고, 특히 하나님을 영화롭게 하는 하나님 중심적인 자녀 양육에 초점을 맞춰야 한다. 부모는 성령의 도우심을 통해 만물이 하나님에게서 나오고 그분으로 말미암고 그분에게로 돌아갈 뿐 아니라 그분이 모든 영광을 받기에 합당하시다는 것을 자녀들이 고백할 수 있게끔 도와야 한다(롬 11:36). 자녀들이 하나님 안에서 기뻐할 수 있도록(시 37:4) 그들의 양심을 일깨워 죄를 뉘우치고 그리스도를 믿도록 인도하는 것이 부모의 목표다(시 34:8). 우리는 자녀 양육을 축복하시는 성령의 은혜를 의지함으로써 우리의 자녀들이 일찍부터 〈하이델베르크 요리문답〉 제2문에 세 가지로 요약된 대로 참된 행복을 알고, 경험할 수 있게 해달라고 기도해야 한다. "첫째는 나의 죄와 비참함이 얼마나 큰지를 알아야 하고, 둘째는 어떻게 나의 모든 죄와 비참함에서 구원받을 수 있는지를 알아야 하며, 셋째는 그런 구원에 대해 하나님께 어떻게 감사해야 하는지를 알아야 한다." 그렇게 되면 우리의 자녀들은 진정으로 '하나님을 영화롭게 하고 그분을 영원히 즐거워할 수 있다.' 이것이 자녀 양육의 주된 목적이다.

그러나 하나님을 영화롭게 하고 즐거워하려면 지식이 필요하다. 하나님을 알지 못하면 그분을 영화롭게 할 수도 없고, 즐거워할 수도 없다. 이것이 〈웨스트민스터 소요리문답〉 제2문이 "하나님은 어떤 규칙을 우리에게 주어 자신을 영화롭게 하고 즐거워하도록 가르치셨는가?"라고 묻는 이유다. 하나님을 영화롭게 하고 즐거워하려면, 그 규칙을 통해 그분과 그분이 요구하시는 것을 알아야 한다. 그렇다면 그 규칙은 무엇일까? 〈웨스트민스터 소요리문답〉은 "하나님을 영화롭게 하고 즐거워하도록 가르치는 유일한 규칙은 신구약 성경에 기록된 하나님의 말씀이다."라고 대답한다.

우리가 〈자녀들에게 성경을 가르치라〉라는 시리즈를 저술하게 된 이유는 바로 이런 확신 때문이다. 우리는 매일의 가정 예배를 통해 흥미롭고 적절하면서도 전인적인 방식으로 자녀들에게 성경을 가르치는 것이 자녀 양육의 주된 목적을 이루기 위한 중요한 수단 가운데 하나라고 믿는다. 우리의 자녀들이 하나님을 영화롭게 하고 즐거워하게 하려면, 그들에게 신구약 성경을 가르쳐야 한다. 안타깝게도 자녀들에게 성경을 가르치고, 적용하는 일을 할 수 있는 역량이 부족하다고 느끼는 부모들이 많다. 그것이 이 시리즈가 필요한 이유다. 이 시리즈는 가정 예배를 통해 자녀들에게 하나님의 온전하신 뜻을 가르치기를 원하는 부모들을 위한 지침서다. 우리의 목적은 성경적이고, 개혁주의적인 건전한 가정 예배를 위한 지침, 곧 5-12세의 아이가 충분히 이해할 수 있을 뿐 아니라 온 가족을 교육하는 데 필요한 안내서를 제공하는 데 있다.

이 시리즈의 각 장은 '복습,' '본문 읽기,' '해설,' '기도'라는 네 개의 항으로 구성되어 있다. 우리는 각 장을 단순하고, 기억하기 좋게 구성함으로써 부모들이 수중에 이 지침서가 없을 때도 쉽게 떠올려 따라서 할 수 있도록 배려했다. 아래에 이 네 가지 항의 내용과 그것을 최대한 잘 활용할 수 있는 방법을 설명했으니 참조하기 바란다.

복습

교육에 관한 고전이라고 할 만한 책을 저술한 존 밀턴 그레고리는 그 책에서 인간의 생각을 "처음에는 그림의 윤곽과 서로 동떨어진 듯 보이는 부분들을 대충 그리고 나서 개개의 부분들을 계속 손질해 음영을 온전하게 드러냄으로써 구상한 것을 실물과 똑같게 완전하게 그려내는" 미술가에 빗대었다. 우리도 자녀들과 함께 똑같은 진리를 여러 번 되풀이함으로써 하나님의 말씀에 관한 그들의 생각이 흐릿하고, 불분명한 단계에서 뚜렷하고, 명료한 단계로 발전해 나가도록 이끌어야 한다.

이 항에는 최근에 가정 예배에서 논의된 이야기와 교리와 적용을 복습하도록 도와줄 질문이 두 개씩 수록되어 있다. 이 지침서에 수록된 모든 질문은 부모를 돕기 위한 몇 가지 실례에 지나지 않는다. 다시 말해, 그것들은 꼭 물어야 할 질문도 아니고, 유일한 질문도 아니다. 각각의 질문에 대한 대답은 그 바로 아래에 명시되어 있다. 자녀들과 내용을 복습할 때는 "이번 주에 우리는 성경의 어느 부분을 살펴보고 있지?"라거나 "어제 살펴본 성경은 어디지?"와 같은 좀 더 일반적인 질문을 던지는 것이 유익하다. 이 항목에 제시된 질문들은 그런 질문보다는 좀 더 구체적이기 때문에 일반적인 질문도 함께 던지는 것이 좋다. 자녀들에게 앞서 진행된 예배를 통해 배운 것을 말할 기회를 제공하면, 하나님의 말씀을 그들의 생각과 마음속에 더욱 확고하게 심어줄 수 있을 뿐 아니라 성경의 이야기들과 진리들을 서로 연관시킬 수 있는 능력을 길러줄 수 있다.

본문 읽기

우리의 자녀들이 정기적으로 성경을 접하지 않으면 하나님을 영화롭게 하고, 즐거워하는 것이 불가능하다는 것이 그리스도인 부모인 우리의 신념이다. 하나님의 말씀은 살아 있고 강력하며(히 4:12), 항상 하나님이 말씀하신 목적을 이룬다(사 55:11). 하나님의 말씀은 영원히 거하며(사 40:8), 영적으로 죽은 죄인들을 거듭나게 만들고(벧전 1:23), 신자들 안에서 효과적으로 역사해 예수님을 더욱 닮게 하며(요 17:17), 모든 선한 일을 행할 능력을 갖추게 해준다(딤후 3:16, 17).

'본문 읽기' 항은 두 부분으로 구성되어 있다. 첫 번째는 예배의 본문이 되는 성경 구절들이다. 성경은 무엇이든 다 유익하지만, 그렇다고 해서 어린아이들에게 모든 성경이 다 똑같이 유익한 것은 아니다. 이런 이유로 우리는 이 시리즈에서 성경의 장과 절을 일일이 다 다루지 않고, 5-12세의 어린아이들을 가르치는 데 가장 적합하게 생각되는 구절들만 다루기로 결정했다. 성경의 장 전체가 아닌 작은 단락(대개 두 개 내지 열 개의 구절)에 초점을 맞춘 것도 그런 이유에서다. 어린아이를 가르칠 때는 적게 가르칠수록 더 많이 가르칠 수 있는 경우가 많다. 공경하는 태도로 표현력 있게 천천히 본문을 읽어라. 자녀들이 직접 읽을 만한 나이가 되었다면, 한 구절이나 본문 전체를 읽을 기회를 제공하라.

성경 본문을 읽은 다음에는 몇 가지 질문을 접하게 될 것이다. 예를 들어, 창세기 12장 1-9절이 본문일 때는 다음과 같은 질문들을 던질 수 있다.

1) 누가 아브람에게 나타났는가?
2) 하나님은 아브람에게 어디로 가라고 명령하셨는가?
3) 아브람은 하나님께 어떻게 반응했는가?

성경에 귀를 기울이게끔 유도하고, 내용을 얼마나 잘 이해했는지를 점검하며, 그것을 자신의 말로 명료하게 표현할 수 있도록 가르치려면 기본적인 이해를 묻는 물음을 묻는 것이 중요하다. 성경 본문을 다 읽고 나서 이런 질문들을 던질 수도 있지만, 주의를 집중시키기 위해 본문을 읽어가면서 질문들 던지는 것도 유익할 것이다.

해설

웨스트민스터 총회가 발간한 〈가정 예배 지침서〉는 성경을 읽지만 말고, 가정 예배의 지도자(대개는 아버지)가 공개적으로 설명하고, 적절하게 적용해야 한다고 조언한다. 우리의 자녀들은 단순히 성경의 기본적인 내용을 이해하는 데 그쳐서는 안 된다. 구체적으로 말해, 성경의 내용을 해설하고, 적용하는 것이 필요하다. 가정 예배에서 부모가 해야 하는 역할 가운데 가장 어려운 일이 있다면 바로 이것이다. 자녀들의 흥미를 끌면서 그들이 이해할 수 있는 말로 성경을 적절하게 설명하고 적용할 능력이 없다고 느끼거나 매일 그런 일을 준비할 시간이 충분하지 않다고 생각하는 부모들이 많다. 이 항을 마련한 이유는 그런 부모들의 고충을 덜어주기 위해서다.

이 항에서 발견되는 첫 번째 요소는 본문의 핵심 내용이다. 이것은 본문의 요점을 밝힌 간결한 문장이다. 이것을 가족들에게 읽어주어도 좋고, 그들에게 성경을 가르칠 때 논의의 초점을 유지하는 길잡이로 삼아도 좋다. 핵심 내용 이후에 제시된 글은 어린 자녀의 수준을 고려해 성경 본문을 해설하고, 예시하고, 적용하는 내용으로 이루어져 있다. 이 글을 가족들에게 읽어주면 본문을 좀 더 깊이 이해할 수 있도록 도울 수 있다.

이 과정 이후에는 적용을 위한 질문들을 나열했다. 이 질문들은 논의를 촉진하기 위한 것이다. 성경을 적용할 때는 전인적인 요소를 고려하는 것이 중요하다. 성경 전체를 어린 자녀의 전인적인 인격에 적용해야 한다. 머리에 지식을 제공하고, 마음을 자극하고, 손을 움직이게 만드는 다양한 질문들이 제시되었다. '복습'과 '본문 읽기'에 제시된 질문들처럼, 이 질문들도 꼭 물어야 할 질문이 아닌 대표적인 실례일 뿐이다. 본문을 자녀들에게나 가정이 처한 상황에 구체적으로 적용할 수 있는 방법을 찾는 것이 중요하다. 제시된 질문들에 얽매이지 말고, 길잡이로 삼아 상황에 알맞은 질문들을 생각해 내라. 바꾸어 말해, 우리가 제시한 질문들은 주인이 아닌 종과 같은 역할을 할 따름이다. 그러나 어떤 질문을 던지든 자녀들의 인간적인 요소 전체(곧 머리, 마음, 손)에 하나님의 진리를 적용하려고 노력해야 한다.

기도

하나님은 성경 말씀을 통해 우리에게 말씀하시고, 우리는 기도로 그분께 대답한다. 열심히 기도하는 가정보다 하나님의 마음을 더 기쁘게 하는 것은 없다. 이 마지막 항에는 성경 본문 및 본문 해설과 연관된 기도가 제시되어 있다. 기도를 제시했지만, 자녀들에게 "오늘 하나님의 말씀을 통해 배운 것과 관련해 무슨 기도를 드리면 좋겠느냐?"라고 물으라고 권하고 싶다. 자녀들이 우리 저자들보다 더 나은 기도 제목을 제시할 수도 있다. 아무쪼록 우리의 기도 제안이 하나님의 말씀에 근거한 기도로 그분께 대답하는 방법을 가르치는 데 도움이 될 수 있기를 바란다.

이 시리즈의 주된 목적

부모들은 자녀들이 예수 그리스도 안에 있는 말로 다 할 수 없이 풍성한 하나님의 영광을 맛볼 수 있도록 이끌어야 한다. 이 시리즈가 하나님의 도구가 되어 그런 부모들을 많이 배출하는 데 도움이 되기를 바라는 마음 간절하다. 자녀들이 하나님을 사랑하며 그분의 진리 안에서 행하는 것을 보는 것보다 더 좋은 것이 어디에 있겠는가(요삼 1:4)? 그런 일이 발생하면, 자녀 양육의 주된 목적이 실현된 것이다. 이 시리즈가 그런 중요한 노력에 조금이나마 도움이 되면, 우리는 더할 나위 없이 기쁠 것이다.

—조엘 비키와 닉 톰슨

목차

시리즈 서문 4

1부 광야 해방(출 1-18장)

1. 민족의 탄생 18
2. 박해 속에서도 무사히 보존된 이스라엘 백성 22
3. 구원자의 탄생 26
4. 구원자의 준비 과정 30
5. 언약을 기억하시는 하나님 34
6. 불붙은 떨기나무 38
7. 애굽으로 다시 돌아간 모세 42
8. 내 백성을 보내라 46
9. 어둠 속에서 하나님을 신뢰하는 믿음 50
10. 싸움의 시작 54
11. 물이 피로 변하다 58
12. 개구리 재앙 62
13. 다른 재앙들 66
14. 영원한 진리를 보여주는 재앙들 70
15. 하나님의 능력을 통해 드러난 하나님의 영광 74

16. 메뚜기 재앙 78
17. 어둠과 빛 82
18. 마지막 재앙 86
19. 유월절 90
20. 애굽인들은 통곡했고 이스라엘 백성은 해방되었다 94
21. 불 기둥과 구름 기둥 98
22. 바닷가에서 102
23. 바다가 갈라지다 106
24. 모세의 노래 110
25. 쓰디쓴 시련과 달콤한 은혜 114
26. 하늘에서 내리는 양식 118
27. 반석에서 솟아 나온 물 122
28. 아말렉에 대한 승리 126

2부: 광야에서의 예배(출 19장-레 17장)

29. 하나님의 귀중한 소유 132
30. 중보자의 필요성 136
31. 율법의 하나님 140
32. 여호와를 향한 온전한 헌신 144
33. 예배의 하나님 148
34. 모든 이름 위에 뛰어난 이름 152
35. 안식일의 안식 156

36. 중한 권위 160
37. 생명 존중 164
38. 결혼 생활의 보호 168
39. 도적질하지 말고 나누라는 명령 172
40. 진실을 말하라는 명령 176
41. 그리스도 안에서 만족하는 삶 180
42. 언약의 확증 184
43. 언약의 파기 188
44. 언약의 긍휼 192
45. 언약의 속죄 196
46. 가장 큰 축복인 하나님의 임재 200
47. 들음으로 본다 204
48. 영광으로 빛나는 얼굴 208
49. 하나님의 성막 212
50. 하나님의 증거궤 216
51. 하나님의 상(床) 220
52. 하나님의 등잔대 224
53. 하나님의 분향단 228
54. 거룩한 직임을 위한 거룩한 예복 232
55. 하나님의 강림 236
56. 최초의 제사장 위임식 240
57. 아론의 첫 예배 244

58. 다른 불 248
59. 지성소로의 초청 252

3부: 광야의 방랑 생활(민수기 1-36장)

60. 징집을 위한 인구 계수 258
61. 제사장들의 인구 계수 262
62. 참된 축복 266
63. 하나님의 인도 270
64. 하나님의 보호 274
65. 광야 생활에 지친 이스라엘 백성 278
66. 성령의 능력 주심 282
67. 계속되는 불평 286
68. 담대한 믿음 290
69. 불신앙의 어리석음 294
70. 한계에 달한 하나님의 인내 298
71. 산 채로 매장된 반역자들 302
72. 모세의 반역 행위 306
73. 뱀에 대한 승리 310
74. 이스라엘 백성을 축복할 수밖에 없었던 발람 314
75. 모세의 후계자 318
76. 타협 불허의 원칙 322

4부: 언약의 갱신(신 1-34장)

77. 모세의 고별 설교 328
78. 질투하시는 하나님 332
79. 쉐마 336
80. 하나님이 자기 백성을 사랑하시는 이유 340
81. 우리의 의로움에 의존하지 않는 하나님의 축복 344
82. 마음의 할례 348
83. 자손 대대로 352
84. 최종적인 선지자 356
85. 하나님의 축복 360
86. 하나님의 저주 364
87. 새 언약 368
88. 모압에서의 애곡 372

부록

가정 예배를 드릴 때 성경과 교리문답을 암송하라 376

1부
광야 해방

출 1-18장

1 민족의 탄생

시작하기

1) '출애굽기'에 해당하는 영어 단어 엑소더스(Exodus)는 무슨 뜻인가?

— '엑소더스'는 다른 장소로 가기 위해서 한 장소를 떠나는 것을 의미한다. 출애굽기는 하나님이 야곱의 후손들을 애굽의 노예 생활에서 구원해 자신의 왕적 통치를 받는 위대한 민족으로 만드신 과정을 보여준다.

2) 출애굽기는 누가 기록했는가?

— 모세가 성령의 영감을 받아서 기록했다. 따라서 모세의 말은 곧 하나님의 말씀이다. 출애굽기의 목적은 하나님이 어떤 분이신지를 보여줌으로써 그분을 알고, 경배하게 하는 데 있다.

본문 읽기

출 1:1-7

1) 하나님은 아브라함에게 무엇을 약속하셨는가?

— 그의 후손이 하늘의 별과 같고, 바닷가의 모래와 같이 번성해 큰 민족을 이루게 하겠다고 약속하셨다(창 12:2, 22:15-18).

2) 요셉의 시대에 애굽으로 내려간 아브라함의 후손은 얼마나 되었는가?

— 일흔 명.

3) 아브라함의 후손은 애굽에서 사는 동안 어떻게 되었는가?

— 숫자와 세력이 크게 증대되어 온 땅에 가득하게 되었다. 나중의 성경 구절들을 통해 그들의 숫자가 250만 명이 넘었던 것을 알 수 있다.

해설

> 핵심 내용 : 이스라엘 백성은 애굽에 처음 내려간 당시에는 숫자가 매우 적었지만, 하나님의 축복으로 크게 번성했다. 하나님은 아브라함에게 하신 약속을 충실히 지키셨다.

한 여인이 아이를 잉태하는 순간, 세상에서 가장 놀라운 일 가운데 하나가 일어난다. 아이가 뱃속에서 형성되고 계속 자란다. 여러 달이 지나면 엄마의 배는 불룩해진다. 그리고 마침내 아홉 달이 지나면 사내아이나 계집아이가 태어난다.

출애굽기는 창세기의 뒤를 잇는다. 출애굽기는 이스라엘 민족의 탄생 이야기를 전한다. 애굽과 이스라엘의 관계는 어머니의 배(자궁)와 태아의 관계와 같았다. 태아는 어머니의 뱃속에서 영양분을 비롯해 성장에 필요한 모든 것을 공급받는다. 그와 마찬가지로 하나님은 이스라엘 자손들을 양육해 자기 백성으로 삼기 위해 그들을 애굽에 보내셨다. 그들이 완전하게 성장하자(이 과정은 아홉 달이 아닌 수백 년이 걸렸다), 하나님은 그들을 애굽에서 아브라함과 이삭과 야곱에게 약속된 땅으로 불러내셨다(출 12:40, 41 참조).

애굽은 하나님을 알지 못하는 나라였지만, 그분은 이스라엘 백성이 주변의 악한 영향력에도 불구하고 왕성하게 성장하도록 이끄셨다. 오늘날의 신자들도 애굽에 있던 하나님의 백성들처럼 적지에서 나그네로 살아간다. 우리는 우리의 신앙을 의문시하는 불신자들에 둘러싸여 있다. 따라서 그리스도께서 다시 와서 이 악한 세상으로부터의 마지막 대탈출(exodus)을 허락하실 것이라는 약속(벧후 3:1-9)과 같은 성경의 약속들을 하나님이 실제로 지키실 것인지를 의심하는 마음이 싹트기 쉽다. 그러나 우리는 하나님이 자신의 교회가 이 세상이라는 자궁 속에서 잘 성장하도록 이끄실 것이라고 믿어 의심치 않는다. 교회의 성장이 완성되면, 하나님은 이스라엘 백성을 애굽에서 인도해 냈던 것처럼 교회를 세상에서 하늘의 영광 속으로 인도해 내실 것이다.

1) 출애굽기의 처음 일곱 구절은 어떤 역할을 하는가?
— 창세기에서 끝난 이야기를 속개해 하나님이 아브라함에게 약속하신 대로 야곱의 자손들을 보호해 그들의 숫자를 크게 증대시키신 과정을 보여주는 역할을 한다.

2) 하나님이 이스라엘 자손의 숫자를 크게 증대시키신 일이 우리의 믿음을 더욱 강하게 하는 데 도움을 주는 이유는 무엇인가?

— 그 이유는 하나님의 손이 역사하지 않는 것 같아도 실제로는 그분이 약속을 충실히 지키고 계신다는 사실을 상기시켜주기 때문이다.

3) 하나님이 우리와 달리 자신의 약속을 항상 충실히 지키시는 이유는 무엇일까?

— 첫째는 그분이 변하지 않으시기 때문이다(말 3:6). 하나님이 생각을 바꾸시는 일은 절대로 없다. 둘째는 하나님이 거짓말을 하실 수 없기 때문이다(히 6:18). 셋째는 하나님이 시초부터 종말에 이르는 모든 일을 미리 작정하셨기 때문이다. 그분의 계획은 반드시 이루어진다(사 46:10, 엡 1:11).

기도 

하나님의 손이 역사하는 것이 보이지 않을 때도 그분의 모든 말씀과 약속을 신뢰하며 믿음으로 인내할 수 있는 은혜를 구하라.

2 박해 속에서도 무사히 보존된 이스라엘 백성

복습

1) 출애굽기의 서두에서 하나님은 어떤 역사를 일으키셨는가?

— 그분은 이스라엘 백성의 숫자를 크게 증대시켜 아브라함에게 하신 약속을 지키셨다.

2) 애굽에 내려간 야곱의 아들들의 이름은 무엇인가?

— 르우벤, 시므온, 레위, 유다, 잇사갈, 스불론, 베냐민, 단, 납달리, 갓, 아셀. 요셉은 당시에 이미 애굽에 있었다.

본문 읽기

출 1:8-22

1) 새로 등극한 바로(애굽의 왕)는 무엇을 두려워했는가?

— 이스라엘 백성이 애굽인들을 대적해 무너뜨릴까 봐 두려워했다.

2) 야곱의 후손들은 학대를 받을수록 어떻게 되었는가?

— 그들은 학대를 받을수록 더욱 번성했다.

3) 바로는 히브리 산파들에게 어떤 지시를 내렸고, 그들은 실제로 어떻게 행동했는가?

— 바로는 산파들에게 히브리 여인들이 낳은 사내아이들 모두 죽이라고 명령했지만, 그들은 바로보다 하나님을 더 두려워했기 때문에 사내아이들을 살려두었다.

해설

핵심 내용 : 하나님은 악한 통치자들의 박해 속에서 자기 백성을 보호하고, 옹호했으며, 크게 번성하게 하셨다.

이스라엘 자손이 애굽에서 사는 동안, 요셉을 알지 못하는 새로운 바로가 왕위에 올랐다. 그는 이스라엘 자손에게 독재자(잔인한 통치자)처럼 굴었다. 독재자들은 권력을 탐한다. 그들은 누군가가 자신의 권력을 빼앗아갈지도 모른다는 생각이 들면, 그것을 지키기 위해 수단과 방법을 가리지 않는다. 이전의 바로들은 이스라엘 자손에게 관대했지만, 새로운 바로는 요셉이 애굽의 지도자로서 이룬 선한 업적을 기억하지 못했다. 새로운 바로는 이스라엘 자손이 애굽인들보다 더 강해질까 봐 두려워했다. 그는 그렇게 되면 이스라엘 자손이 애굽을 장악하고, 자기를 권좌에서 제거할 것이라고 생각했다. 그는 자신의 권좌와 왕국과 권력을 그 어떤 것보다도 더 높이 숭배했다.

그러나 만왕의 왕은 바로가 아닌 하나님이셨다. 바로는 이스라엘 백성을 학대하고, 박해했지만, 하나님은 그들을 보호하고, 번성하게 하셨다. 하나님은 바로가 악한 의도로 전개한 모든 공격을 자기 백성을 이롭게 하는 수단으로 바꾸어놓으셨다. 첫째, 바로는 감독들을 세워 이스라엘 백성을 학대하게 했다. 그러나 그들은 학대를 받을수록 하나님의 약속대로 더욱 번성했다. 둘째, 바로는 사내아이를 모두 죽이라고 명령했다. 그러나 하나님은 바로보다 자기를 더 두려워하는 산파들을 통해 그 명령을 무용지물로 만드셨다. 셋째, 바로는 모든 사내아이를 물에 빠뜨려 죽이라고 명령했다. 그러나 하나님은 이 명령을 통해 모세를 자기 백성의 구원자로 세우셨다(이 점은 다음 장에서 좀 더 자세히 살펴볼 예정이다).

이스라엘 백성 가운데는 세월이 오래 지났기 때문에 하나님이 자기들을 잊으셨을지도 모른다고 생각했던 사람들이 있었을 것이 틀림없다. 그러나 하나님은 항상 역사하며 자신의 약속을 지키고 계셨다. 그분은 그들에게 계속해서 자신의 특별한 사랑을 베풀었고, 자녀들을 낳게 했으며, 독재자들의 계획을 좌절시켰고, 자신의 능력으로 애굽의 사슬을 깨뜨릴 지도자를 일으켜 세우셨다. 왕이신 하나님의 능력은 고난받는 신자들에게 큰 위로를 준다.

1) 박해가 세상에 있는 하나님의 백성을 멸망시킬 수 있을까?
— 그럴 수 없다. 하나님의 백성은 종종 고통스러운 박해를 당해도 절대로 멸망하지 않는다(마 16:18).

2) 하나님은 박해를 통해 자기 백성을 어떻게 이롭게 하시는가?
— 그분은 박해를 수단으로 사용해 교회를 성장시키고, 자기

에게 더욱 간절히 기도하게 하고, 하늘을 바라보게 하신다.

3) 세상의 통치자들이 우리에게 하나님을 거역하라고 명령한다면 어떻게 해야 할까?

— 하나님은 만왕의 왕이시기 때문에 히브리 산파들처럼 사람보다 하나님께 순종해야 한다(행 5:29).

기도

오늘날 세상에서 일어나고 있는 하나님의 역사, 곧 박해받는 신자들을 보호하고, 옹호하는 역사를 감지할 수 있는 통찰력을 허락해 달라고 기도하라.

3 구원자의 탄생

복습 

1) 하나님은 바로의 공격을 어떻게 바꾸어 자기 백성을 이롭게 하셨는가?

— 그분은 이스라엘 백성의 숫자를 더 증대시키고, 선한 산파들을 통해 사내아이를 죽이지 않게 하고, 구원자를 일으켜 세움으로써 자기 백성을 이롭게 하셨다.

2) 왕이신 하나님의 능력은 박해받는 신자들에게 어떤 위로를 주는가?

— 하나님은 항상 모든 것을 완벽하게 통제하시기 때문에 심지어는 박해조차도 유익을 가져다준다(롬 8:28).

본문 읽기 

출 2:1-10

1) 모세는 이스라엘의 어떤 지파에서 태어났는가?

— 레위 지파(제사장 지파). 모세는 하나님과 이스라엘 백성 사이에 서서 제사장의 사역을 수행할 예정이었다.

2) 모세라는 이름의 뜻은 무엇인가?

— '끌어내다'라는 뜻. 그는 강물에서 구조되었다.

3) 누가 모세를 강물에서 건져냈는가? 갓난아이였던 그를 보살핀 사람은 누구인가?

— 바로의 딸이 모세를 강물에서 건져냈고, 모세의 어머니에게 그를 돌보게 했다.

해설 

핵심 내용 : 하나님은 어린 모세를 구원해 이스라엘의 구원자로 세우셨다. 그는 예수 그리스도의 예표다.

하나님은 자기 백성을 구원할 계획을 세우셨고, 바로는 그들을 멸할 계획을 세웠다. 누가 승리했을까? 바로는 세상에서 가장 강력한 인물이었다. 그러나 하나님은 그보다 훨씬 더 강력하고, 지혜로우셨다. 하나님은 바로의 계획을 자신의 계획을 이루는 수단으로 사용해 그의 계획을 좌절시키셨다. 만일 사내아이를 죽이려는 바로의 계획이 성공했다면 구원을 베풀려는 하나님의 계획, 즉 이스라엘을 큰 민족으로 만들어 가나안 땅을 그들에게 주겠다는 약속은 이루어지지 않았을 것이다. 큰 민족을 이룬 이스라엘로부터 뱀의 머리를 으깰 여인의 후손, 곧 예수님이 오실 예정이었다(창 3:15).

따라서 우리는 이 이야기에 등장하는 여인들의 용감한 행위를 높이 칭찬해야 한다. 하나님은 비천한 여인들을 통해 강력한 바로의 계획을 좌절시키셨다. 그분은 오늘날에도 평범한 사람들을 도구로 사용하신다. 모세의 어머니 요게벳이 위험을 무릅쓰고 석 달 동안 자기 아들을 숨겼다. 그러나 더 숨길 수 없게 되자 그녀는 그를 방주와 같은 갈대 상자에 담아 강물에 띄웠다. 이 일은 하나님이 방주로 노아를 구원하신 일을 상기시킨다. 노아가 홍수에서 구원받은 것이 세상의 희망이자 구원이었던 것처럼, 강물에서 '끌어낸' 모세의 구원도 그런 의미를 지녔다.

바로의 딸이 모세를 구원해 양자로 삼았다. 그녀는 요게벳을 유모로 고용해 그를 돌보게 했다. 요게벳은 돈을 받고 자기 아들을 돌보았다. 이 모든 일은 미래의 사역을 위해 모세를 준비시키려는 하나님의 계획이었다. 그는 이스라엘의 후손으로서 어렸을 때부터 하나님에 관해 배웠고, 애굽의 왕자로서 세상에서 가장 훌륭한 교육을 받았다(행 7:22). 그는 그런 지식과 교육을 활용해 훗날 바로에게 맞서고, 이스라엘 백성을 이끌고, 성경의 처음 다섯 권의 책을 저술하는 위업을 달성했다.

사탄은 이스라엘의 갓난아이들을 죽이도록 바로를 충동했다(계 12:4 참조). 그는 하나님이 약속을 이루지 못하시게 방해하려고 애썼다. 애굽에서 갓난아이를 죽였던 일은 예수님이 탄생하셨을 때 헤롯이 베들레헴에서 모든 사내아이를 죽이라고 명령했던 일을 상기시킨다(마 2:16-18). 모세와 예수님의 이야기는 둘 다 그들을 죽이려고 했던 독재자의 이야기와 함께 시작한다. 모세는 그리스도의 예표다. 그리스도께서는 참된 모세요, 영원한 구원자요, 최고의 율법

수여자요, 우리를 하나님께로 인도하는 완전한 중보자이시다.

1) 하나님이 갓 태어난 모세를 보호하신 이유는 무엇인가?
— 모세를 자기 백성의 구원자로 세워 그들을 애굽에서 인도해 내게 하시기 위해서였다.

2) 하나님이 모세를 보호하신 일은 예수님과 어떤 관계가 있는가?
— 예수님이 갓난아이셨을 때 당시의 왕도 그분을 죽이려고 시도했다. 그러나 하나님은 예수님이 성장해 우리를 죄에서 구원할 구원자가 되도록 그분을 보호하셨다.

기도 

불경한 죽음의 문화가 거세게 억압해 오더라도 가족들이 용기 있게 주님의 뜻을 따르게 해달라고 기도하라.

4 구원자의 준비 과정

복습

1) 하나님은 강력한 바로의 명령을 어떻게 저지하셨는가?

— 비천한 여성들을 자신의 종으로 일으켜 세워 저지하셨다. 하나님은 세상의 약한 것들을 이용해 강한 것들을 부끄럽게 하신다(고전 1:27).

2) 모세는 예수님을 어떻게 예표하는가?

— 바로가 모세를 죽이려고 했던 것처럼, 헤롯 왕은 예수님을 죽이려고 했다. 그러나 하나님은 모세와 예수님을 모두 보호했고, 그들을 자기 백성의 구원자로 세우셨다.

본문 읽기

출 2:11-22

1) 애굽인이 히브리 노예를 때리는 것을 목격했을 당시, 모세의 나이는 몇 살이었는가?

— 당시에 모세는 성인이었다. 스데반은 사도행전 7장 23절에서 모세의 당시 나이가 마흔 살이었다고 말했다.

2) 그런 잔인한 학대 현장을 목격한 모세는 어떻게 행동했는가?

— 그는 애굽인을 죽여 모래에 파묻었다.

3) 모세는 애굽인을 죽인 일을 잘 숨길 수 있었는가?

— 그렇지 않았다. 바로가 곧 그 사실을 알게 되었고, 모세는 미디안으로 도망쳤다. 미디안 족속은 아브라함의 후손 가운데 하나였다(창 25:1-6). 그들 가운데 일부는 이드로처럼 유일하신 참 하나님을 숭배했을 것으로 추정된다.

해설

핵심 내용 : 모세는 학대받는 하나님의 백성을 구원하기를 원했던 용맹한 사람이었지만, 자신의 힘으로 사태를 해결하려고 하기보다 하나님의 때를 기다리는 법을 배워야 했다.

이스라엘 백성의 혹독한 노예 생활은 피와 땀과 눈물이라는 말로 간략하게 요약된다. 그들은 매년 바로를 위해 노역하면서 구원을 갈망했다. 모세가 태어난 지 40년이 흘렀지만, 여전히 구원의 희망은 보이지 않았다. 그러나 모세는 자신의 목표를 분명하게 의식했다. 하나님이 그를 곧 히브리 노예들에게 자유를 가져다줄 구원자로 일으켜 세우실 예정이었다.

어느 날, 그는 이스라엘 백성을 살펴보러 나갔다. 그는 그들이 힘든 노역으로 고통받는 것을 보고 슬퍼했다. 애굽인이 한 히브리 노예를 때리는 모습이 눈에 띄자 그는 곧바로 동료 이스라엘 사람을 구하기 위해 애굽인을 살해했다. 그는 하나님의 약속을 위해 애굽의 보화를 거부하고, 고난받는 하나님의 백성과 함께 박해를 당하는 삶을 선택했다(히 11:25-27).

모세는 하나님의 말씀을 믿었지만, 아직 이스라엘을 구원할 하나님의 때가 이르지 않았다. 하나님은 모세를 먼저 준비시키셔야 했다. 그는 급한 성질과 교만을 버리고 자신의 힘을 의지하지 않는 법을 배워야 했다. 그렇지 않은 채로 이스라엘 백성을 구원할 도구로 사용된다면, 하나님의 능력이 아닌 자기의 힘으로 그렇게 했다는 착각에 빠질 가능성이 컸다. 바로의 손이 이스라엘 백성을 멸할 수 없었던 것처럼, 모세의 손도 그들을 구원할 수 없었다. 오직 하나님만이 그들을 구원하실 수 있었다.

따라서 하나님은 모세를 광야로 불러내셨다. 그분은 사람들이 살지 않는 황량한 광야에서 40년 동안 그를 시험하고, 겸손하게 만들고, 자기 힘이 아닌 하나님만을 의지하는 법을 가르치셨다. 그래야만 하나님이 이스라엘 백성을 구원하실 때 모든 사람이 모세의 힘이 아닌 하나님의 능력으로 구원이 이루어졌다는 것을 알 수 있을 것이었다. 하나님은 그 기간에 모세의 마음속에서 깊이 역사하셨고, 그로 인해 그는 세상에서 가장 온유한 사람이 되었다(민 12:3). 하나님은 모세와 이스라엘 백성을 위해 놀라운 계획을 세우셨지만, 그들은 먼저 "제 뜻이 아니라 주님의 뜻이 이루어지기를 원합니다"라고 말하는 법을 배워야 했다.

1) 하나님이 누군가를 통해 놀라운 역사를 일으키려고 할 때, 먼저 그 사람을 겸손하게 하시는 이유는 무엇일까?

— 그들이 자기 자신을 신뢰하지 않고, 오직 하나님만을 신뢰하게 하기 위해서다. 하나님은 그런 식으로 그들을 통해 역사함으로써 모든 영광과 찬양을 받으신다.

2) 우리가 자신의 영광을 구하는 것은 잘못이고, 하나님이 자신의 영광을 구하시는 것은 잘못이 아닌 이유는 무엇인가?

— 하나님은 우리와 달리 모든 영광과 경배를 받기에 합당하시기 때문이다.

3) 하나님이 경배를 받기에 합당한 유일한 분이신 이유는 무엇인가?

— 오직 그분만이 하나님이시기 때문이다. 하나님은 창조주이시고, 우리는 한갓 피조물에 불과하다.

기도 

하나님이 모든 가족에게 겸손의 은혜를 베풀어 주셔서 그들이 하나님 나라를 위한 도구로 사용될 때 자기 자신이 아닌 하나님께 영광을 돌릴 수 있게 해달라고 기도하라.

5 언약을 기억하시는 하나님

복습

1) 모세는 애굽인을 죽이고 나서 어디로 도망쳤는가?

— 미디안 땅.

2) 모세는 미디안 땅에서 무엇을 했는가?

— 그는 그곳에 오랫동안 살면서 십보라와 결혼해 자녀들을 낳았다.

본문 읽기

출 2:23-25

1) 모세가 미디안에 있을 때 누가 죽었는가?

— 애굽 왕 바로가 죽었다. 그로써 모세는 애굽인을 살해한 죄에 대한 징벌을 걱정하지 않고서 애굽에 돌아갈 수 있게 되었다.

2) 이스라엘 백성은 고난을 받으면서 어떻게 행동했는가?

— 그들은 신음하며 하나님께 도움을 부르짖었다.

3) 하나님은 이스라엘의 부르짖음에 어떻게 반응하셨는가?

— 그분은 그들의 부르짖음을 듣고 자신의 언약을 기억하셨

다. 그분은 그들을 내려다보고, 관심을 기울이셨다.

해설

핵심 내용 : 하나님은 자기 백성이 부르짖자 자신의 언약을 기억하셨다.

사람들은 항상 무엇을 망각하는 습성이 있다. 어떤 사람들은 자동차 열쇠를 둔 곳을 잊어버린다. 그들은 집을 나설라치면 자동차 열쇠를 찾기 위해 집 안 구석구석을 뒤져야 한다. 그들은 어떤 행사에 참석하겠다고 말했지만, 결국 그곳에 나타나지 못한다. 자동차 열쇠를 놔둔 곳을 잊은 탓에 아무데도 갈 수가 없다.

하나님은 전지하시기 때문에(즉 모든 것을 아시기 때문에) 아무것도 잊지 않으신다. 그렇다면 하나님이 아브라함과 이삭과 야곱과 맺으신 언약을 '기억하셨다'라고 말하는 이유는 무엇일까? 그분이 그것을 잊으셨기 때문일까? 그분이 이스라엘 백성의 신음과 부르짖음을 듣고 나서야 비로소 그것을 기억하셨기 때문일까?

그렇지 않다. 창세기를 다시 살펴보면, 하나님이 아브라함과 언약으로 일컬어지는 특별한 관계를 맺으면서 그의 후손이 400년 동안 애굽에서 고난을 받을 것이라고 말씀하셨던 것을 알 수 있다(창 15:13). 출애굽 당시까지 그 400년이 모두 지나갔다. 하나님은 정확히 400년이 지난 후에 이스라엘 백성을 애굽에서 인도해 내셨다(출 12:41). 사람은 조금 전의 일도 잊어버리지만, 하나님은 수백 년 전의 일도 결코 잊지 않으신다. 그분의 계획은 약속한 대로 정확하게 이루어진다.

성경에 따르면, 하나님은 인간인 우리에게 익숙한 표현과 개념들을 사용하신다. 하나님은 너무나 위대하시기 때문에 인간의 생각으로는 이해하기가 어렵다. 하나님이 그런 표현과 개념들을 사용하시는 이유는 우리의 이해를 돕기 위해서다. 예를 들어, 성경은 하나님이 보고 듣는 것과 같은 인간의 특성을 지니고 계신 것처럼 묘사한다. 하나님은 실제로는 눈이나 귀가 없으시다. 그분은 우리와는 달리 육체가 필요하지 않은 영이시다. 하나님은 눈과 귀가 없어도 모든 것을 보고 들으실 수 있다. 하나님이 '기억하셨다'라는 출애굽기 2장의 표현은 그분이 언약의 사랑으로 자기 백성의 처지를 불쌍히 여기셨다는 뜻이다. 하나님은 약속을 반드시 지키신다. 그분은 모세를 자신의 종으로 세우는 데서부터 시작해서 자신의 계획을 지체 없이 실행에 옮기실 예정이셨다. 하나님은 애굽인들을 진멸하고 이스라엘 백성을 구원함으로써 자신의 영광을 드러내고, 천하 만민이 자신의 권능을 보고 놀라게 할 생각이셨다.

1) 하나님이 역사를 주권적으로 다스리신다는 사실이 고난받는 신자들에게 위로가 되는 이유는 무엇인가?
— 그 이유는 하나님이 신자들의 고난을 온전히 통제하고 계실 뿐 아니라 (이스라엘 백성의 애굽에서의 고난이 400년 후에 끝났던 것처럼) 고난이 끝날 시기를 이미 결정해 두셨다는 확신을 일깨우기

때문이다.

2) 성경이 하나님이 인간의 특성을 지니고 계신 것처럼 묘사하는 이유는 무엇인가?

— 그 이유는 하나님이 인간과 같으시기 때문이 아니라 영이면서도 또한 우리가 이해할 수 있는 방식으로 자신을 드러내 보이시는 인격적인 존재이시기 때문이다.

3) 하나님이 언약을 '기억하셨다'라는 표현은 무슨 의미인가?

— 그것은 하나님이 언약과 그 약속을 실행할 준비가 되어 있을 뿐 아니라 곧 행동을 개시해 그렇게 하실 것이라는 뜻이다.

기도 

가족들이 하나님의 신실하심을 더욱 깊이 신뢰할 수 있게 해달라고 기도하라.

6 불붙은 떨기나무

복습

1) 하나님이 무엇을 잊으신 적이 있는가?

— 없다. 그분은 모든 것을 아시기 때문에 어떤 것이든 다시 상기할 필요가 없으시다.

2) 하나님은 인간의 특성을 지니고 계시는가?

— 그렇지 않다. 그분은 영이시기 때문에 눈이나 귀나 입이 필요 없다.

본문 읽기

출 3:1-10

1) 불붙은 떨기나무에서 누가 모세에게 나타났는가?

— 여호와의 사자. 여호와의 사자는 다름 아닌 하나님 자신을 가리킨다.

2) 하나님이 모세에게 신발을 벗으라고 말씀하신 이유는 무엇인가?

— 그 이유는 그곳이 하나님의 임재로 인해 거룩하게 되었기 때문이다. 하나님은 거룩하시기 때문에 그분 앞에 나아갈 때는

공경심과 존중심과 경외심을 지녀야 한다.

3) 하나님은 모세에게 무엇을 명령하셨는가?

— 자신의 백성인 이스라엘 자손을 애굽에서 인도해 내라고 명령하셨다.

해설

핵심 내용 : 하나님은 자신의 이름과 속성을 드러내 자기 백성이 자기가 구원자라는 사실을 알 수 있게 하신다.

모닥불을 피운 곳에서 마시멜로를 구워 먹은 경험이 있는지 모르겠다. 모닥불이 꺼지지 않게 하려면 누군가가 계속해서 나무를 집어넣어야 한다. 그러나 불은 나무를 태우는 성질이 있기 때문에 나무가 모두 타버리면 결국에는 재만 남기 마련이다. 불은 연료인 나무에 의존한다. 나무가 없으면 불도 없다.

그러나 모세가 목격한 불은 그렇지 않았다. 그 불은 보통의 불이 아니었다. 그것은 저절로 타올라 계속 불길을 유지했다. 하나님이 불의 형상으로 나타나신 것이다. 불길이 활활 타올랐지만, 떨기나무는 타지 않았다. 그 불은 떨기나무에 의존하지 않았다. 그 불처럼 하나님도 그 어떤 사물이나 인간에게 의존하지 않으신다. 하나님을 창조한 존재는 없다. 그분은 자기를 부양해줄 사람이 필요하지 않다. 그분은 그 어떤 피조물도 의존하지 않으신다. 하나님은 스스로 생명을 유지하신다(행 17:24, 25 참조). 이것이 하나님이 모세에게 자신의 이름을 "나는 스스로 있는 자니라"라고 밝히신 이유다.

하나님은 모세에게 자기가 할 수 없는 일은 없다고 말씀하셨다. 애굽에서 노예 생활을 하는 이스라엘 백성을 구원하는 일은 그분에게 조금도 어렵지 않았다. 그와 마찬가지로 죄의 노예가 된 죄인들을 마귀의 속박으로부터 구원하는 일도 그분은 능히 하실 수 있다.

주 예수 그리스도께서는 신약성경에서 자신을 불붙은 떨기나무에 나타난 하나님으로 계시하셨다(요한복음 8장 58절을 출애굽기 3장 14절과 비교해 보라). 그분은 모세에게 나타난 여호와의 사자이셨다. 그분은 그분의 말을 듣고서 그분을 믿는 모든 사람을 구원하신다. 하나님은 그리스도 안에서 우리에게 자신을 나타내신다. 하나님은 우리에게서 그 어떤 것도 필요로 하지 않으시지만, 우리가 자기를 알고, 사랑하고, 경배하고, 순종하기를 바라신다. 하나님은 예수 그리스도 안에서 언약의 사랑과 영광스러운 구원을 나타내 보임으로써 우리가 그렇게 하도록 권유하신다.

1) 하나님이 하나님으로 존재하거나 어떤 계획을 실행하려면 사람이나 사물을 의존하셔야만 하는가?
— 그렇지 않다. 하나님은 하나님으로 존재하거나 자신의 뜻을 실행하기 위해 사물이나 사람을 의존할 필요가 없으시다.

2) 떨기나무의 불이 하나님에 관해 가르치는 것은 무엇인가?
— 일반적인 불은 나무나 다른 연료를 필요로 한다. 그러나

그 불은 떨기나무를 태우지 않았다. 이는 그 불이 떨기나무를 의존하지 않는다는 것을 보여준다. 그와 마찬가지로 하나님은 은혜로 자기 백성과 함께하실 뿐, 그들에게 의존하거나 그들을 필요로 하지 않으신다.

3) 하나님이 사람을 의지하거나 필요로 하지 않으신다는 사실을 알면, 어떤 태도를 취해야 마땅할까?

— 하나님이 우리를 사탄과 죄와 유혹에서 능히 구원하실 수 있다는 것을 믿고, 그분을 경배해야 한다. 아무런 제약도 받지 않으시는 하나님이 못하실 일은 아무것도 없다.

기도 

가족들이 그 어떤 사물이나 사람도 필요로 하지 않는 하나님의 위대하심을 더욱 분명하게 이해할 수 있도록 성령님의 조명하심을 위해 기도하라.

7 애굽으로 다시 돌아간 모세

복습

1) 하나님은 계획을 실행에 옮기기 위해 사물이나 사람을 필요로 하시는가?

— 필요로 하지 않으신다. 그분은 자신의 뜻을 행하기 위해 자기 외에 다른 어떤 것도 의존하지 않으신다.

2) 하나님은 무엇을 통해 모세가 그 사실을 이해하도록 도우셨는가?

— 그분은 떨기나무에 의존하지 않고 저절로 타오르는 불을 보여주셨다.

본문 읽기

출 4:18-23, 27-31

1) 모세는 하나님의 부르심에 응하기 위해 장인인 이드로에게 무엇을 요구했는가?

— 그는 이드로에게 자기 가족과 함께 애굽으로 돌아가게 해달라고 요구했고, 이드로는 그의 요구를 흔쾌히 허락했다.

2) 하나님이 바로에게 이스라엘 백성을 놓아주라고 요구하신 이

유는 무엇인가?

— 이스라엘 백성이 예배와 순종으로 하나님을 섬길 수 있게 하기 위해서였다. 하나님이 자기 백성을 해방하신 이유는 자유롭게 죄를 짓게 하기 위해서가 아니라 자유로운 상태로 하나님을 즐거워하며, 감사함으로 순종하게 하기 위해서였다.

3) 이스라엘 백성은 모세와 아론의 말을 전해 듣고서 어떻게 반응했는가?

— 그들은 머리를 숙여 경배했다. 우리도 하나님의 말씀을 받을 때는 겸손히 예배하는 태도를 취해야 한다.

해설

핵심 내용 : 모세는 이스라엘 백성을 자유롭게 놓아주라는 하나님의 뜻을 전하기 위해 애굽으로 돌아갔다.

모세의 생애가 정확히 세 등분으로 나뉜다는 사실을 알고 있는가? 그는 태어나서 40세가 될 때까지는 애굽의 왕자로 지냈고, 40세에서 80세가 될 때까지는 미디안 땅에서 나그네로 생활했으며(출 7:7, 행 7:30), 80세에서 120세가 될 때까지는 광야에서 이스라엘 백성을 이끌었다. 하나님은 모세의 삶을 완벽하게 주관하셨고, 자기 종의 행보를 마땅히 가야 할 길로 올바로 이끄셨다. 모세를 인도하신 하나님의 지혜는 우리 자신의 명철을 의지하지 말고 온 마음을 다해 하나님을 신뢰해야 한다는 교훈을 일깨워준다. 우리가 가는 모든 길에서 하나님께 온전히 순종하면, 하나님께서 우리의 길을 곧고, 평탄하게 만들어주실 것이다(잠 3:5, 6).

그러나 하나님의 뜻을 따르기가 항상 쉬운 것만은 아니다. 분명 우리 스스로의 힘으로는 하나님의 뜻을 따를 수 없다. 하나님은 모세를 보내 하나님 없이는 할 수 없는 일을 하게 하실 생각이셨다. 모세와 아론은 바로를 물리칠 능력이 없었다. 그러나 하나님은 혈과 육을 지닌 인간이 할 수 없는 일을 말씀을 통해 능히 할 수 있으셨다. 하나님의 길은 우리의 길과 다르고, 그분의 계획은 우리의 계획보다 훨씬 더 지혜롭다.

이스라엘 백성은 즉시 자유롭게 되기를 원했지만, 하나님은 다른 계획이 있으셨다. 그분은 바로의 마음을 강퍅하게 만들어 애굽에 심판을 베풀고 영광을 얻으실 생각이셨다. 물론, 하나님은 바로가 죄를 짓도록 충동하지 않으셨다. 그분은 단지 바로가 악한 마음을 좇아 하나님에 대한 미움을 마음껏 발산하도록 놔두셨을 뿐이다. 하나님은 거룩한 분노를 나타내 바로가 죄를 짓도록 놔둠으로써 스스로 파멸을 자초하게 만드셨다(롬 1:18-32). 살아 계신 하나님의 손에 빠져 들어가는 것은 참으로 두려운 일이 아닐 수 없다(히 10:31). 바로는 하나님의 말씀을 거부했지만, 그분의 백성은 그렇지 않았다. 그들은 말씀 앞에서 자신을 겸손히 낮추고, 그것을 믿고, 순종했다.

1) 하나님의 말씀에 어떻게 반응하느냐가 그토록 중요한 이유는

무엇인가?

— 그 이유는 하나님의 말씀에 대한 반응이 그분의 축복을 받을지, 아니면 진노를 받을지를 결정하기 때문이다. 우리는 바로처럼 마음을 강퍅하게 하지 말고, 모세와 이스라엘 백성처럼 믿고 순종해야 한다.

2) 우리의 힘과 능력으로 하나님의 뜻을 행할 수 없는 이유는 무엇인가?

— 그 이유는 오직 하나님만이 우리의 원수들(세상, 육신, 마귀)을 물리칠 능력을 지니고 계시기 때문이다.

3) 우리의 뜻을 이루려고 애쓰지 말고, 우리의 삶을 위한 하나님의 뜻을 믿고, 따라야 하는 이유는 무엇인가?

— 그 이유는 하나님이 우리보다 훨씬 더 지혜로우시기 때문이다. 하나님은 무엇이 최선인지를 아신다. 하나님이 모세와 이스라엘 백성을 오랜 세월 동안 완전하게 돌보고, 인도하신 것을 보면, 그런 사실을 분명하게 알 수 있다.

기도

가족들에게 하나님의 말씀을 믿음과 겸손한 순종으로 기꺼이 받아들일 수 있는 은혜를 허락해 달라고 기도하라.

8 내 백성을 보내라

복습

1) 모세와 아론은 자신의 힘으로 바로를 물리칠 수 있었는가?

— 그럴 수 없었다. 그들은 하나님의 도움을 받아 그렇게 할 수 있었다.

2) 하나님은 바로가 죄를 짓도록 충동하셨는가?

— 그렇지 않다. 하나님은 단지 바로가 그의 악한 마음을 좇아 행하도록 놔두셨을 뿐이다.

본문 읽기

출 5:1-11

1) 모세와 아론은 바로에게 무엇을 요구했는가?

— 하나님의 백성을 놓아 보내라고 요구했다.

2) 바로는 모세와 아론이 전달한 하나님의 명령에 어떻게 반응했는가?

— 그는 하나님의 말씀을 듣기를 거부하고, 그분께 순종하지 않았다. 그는 이스라엘 백성을 놓아 보낼 생각이 없었다.

3) 바로는 이스라엘 백성을 놓아 보내지 않고, 어떤 식으로 자신의

분노를 표출했는가?

— 그는 이스라엘 백성에게 짚을 주지 않고 벽돌을 만들라고 강요했다. 그것은 그들의 노예 생활을 더욱 비참하게 만드는 처사였다.

해설

핵심 내용 : 하나님은 바로에게 자기 백성을 놓아 보내라고 명령하셨지만, 그는 이스라엘 백성에게 짚 없이 벽돌을 만들라고 명령했다.

바로는 스스로를 신으로 여겼던 강력한 통치자였다. 그러나 그는 거짓 신이었고, 사실상 사탄의 도구에 지나지 않았다. 모세와 아론은 그와 맞서는 일이 참으로 두려웠을 것이 틀림없다. 바로를 대면하고, 하나님의 말씀을 전하는 것은 큰 용기가 필요한 일이었다. 자칫 잘못하면 생명을 잃을 수도 있었다. 그러나 그들은 담대하게 "하나님의 백성을 놓아 보내시오."라고 말했다.

그 일로 인해 바로는 크게 분노했다. 그는 이스라엘 백성에게 짚 없이 벽돌을 만들라고 강요했다. 요즘에는 콘크리트나 돌로 벽돌을 만드는 것이 보통이다. 회색 벽돌, 붉은 벽돌, 큰 벽돌, 작은 벽돌 등이 있다. 이스라엘 백성이 만들었던 벽돌은 거대했다. 그것은 진흙으로 만든 벽돌이었다. 이스라엘 백성은 그런 벽돌을 만들기 위해 몹시 힘들게 일해야 했다. 그 일로 인해 그들은 큰 고통과 슬픔을 겪어야 했다. 진흙을 뭉치는 데 필요한 짚 없이 벽돌을 만드는 것은 거의 불가능한 일이었다. 이스라엘 백성은 짚이 없어서 벽돌을 만들기가 불가능했지만, 그런 일을 하지 못한다는 죄로 채찍질을 당하고, 징벌을 받아야 했다. 하나님의 백성은 삶이 더 나아지기는커녕 훨씬 더 어렵게 되고 말았다.

구원의 좋은 소식이 이스라엘 백성에게 전해졌지만, 그들은 노예생활에서 벗어나지 못했고, 사탄은 하나님의 약속을 의심하게 하려고 끊임없이 수작을 부렸다. 오늘날 우리가 예수님을 통한 구원의 좋은 소식을 들을 때도 그와 똑같은 일이 벌어질 수 있다. 성경은 우리가 본질상 죄의 노예라고 가르친다(롬 6:20). 우리를 죄에서 구원할 것이라는 하나님의 약속이 우리에게 전해지면, 사탄은 그것을 믿지 못하게 하려고 열심히 방해한다. 그는 우리가 하나님의 은혜로운 약속을 의심하기를 바란다. 그러나 그의 거짓말에 귀를 기울여서는 안 된다. 그리스도께서는 지친 자들에게 안식을 주신다. 그분의 멍에는 쉽고, 그분의 짐은 가볍다(마 11:28-30). 예수님은 바로와 같지 않으시다. 그분은 죄인들이 그분의 말씀을 듣고 그분을 붙들면 그들을 자유롭게 하기를 기뻐하신다.

1) 모세와 아론이 하나님께 대한 용기 있는 순종의 본보기가 되기에 충분한 이유는 무엇인가?

— 그들은 바로가 분노할 것을 알면서도 담대하게 하나님의 말씀을 전했다. 우리도 세상이 우리를 박해하더라도 진리를 말

하고, 실천하는 일에 충실해야 한다.

2) 하나님께 순종하며 그분의 영광을 위해 산다면, 항상 쉽고 편안한 삶을 살 수 있을까?

— 그럴 수 없다. 하나님을 신뢰하며 순종의 삶을 살아가면 사탄과 세상이 우리를 대적할 것이기 때문에 삶이 더 힘들어지기 마련이다(딤후 3:12).

3) 하나님은 바로처럼 자기 백성에게 무거운 짐을 지우시는가?

— 그렇지 않다. 하나님은 자신이 요구한 것을 행할 수 있도록 도움과 은혜를 베푸는 친절한 주인이시다. 우리는 믿음으로 그분의 도움을 의지할 수 있다.

기도

가족들이 그리스도 안에서 새로운 힘과 안식을 발견하고, 그분의 멍에에 만족할 수 있게 해달라고 기도하라.

9 어둠 속에서 하나님을 신뢰하는 믿음

복습

1) 바로는 자신을 어떻게 생각했는가?

— 그는 자신을 신으로 생각했다. 그러나 예배를 받기에 합당한 참된 신은 오직 한 분, 하나님뿐이시다.

2) 바로는 이스라엘 백성을 자유롭게 보내주지 않고, 그들의 노예 생활을 어떻게 더 비참하게 만들었는가?

— 그는 그들에게 짚을 제공하지 않았다. 이것은 사탄과 죄의 잔인한 압제를 상징한다.

본문 읽기

출 6:2-13

1) 하나님은 이스라엘 백성이 고통스러워하며 의심하는 동안 모세에게 무엇을 상기시켜주셨는가?

— 하나님은 모세에게 자신이 언약 백성을 사랑하고, 언약의 약속을 충실히 지키는 전능한 하나님이라는 사실을 상기시켜 주셨다.

2) 하나님은 믿는 이스라엘 백성에게 무엇을 주겠다고 약속하셨

는가?

— 가나안 땅을 기업으로 주겠다고 약속하셨다. 기업이란 부모가 자녀에게 선물로 주는 유업을 가리킨다.

3) 모세는 자기가 말을 잘한다고 생각했는가?

— 전혀 그렇지 않았다. 그는 하나님이 이스라엘 백성과 바로에게 말하도록 자기를 도와주실 것이라는 믿음, 곧 하나님의 능력이 연약한 데서 완전해진다는 것을 믿는 믿음을 가져야 했다.

해설

핵심 내용 : 참된 믿음은 보이는 것이 아닌 하나님과 그분의 약속에 초점을 맞춘다.

이스라엘 백성은 짙은 어둠에 휩싸여 있었다. 그들은 수백 년 동안 바로의 압제 아래서 노예 생활의 고통을 감당해야 했다. 그들은 날과 달이 지나고, 해가 바뀌는 동안 줄곧 구원의 빛을 갈망했다. 모세가 하나님이 자유를 주실 것이라는 좋은 소식을 전하자 그들의 마음속에 희미한 빛이 비치기 시작했다. 그러나 바로가 그 소식을 듣고 이전보다 훨씬 더 그들을 증오하는 바람에 그 빛은 그리 오래 가지 못했다. 바로가 벽돌을 만드는 데 필요한 짚을 주지 않자 이스라엘 백성을 휘감은 어둠이 더욱더 짙어졌다. 그들은 자기들의 고통만을 생각하고, 모세가 전한 하나님의 말씀을 의심하기 시작했다(출

5:21). 모세도 흔들리기는 마찬가지였다. 그는 기도로 하나님께 자신의 혼란스러움을 토로했다(출 5:22, 23).

그러나 하나님은 자기 백성을 어둠 속에 남겨두지 않으셨다. 그분은 믿음에 관한 중요한 교훈을 가르치기 위해 그들의 상황, 곧 그들의 삶 속에서 일어나는 일들이 더욱 열악해지도록 허용하셨다. 참된 믿음은 보는 것에 초점을 맞추지 않는다. 모든 것이 잘 될 때는 하나님을 신뢰하고, 모든 것이 잘 안 될 때는 그분을 의심하는 것은 참된 믿음이 아니다. 믿음은 가변적인 상황이 아닌 불변하시는 하나님과 절대로 달라지지 않는 그분의 약속을 의지한다. 이것이 하나님이 모세에게 자신의 언약의 이름과 약속을 상기시켜주신 이유였다. 그분은 "상황의 어둠이 아닌 나의 인격과 말씀의 빛을 바라보라."라고 말씀하셨다.

이스라엘 백성도 아브라함처럼 보는 것이 아닌 믿음으로 행하는 것이 필요했다. 그들은 어둠 속에서 하나님을 신뢰하는 법을 배워야 했다. 그들의 삶에서 일어나는 일들이 모두 하나님이 약속을 지키지 않으실 것처럼 보이게 만들더라도 그분의 약속을 굳게 붙잡는 것이 필요했다. 우리도 그래야 한다. 우리의 죄나 우리의 주인처럼 생각되는 마귀에게 초점을 맞춰서는 안 된다. 하나님을 바라보고, 그분이 변하지 않는 전능한 하나님이시라는 사실을 기억해야 한다. 하나님이 구원자로 세우신 예수님을 바라봐야 한다. 바로가 제아무리 강해도 그리스도께서는 그보다 더 강하고, 구원하기를 기뻐하신다는 사실을 기억해야 한다. 우리도 이스라엘 백성처럼 약속을 항상 충실히 지킬 뿐 아니라 죄의 노예가 된 자들을 해방해 왕과 제사장의 나라로 만들어 영광을 받으시는 하나님을 바라봐야 한다.

1) 하나님이 모세에게 자신의 이름과 약속을 상기시켜주신 이유는 무엇인가?
— 모세의 마음속에 믿음을 일깨워주시기 위해서였다. 모세도 다른 이스라엘 백성처럼 목전의 상황을 보지 않고, 하나님과 그분의 말씀을 바라보는 것이 필요했다. 참된 믿음은 항상 그렇게 한다.

2) 하나님과 그분의 약속을 어떻게 알 수 있는가?
— 성경에 기록된 하나님의 말씀, 특히 복음을 통해 알 수 있다. 성경 읽기와 설교에 깊은 관심을 기울여야 한다. 우리의 죄가 아무리 크게 보이고, 우리의 상황이 아무리 어둡게 보여도 말씀에서 눈을 떼어서는 안 된다.

기도 

가족들이 하나님의 변하지 않는 이름과 말씀을 통해 그분을 알 수 있게 해달라고 기도하라.

10 싸움의 시작

복습 

1) 이스라엘 백성에게 어떤 일이 벌어져 하나님의 구원을 의심하도록 유도했는가?

— 바로가 짚을 주지 않아 그들의 노역이 더욱 고되어졌다.

2) 하나님은 그들의 의심을 어떻게 없애주셨는가?

— 그분은 그들에게 자신의 이름과 약속을 상기시켜주셨다.

본문 읽기 

출 7:1-13

1) 선지자는 어떤 일을 하는가?

— 선지자는 백성들 앞에서 하나님을 대변하고, 그분으로부터 직접 받은 말씀을 전하는 일을 한다. 오늘날에는 성경이 완성된 상태이기 때문에 선지자들이 더 이상 존재하지 않는다(사 8:20 참조).

2) 하나님이 아론의 지팡이를 뱀으로 변하게 하신 이유는 무엇인가?

— 기적을 행해 모세와 아론이 참 선지자라는 것을 보여주시

기 위해서였다.

3) 뱀으로 변한 아론의 지팡이가 뱀으로 변한 애굽의 마술사들의 지팡이를 삼킨 이유는 무엇인가?

— 왕이신 하나님의 권능이 바로와 사탄보다 우월하다는 것을 보여주기 위해서였다.

해설

핵심 내용 : 모세와 아론이 바로와 맞서는 순간에 하나님의 능력과 사탄의 능력이 서로 충돌했다.

중세 시대에는 전쟁이 종종 발발했다. 전사들은 대개 손과 손목을 보호하는 장갑을 착용했다. 전쟁이 시작되면, 주요 지휘관이 장갑을 벗어 적의 발에 던지는 관습이 있었다. 그것은 선전 포고의 표시였다.

모세와 아론도 바로 앞에 두 번째로 나아갔을 때 선전 포고를 했다. 바로는 마음을 강퍅하게 하고 이스라엘 백성을 보내주기를 거절했다. 이스라엘과 애굽 사이에 전쟁이 시작되었다. 모세와 아론의 배후에는 '스스로 있는 자,' 곧 아브라함과 이삭과 야곱의 하나님이 계셨고, 바로의 배후에는 사탄, 곧 인류의 첫 조상인 아담과 하와를 에덴동산에서 유혹했던 옛 뱀이 있었다. 심지어는 바로의 왕관에도 뱀의 형상이 조각되어 있었다. 그는 애굽의 뱀신의 능력으로 나라를 통치했다고 한다. 이 싸움은 여자의 후손인 예수님과 뱀의 후손

사이에서 역사 대대로 벌어져 온 싸움을 예시한다.

아론은 하나님의 지팡이를 바닥에 던졌다. 지팡이는 뱀으로 변했다. 바로의 마술사들도 똑같이 그렇게 했고, 그들의 지팡이도 뱀으로 변했다. 하나님의 지팡이보다 그들의 지팡이 숫자가 더 많았다. 다수가 하나를 대적했다. 그러나 뱀으로 변한 하나님의 지팡이가 뱀으로 변한 사탄의 지팡이들을 삼켜버렸다. 하나님은 뱀들은 물론, 바로와 사탄을 다스리는 주권자이셨다.

뱀은 에덴동산에서 일어났던 인류의 타락을 상기시킨다. 아담과 하와는 죄를 짓고 징벌을 받았다(창 3장). 하나님은 재앙을 일으켜 애굽을 징벌하고, 이스라엘 백성을 구원하실 생각이셨다. 이런 사실은 죄인들이 마귀의 권세에서 구원받도록 그들이 받아야 할 형벌을 대신 짊어지고 십자가에서 죽으신 그리스도를 바라보게 만든다.

1) 하나님의 지팡이가 승리를 거둔 사실은 오늘날 우리에게 어떤 희망을 주는가?
— 그것은 하나님이 사탄의 모든 사역을 제압하고, 영원히 승리하실 것이라는 희망을 일깨운다(롬 16:20 참조).

2) 그리스도께서 십자가에서 죽으셔야 했던 이유는 무엇인가?
— 죄인들이 죄와 사탄으로부터 구원받게 하려면 그들을 대신해 하나님의 진노를 감당하는 것이 필요했기 때문이다.

3) 오늘날의 신자들도 사탄의 무서운 능력에 직면했을 때 주 하나님이 자기와 함께하실 것이라는 희망을 품을 수 있을까?

— 물론이다. 하나님이 우리를 위하시면 누가 우리를 대적할 수 있겠는가? 우리는 그리스도께서 은혜로 넉넉히 이길 수 있는 능력을 주실 것을 알기에 죄와 사탄에게 담대히 맞설 수 있다(롬 8:31, 37).

기도 

가족들이 사탄과의 모든 싸움에서 승리할 수 있도록 도와달라고 주님께 기도하라.

11 물이 피로 변하다

복습 

1) 선지자는 무엇을 하는 사람인가?

— 하나님의 대변자로서 사람들에게 하나님의 말씀을 정확하게 전하는 일을 하는 사람이다.

2) 이스라엘과 애굽의 싸움은 어떤 싸움의 예표인가?

— 여자의 후손인 예수님과 뱀의 후손의 싸움.

본문 읽기 

출 7:14-24

1) 하나님이 첫 번째 재앙을 내리신 강의 이름은 무엇인가?

— 비옥한 땅을 형성했던 나일강. 나일강은 애굽인들에게 양식과 물과 편리한 수로를 제공했을 뿐 아니라 경배의 대상이기까지 했다. 그것은 애굽의 가장 귀중한 자원이었다.

2) 하나님은 나일강의 물을 무엇으로 바꾸셨는가?

— 피. 이 피는 죽음을 상징한다. 죄의 삯은 사망이기 때문에 (롬 6:23) 하나님은 애굽의 죄를 죽음으로 징벌하셨다. 마음을 강퍅하게 해 하나님의 뜻을 거역하는 행위는 죽음을 초래한다. 이

재앙은 하나님이 애굽의 우상들보다 훨씬 강하시다는 것을 보여준다.

해설

핵심 내용 : 하나님은 나일강의 물을 피로 바꾸는 것으로 첫 번째 재앙을 내리셨다.

나일강은 세계에서 가장 긴 강으로 길이는 무려 6,600킬로미터에 달하고, 폭도 1.8킬로미터에서 8킬로미터에 이르는 웅장한 강이다. 고대 애굽인들은 나일강을 신으로 숭배했다. 그들은 나일강을 '생명의 아버지'이자 '생명의 수여자'로 일컬었다. 바로는 아침 일찍 나일강의 우상들에게 제물을 바치곤 했다. 그는 유일하신 참 하나님을 인정하기를 거부했고, 계속해서 마음을 강퍅하게 했다.

물을 피로 바꾼 것은 하나님이 애굽에 내리신 첫 번째 재앙이었다. 이 뒤로도 아홉 가지 재앙이 계속되어 모두 열 가지 재앙이 그곳에 임했다. 첫 번째 재앙은 애굽의 죄와 우상 숭배로 인해 그곳에 하나님의 사형 선고가 내려졌다는 것을 뜻하는 표징이었다. 모든 물이 피로 변했고, 물고기들이 죽었다. 애굽의 강에 죽음의 썩은 냄새가 진동했다. 그것은 죄에서 돌이켜 회개하라는 하나님의 경고였다. 하나님이 우리와 같은 죄인들에게 경고하시면 그분의 말씀에 귀를 기울여야 한다. 그렇지 않으면 썩어 고약한 냄새를 풍기는 물고기들처럼 죽게 될 것이다.

바로의 마술사들도 약간의 물을 피로 바꾸었다. 그들은 이번에도 하나님의 기적을 흉내 냈지만, 그들의 기적은 사탄이 애굽인들을 속이기 위해 사용한 거짓 표적이었다. 그들은 자신들의 능력이 하나님의 능력보다 더 위대하다는 것을 보여주려고 애썼지만 그렇게 할 수가 없었다. 그들은 하나님의 저주를 되돌려 놓으려고 했지만 상황을 더욱 악화시킬 뿐이었다. 사탄은 지금도 여전히 거짓 표적과 기사를 행해 사람들이 속인다(마 24:23-25, 살후 2:9-12, 계 13:13-15). 하나님의 참된 사역은 성경에 기록된 선지자들의 말이 사실임을 입증한다(시 13:1-5 참조). 사탄의 거짓에 속지 않으려면 하나님의 말씀에 주의를 기울여야 한다.

1) 하나님이 나일강의 물을 피로 바꾸신 이유는 무엇인가?

— 그것은 애굽인들에게 나일강을 신뢰하는 행위가 죽을죄에 해당한다는 것을 일깨워주기 위해서였다. 우리의 죄는 무엇이든 항상 죽음의 형벌을 받아야 마땅하다.

2) 우리는 성경에 기록된 하나님의 기적들을 통해 무엇을 배울 수 있는가?

— 하나님의 약속들을 신뢰하는 법을 배울 수 있다. 참된 표적과 기사는 역사 대대로 하나님의 말씀을 의지하고, 그분의 경고에 주의를 기울이고, 죄를 회개하고, 우리와 같은 죄인들을 위해 피를 흘리신 그리스도를 신뢰하도록 이끄는 역할을 했다.

3) 기적이면 무엇이든 다 하나님에게서 비롯한 것일까?

— 그렇지 않다. 사탄도 우리를 속여 자기의 거짓말을 믿게 하려고 표적과 기사를 행한다. 그는 항상 하나님의 약속을 믿지 못하게 하려고 애쓴다.

기도 

가족들이 참 종교와 거짓 종교의 차이를 더 잘 이해하고, 인지할 수 있게 해달라고 기도하라.

12 개구리 재앙

복습 

1) 하나님은 나일강을 어떻게 하셨는가?

— 애굽인들을 심판하기 위해 나일강의 물을 피로 만드셨다.

2) 애굽의 마술사들은 어떻게 대응했는가?

— 그들도 물을 피로 만들었다.

본문 읽기 

출 8:1-10

1) 하나님이 애굽에 내리신 두 번째 재앙은 무엇이었는가?

— 개구리 재앙. 셀 수 없이 많은 개구리가 온 나라를 뒤덮었다.

2) 바로는 어떻게 반응했는가?

— 그는 모세에게 개구리들을 없애주면 이스라엘 백성을 보내주겠다고 약속했다. 그러나 그는 나중에 약속을 지키지 않았다(출 8:15).

3) 마술사들은 어떻게 대응했는가?

— 그들도 개구리들이 땅에 올라오게 만들어 사탄도 표적과

기사를 행할 수 있다는 사실을 또다시 보여주었다.

해설

핵심 내용 : 하나님은 개구리 떼가 온 땅을 뒤덮는 두 번째 재앙으로 애굽인들을 심판하셨다.

개구리를 좋아하는가? 개구리를 가지고 노는 것을 재미있게 생각하는 아이들도 있고, 무섭고 징그럽다고 생각하는 아이들도 있다. 개구리는 하나님이 창조하신 피조물 가운데 하나다. 그것은 하나님의 지혜와 창조성의 영광을 드러내 보이는 목적을 지녔다. 하나님은 파충류와 포유류와 물고기와 새와 벌레와 사람들은 물론 개구리까지도 모두 관장하신다.

유감스럽게도 애굽인들은 개구리의 형상으로 만들어진 '헤케트'라는 여신을 숭배했다. 그들은 개구리 여신이 자신들이 섬기는 신들 가운데 하나이기 때문에 개구리들을 자기편으로 생각했다. 따라서 하나님은 두 번째 재앙을 일으켜 그들에게 한 가지 중요한 교훈을 깨우쳐주셨다. 개구리 떼가 온 땅을 신속하게 뒤덮었다. 심지어는 애굽 왕궁의 침실에까지 개구리들이 득실거렸다(시 105:30).

모세는 바로에게 개구리들을 언제 없애주기를 원하는지 결정하라고 말했다. 마치 바로가 모세에게 간청해야 하는 것처럼 보였다. 바로는 하나님의 능력이 애굽의 신들과 마술사들의 능력보다 더 위대하다고 인정했다. 그는 이스라엘의 하나님만이 재앙을 완벽하게 통제할 수 있다는 것을 깨달았다. 강력한 바로는 머지않아 무릎을 꿇고, 오직 하나님만이 참 신이라는 것을 고백하게 될 예정이었다 (사 45:23 참조).

모세는 개구리 떼가 사라지도록 기도하겠다고 말하면서 바로에게 하나님의 응답을 확신하는 믿음을 보여주었다. 하나님은 실제로 모세의 기도에 응답하셨다. 모세의 기도가 응답되었던 것처럼, 죄인들에 대한 하나님의 심판이 사라지기를 구하는 그리스도의 기도도 항상 응답되어 효력을 발생한다(롬 8:34).

1) 애굽의 신들은 참된 신들이었는가?
— 그렇지 않다. 그러나 귀신들이 그들의 배후에서 영향력을 행사했다(레 17:7, 고전 10:20 참조). 우리는 그들을 두려워할 필요가 없다. 어둠의 권세는 복음의 빛을 이기지 못한다(요 1:5).

2) 모세가 바로에게 개구리들을 언제 없애주기를 원하는지 결정하라고 말했던 이유는 무엇인가?
— 모세가 그렇게 말했던 이유는 하나님이 주관자이시라는 사실을 바로가 알고, 고백하게 하기 위해서였다. 모세는 사악한 바로의 입에서 하나님께 영광을 돌리는 말이 나오게 했다.

3) 모세는 하나님이 자기의 기도에 응답하실 것이라고 어떻게 확신했는가?
— 하나님의 약속을 믿는 믿음으로 그렇게 했다. 우리도 하나

님의 말씀을 믿고 성경에 계시된 그분의 뜻에 따라 예수님의 이름으로 기도하면 하나님의 응답을 받을 것이라는 확신을 얻을 수 있다(요일 5:14, 15). 하나님이 항상 우리가 원하는 응답을 주시는 것은 아니지만, 그분이 우리를 소중히 여겨 보살피신다는 것은 분명한 사실이다(시 103:13).

기도 

회개하지 않은 친구들이 마음을 강퍅하게 해 복음을 거부하지 않고, 구원의 믿음으로 예수님을 구주로 고백하게 해달라고 기도하라.

13 다른 재앙들

복습 

1) 하나님이 애굽에 내리신 두 번째 재앙은 무엇이었는가?

— 개구리 재앙

2) 애굽의 실제 주관자는 바로였는가 하나님이셨는가?

— 바로는 애굽의 왕이었지만 그의 권세는 매우 제한적이었다. 애굽의 실제 주관자는 하나님이셨다. 하나님은 주권적인 뜻에 따라 모든 나라를 다스리신다. 사탄은 하나님의 허락이 없이는 아무것도 할 수 없다.

본문 읽기 

출 8:16-32

1) 하나님이 애굽에 내리신 세 번째 재앙은 무엇이었는가?

— 작은 해충 재앙. 이 해충을 가리키는 히브리어만으로는 그것이 이인지, 벼룩인지, 각다귀인지, 아니면 다른 해충인지 정확히 알 수 없다. 그것이 무엇이든 애굽인들을 괴롭게 했던 것은 분명하다.

2) 하나님이 애굽에 내리신 네 번째 재앙은 무엇인가?

— 파리 재앙. 파리는 질병을 퍼뜨리는 더럽고, 혐오스럽고, 성가신 해충이었다.

3) 바로의 마술사들은 이 기적을 흉내 냈는가?

— 전혀 흉내 내지 못했다. 그들은 그것이 하나님의 권능으로 이루어진 기적이라고 인정하지 않을 수 없었다.

해설 

핵심 내용 : 하나님은 자신의 영광을 더 많이 드러내기 위해 세 번째와 네 번째 재앙으로 애굽인들을 심판하셨다.

다음은 윌리엄 쿠퍼가 작시한 유명한 찬송가의 첫 소절이다.

주 하나님 크신 능력 참 신비롭도다
바다와 폭풍 가운데 주 운행하시네

우리는 번쩍이는 번개, 우렁찬 천둥소리, 온갖 종류의 아름다운 피조물들에서 하나님의 능력을 본다. 그러나 하나님은 이따금 자연적으로 설명할 수 없는 놀라운 기적을 행하신다. 그런 기적을 목격한 사람들은 "이것은 하나님의 손가락이다."라고 외치지 않을 수 없다. 이 문구는 오직 하나님 외에는 아무도 행할 수 없는 일을 가리키는 의미를 지닌다.

바로의 마술사들도 그렇게 외쳤다. 그들은 첫 번째 재앙과 두 번째 재앙에서처럼 세 번째 재앙도 흉내 내려고 시도했지만, 이번에는 그렇게 할 수가 없었다. 오직 하나님만이 먼지를 이나 각다귀 같은 해충으로 만드실 수 있었다. 사탄도 표적과 기사를 행할 수 있지만, 하나님이 행하시는 기적만큼 경이로운 기적은 행할 수 없다.

이 재앙들은 하나님의 심판을 나타내는 독특한 의미를 지녔다. 하나님의 거룩한 뜻 가운데서 그것들이 지닌 목적은 여러 가지였다. 구체적으로 말해, 그것들은 하나님의 영광스러운 능력을 공적으로 드러내 그분을 찬양하게 하고, 그분의 사역을 통해 그분을 알리는 역할을 했다(출 8:19). 또한, 그것들은 애굽의 신들을 압도하는 하나님의 주권적인 능력을 보여주고(민 33:4), 애굽인들의 죄, 특히 우상 숭배와 이스라엘 백성을 잔인하게 압제한 죄에 대한 그분의 심판을 나타냈다(출 10:16).

무엇보다도 하나님은 재앙들을 마귀의 사역자들을 심판하고, 자기 백성을 노예 상태에서 구원하는 수단으로 사용하셨다(신 4:33-43). 그런 재앙들을 통해 하나님과 이스라엘 백성의 명성이 온 세상에 널리 퍼졌다(신 2:25). 이처럼 재앙들은 하나님이 자기 백성을 특별히 사랑하고, 보살피신다는 사실을 보여주었다. 하나님은 특히 네 번째 재앙에서부터는 이스라엘 백성과 애굽인들을 분명하게 구분하기 시작하셨다. 하나님의 주권적인 보살핌은 피조 세계 전체에 적용되지만, 그분의 특별한 보살핌과 사랑은 그분의 백성에게만 한정된다.

1) 마술사들이 이 재앙들을 흉내 내지 못한 사실을 통해 무엇을 알 수 있는가?

— 사탄의 능력에는 한계가 있지만 하나님의 능력에는 한계가 없다는 것을 알 수 있다.

2) 하나님의 심판을 목격했을 때는 어떻게 반응해야 온당할까?

— 하나님께 영광을 돌리고, 겸손히 죄를 고백하고, 진심으로 악을 버리고, 우리 자신이 진정으로 하나님의 백성에 속해 있는지를 철저히 점검해야 한다(계 16:9 참조).

3) 하나님의 백성은 세상에 대한 그분의 심판을 두려워해야 할까?

— 그럴 필요 없다. 하나님은 자기 백성을 보호해 그들의 머리털 하나도 손상되지 않게 하신다(눅 21:18).

기도

하나님이 민족들을 심판하실 때 그리스도를 믿는 믿음을 통해 "모든 지각에 뛰어난 평강"(빌 4:7)을 누릴 수 있게 해달라고 기도하라.

14 영원한 진리를 보여주는 재앙들

복습 

1) 재앙들은 어떤 목적을 지녔는가?

— 애굽인들의 죄와 그들의 우상들을 심판하고, 하나님의 놀라운 권능을 드러내고, 민족들 가운데서 하나님의 명성을 드높이고, 이스라엘 백성을 노예 생활에서 구원하는 목적을 지녔다.

2) '하나님의 손가락'이라는 문구는 어떤 의미를 지니는가?

— 이 문구는 실제 손가락이 아닌 하나님의 기적적인 능력을 가리키는 비유적 표현이다.

본문 읽기

출 9:1-12

1) 하나님이 애굽에 내린 다섯 번째 재앙은 무엇인가?

— 애굽의 가축들을 죽음으로 몰아넣은 심각한 질병 재앙. 애굽의 가축들이 대부분 죽었다. 애굽인들은 가축들을 이용해 농사를 짓고 경제적 이윤을 창출했기 때문에 이 재앙은 그들에게 매우 큰 타격이 아닐 수 없었다.

2) 하나님이 애굽에 내린 여섯 번째 재앙은 무엇인가?

— 애굽인들과 짐승들에게 발생한 악성 종기 재앙.

3) 여섯 번째 재앙이 임했을 때 바로의 마술사들은 어떻게 되었는가?

— 그들도 고통스러운 악성 종기에 시달렸고, 더 이상 모세를 대적할 수 없게 되었다.

해설

핵심 내용 : 하나님은 재앙들을 통해 계속해서 영원한 진리를 보여주셨다.

오늘의 본문을 읽을 때는 잠시 멈추어 큰 그림을 생각해봐야 할 필요가 있다. 출애굽기는 구원의 이야기다. 바로는 마귀를, 애굽은 현세의 악한 세상을, 이스라엘은 교회를, 재앙들은 세상의 죄에 대한 하나님의 심판을, 이스라엘의 구원은 하나님의 선택받은 백성이 그리스도를 통해 얻은 영원한 구원을 각각 상징한다.

우리는 이런 신학적 개념을 '예표'로 일컫는다. 이것은 좀 어려운 용어이기 때문에 구체적인 사례를 들어 설명하는 것이 좋을 듯하다. 먼 곳에 있는 매우 아름다운 장소로 이주하기를 원하는 가족이 있다고 가정해 보자. 거주할 수 있는 큰 장소가 있고, 그곳으로 이주하고 싶은 마음이 간절하다. 그러나 가장이 먼저 현장에 가봐야 한다. 그는 그곳의 땅과 살게 될 집과 그곳에 사는 사람들을 사진에 담아 가족들에게 보낸다. 가족들은 그것을 보고, 설레는 마음을 감추지 못한다. 그들은 날마다 사진을 보고, 그곳에 가서 누리게 될 좋은 것들을 생각한다.

그러나 사진은 실제 장소가 아니다. 그것은 단지 그 장소를 나타낼 뿐이다. 사진은 그곳이 어떻게 생겼는지를 어렴풋하게 보여줄 뿐, 완벽하지가 못하다. 직접 그 장소로 이주해야만 그곳의 좋은 것들을 온전히 누릴 수 있다. 이것이 구약성경의 예표가 지니는 의미다. 예표는 하나님의 백성이 누리게 될 미래의 영광을 보여준다. 예표는 유익하고, 정확하지만 실제 장소만큼 완전하지는 않다.

애굽에 임한 재앙들을 통해 드러난 하나님의 주권적인 통제와 거룩한 심판은 그 자체의 사건들을 넘어서서 더 크고, 영원한 진리를 보여준다. 애굽인들은 암소의 형상을 한 여신을 숭배했고, '아피스'라는 황소는 그들이 가장 소중히 여겼던 신들 가운데 하나였다. 가축들에게 임한 재앙은 그들의 우상들을 심판하는 하나님의 능력을 여실히 보여주었다. 그런 재앙들은 궁극적으로는 그리스도께서 세상에 와서 십자가의 죽음과 부활을 거쳐 하늘에 올랐다가 다시 재림해 이 세상의 우상들을 심판하고, 멸하실 때를 가리키는 의미를 지녔다. 그리스도께서는 성경이 전하는 메시지의 중심이시다. 애굽에 대한 하나님의 심판과 이스라엘 백성의 구원은 그분의 심판과 구원을 예표한다.

1) 예표란 무엇인가?

— 예표는 하나님이 그리스도와 그분의 구원을 나타내기 위해

구약성경에서 사용하신 장소들과 사물들과 사람들과 사건들을 가리킨다.

2) 재앙들은 하나님의 백성에게 미래에 나타날 어떤 인물과 사건을 나타내 보였는가?

— 그것들은 모세보다 더 위대하신 그리스도를 나타내 보였다. 그분은 하나님의 원수들을 심판하고, 더 위대한 출애굽을 통해 그분의 백성을 구원하실 예정이었다.

기도 

구약성경에 나타난 그리스도의 영광을 볼 수 있는 눈을 열어주어 참된 예배자가 될 수 있도록 도와달라고 기도하라.

15 하나님의 능력을 통해 드러난 하나님의 영광

복습

1) 다섯 번째 재앙과 여섯 번째 재앙은 무엇이었는가?

— 애굽인들의 가축들에게 발생한 질병 재앙과 애굽인들과 그들의 짐승들에게 발생한 고통스러운 종기 재앙.

2) 예표란 무엇인가?

— 예수 그리스도에 관한 영원한 진리를 나타내는 것.

본문 읽기

출 9:13-18, 22-26

1) 하나님이 애굽에 내리신 일곱 번째 재앙은 무엇인가?

— 하늘에서 우박과 불이 농작물과 나무들과 재산과 사람들과 짐승들에게 쏟아져 내린 재앙.

2) 하나님이 바로를 애굽의 왕으로 세우신 이유는 무엇인가?

— 그를 통해 자신의 능력을 보여주어 온 세상에 영광을 드러내시기 위해서였다.

3) 이스라엘 백성도 애굽인들처럼 재앙들로 인해 고통을 받았는가?

— 그렇지 않았다. 하나님은 자기 백성과 악한 애굽인들을 구분하셨다. 애굽인들이 심판을 당할 때 이스라엘 백성은 하나님의 은혜로 전혀 해를 입지 않았다.

해설

핵심 내용 : 하나님은 자기 백성과 애굽인들을 구분하셨다. 그분은 놀라운 능력으로 자기 백성은 구원하고, 애굽인들은 심판하셨다.

모세는 다시 바로 앞에 나가서 "내 백성을 보내라 그들이 나를 섬길 것이니라"라는 하나님의 말씀을 전했다. 하나님의 목적은 자기 백성을 애굽인들에게서 구해내고, 그들을 애굽의 악으로부터 자유롭게 해 진리로 예배하는 경건한 민족으로 만드시는 것이었다. 재물이든 교육이든 선한 행위든, 하나님 외에는 그 무엇도 그들을 자유롭게 할 수 없었다. 그들보다 더 강한 존재가 구원을 베풀지 않으면, 그들이 어떤 노력을 기울여도 애굽인들의 압제만 더욱 심해질 뿐이었다. 오직 하나님의 기적만이 그들을 구원할 수 있었다. 이는 우리 같은 죄인들도 마찬가지다. 우리를 구원하려는 우리 자신의 노력은 아무런 효력을 나타내지 못한다. 오직 하나님만이 우리를 죄의 권세와 사탄의 속박으로부터 구원하실 수 있다. 모세는 남자든 여자든 어린아이든 단 한 사람도 남기지 않고 모두 데리고 나가겠다고 말했다(출 10:9). 이처럼 하나님도 자기가 사랑하는 백성 가운데 단한 사람도 죄 가운데서 죽게끔 놔두지 않으신다.

악인들도 바로와 애굽인들처럼 하나님의 말씀을 들을 수는 있다. 그러나 그들은 말씀을 믿거나 따르지 않는다. 오히려 말씀으로 인해 그들의 마음이 더욱 강퍅해진다. 말씀은 마치 햇볕과도 같다. 햇볕은 밀랍은 녹이고, 점토는 단단하게 굳힌다. 하나님의 말씀은 따뜻한 사랑의 빛으로 자기 백성의 마음을 녹이지만, 악인들의 마음은 강퍅하게 만들어 그들을 산산이 깨질 질그릇과 같게 한다(롬 9:21-24). 애굽인들에게 임한 우박과 불덩이는 하나님이 예수 그리스도 안에서 제시하신 구원을 거부하는 사람들에게 임할 훨씬 더 무서운 형벌을 암시한다(시 11:6 참조). 성령의 능력을 통해 예수 그리스도를 구주로 영접했는가?

1) 사람들은 하나님의 구원을 통해 어떻게 나뉘는가?
— 하나님이 사람들을 죄와 사탄에게 속박된 상태에서 구원하면, 그들은 세상에서 벗어나 심판으로부터 자유롭게 된다. 하나님의 은혜로 인해 의인들과 악인들이 구분된다. 그분의 은혜가 없으면 그 누구도 의롭게 될 수 없다.

2) 악인들이 멸망하는 것은 안타까운 일이지만 궁극적으로는 하나님의 영광을 드러내는 역할을 한다. 왜 그런가?
— 그 이유는 그들에 대한 심판을 통해 하나님의 거룩하심과 의로우심이 더욱 확연하게 드러나기 때문이다. 하나님의 영광은 악인들의 멸망을 통해 훨씬 더 분명하게 드러난다(롬 9:17, 18

참조).

3) 하나님의 구원을 거부하는 죄인들이 언젠가 그것을 받아들이게 될 것을 알 수 있을까?

— 그럴 수 없다. 그러나 우리는 그들이 그렇게 되기를 바라야 한다. 하나님이 그들의 마음을 변화시킬 능력을 지니고 계신다는 것을 잊지 말고, 항상 그들을 위해 기도하고, 그들에게 예수님을 전해야 한다.

기도 

지인들 가운데 아직 구원받지 못한 사람들이 있거든 하나님의 은혜로 복음을 믿어 구원받을 수 있게 해달라고 기도하라.

16 메뚜기 재앙

복습 

1) 일곱 번째 재앙은 무엇이었는가?

— 우박과 불이 하늘에서 쏟아지는 재앙.

2) 하나님의 백성도 애굽인들처럼 심판을 받았는가?

— 그렇지 않았다. 하나님은 자기 백성을 사랑했기 때문에 그들이 재앙을 당하지 않도록 보호하셨다.

본문 읽기 

출 10:3-6, 12-20

1) 하나님이 애굽에 내리신 여덟 번째 재앙은 무엇인가?

— 메뚜기 재앙. 메뚜기 떼는 우박으로 훼손되고 남은 농작물은 모조리 먹어치웠다.

2) 바로는 모세와 아론에게 어떻게 말했는가?

— 그는 하나님과 그들에게 죄를 지었다고 말했다. 그는 또한 그들에게 하나님께 기도해 재앙을 거두게 해달라고 간청했다. 그로 인해 하나님이 애굽의 거짓 신들보다 더 강하시다는 사실이 여실히 드러났다.

3) 메뚜기 떼가 사라지자 바로의 마음은 어떻게 되었는가?

— 하나님이 바로의 마음을 다시 강퍅하게 하셨다. 바로는 이스라엘 백성을 보내주지 않았다. 그는 자신의 고백에도 불구하고 여전히 자기 죄를 뉘우치지 않았다. 죄의 고백은 죄를 뉘우치는 것으로 귀결되어야 한다. 그것이 바로 회개다.

해설

핵심 내용 : 하나님은 애굽에 메뚜기 떼를 보내셨지만, 바로는 겸손한 태도로 자신의 죄를 뉘우치지 않았다.

세계의 역사를 돌아보면, 강력한 왕들이 무서운 대군을 이끌고 나라와 제국들을 정복했던 것을 알 수 있다. 그들의 군대는 수십, 수백만 명에 달했다. 그들은 도시들을 침략해 모든 것을 탈취했고, 저항하는 왕들을 제압하고 항복을 요구했다. 만일 왕들이 항복을 거부하면 계속 공격을 가했고, 패배한 왕들은 종종 처참하게 죽임을 당했다. 그들의 완강한 고집이 그들에게 죽음을 안겨주었다. 그러나 왕들은 대개 교만했기 때문에 항복을 거부했다. 그들은 다른 왕 앞에 엎드리기보다 차라리 죽기를 원했다.

하나님은 여덟 번째 재앙을 통해 애굽인들에게 강력한 군대를 보내셨다. 그러나 그것은 칼과 방패를 든 사람의 군대가 아니었다. 그것은 날개로 날아다니는 메뚜기 군대였다(욜 2:11 참조). 엄청난 메뚜기 떼가 짙은 구름처럼 하늘과 땅을 뒤덮었다. 메뚜기들은 애굽인들이 먹을 양식을 단 한 톨도 남기지 않고 애굽의 농작물을 모조리 먹어치웠다.

바로는 메뚜기 떼 앞에서 속수무책이었지만, 자기를 겸손히 낮추기를 거부했다. 그는 너무 교만해서 하늘의 왕이신 하나님께 항복하지 않았다. 그는 자신이 죄를 지었다고 고백했지만, 실제로 죄를 뉘우치지 않았기 때문에 진심에서 우러나온 고백과는 거리가 멀었다. 정확히 말하면 우리의 죄를 뉘우치는 것만으로는 충분하지 않다. 실제로 죄를 버리고, 죄에서 돌이켜 하나님의 도우심에 의지해 그분의 명령에 복종하려고 노력해야 한다. 이것이 참된 회개다.

앞에서 살펴본 대로, 바로는 이스라엘 백성을 강제로 노예로 삼아 굴종시켰다(출 1:11). 이번에는 하나님이 바로를 굴종시켜 그가 지은 죄의 결과로 고통을 받게 될 것을 분명하게 보여주셨다. 바로는 고통스러운 경험을 통해 교만이 패망의 선봉이라는 사실을 깨닫게 될 예정이었다(잠 16:18). 하나님은 교만한 자를 거부하고, 겸손한 자에게 은혜를 베푸신다(잠 3:34).

1) 하나님이 우리의 죄를 드러내 보이실 때 우리가 해서는 안 될 일이 있다면 무엇인가?

— 바로처럼 위선적으로 행동해서는 안 된다. 위선자는 가면을 쓰고, 자기의 본모습과 다른 모습을 보인다. 바로는 겉으로는 죄를 뉘우치는 척했지만 실제로는 그렇지 않았다.

2) 하나님이 우리의 죄를 드러내 보이실 때 우리가 해야 할 일이 있다면 무엇인가?

— 우리 자신을 겸손히 낮추고, 죄를 고백하고, 진심으로 죄에서 돌이켜야 한다.

3) 하나님의 도우심 없이 죄를 회개할 수 있을까?

— 그럴 수 없다. 하나님은 사람들의 마음을 주권적으로 다스리신다. 우리는 우리의 마음을 다스리는 주권자가 아니다. 우리는 하나님의 뜻을 행하기를 원하는 새 마음을 얻기 위해 그리스도께 은혜를 구해야 한다.

기도

하나님이 직접 역사해 겸손하게 만드시기 전에 스스로 겸손히 자신을 낮출 수 있는 은혜를 허락해 달라고 기도하라.

17 어둠과 빛

복습 

1) 여덟 번째 재앙은 무엇이었는가?

— 애굽의 농작물을 모조리 먹어 치운 메뚜기 재앙.

2) 죄의 고백은 무엇으로 발전해야 하는가?

— 회개. 회개란 하나님의 도우심을 받아 죄에서 돌이키는 것을 가리킨다.

본문 읽기 

출 10:21-29

1) 하나님이 애굽에 내리신 아홉 번째 재앙은 무엇인가?

— 아무것도 볼 수 없게 만든 흑암의 재앙. 이 재앙은 사흘 동안 지속되었다.

2) 이스라엘 백성도 똑같이 흑암의 재앙을 당했는가?

— 그렇지 않다. 하나님의 은혜 덕분에 그들이 거주하는 곳에는 빛이 사라지지 않았다. 이 세상은 짙은 어둠에 휩싸여 있지만, 하나님이 백성은 그분의 임재의 빛을 누린다.

3) 바로는 모세가 다시 자기 앞에 나타나자 어떻게 위협했는가?

— 그는 크게 분노하며 모세에게 다시 자기 앞에 나타나면 죽이겠다고 위협했다. 그는 회개는커녕 오히려 죄를 더 많이 지었다.

해설

핵심 내용 : 하나님은 애굽인들에게는 흑암의 재앙을 내렸지만, 이스라엘 백성은 여전히 빛을 누릴 수 있는 은혜를 허락하셨다.

고대의 애굽인들은 태양을 숭배했다. 그들은 땅 위를 비추는 빛이 태양에서 비롯한다는 것을 알았다. 그들은 태양을 생명의 원천으로 간주했다. 애굽인들은 태양신이 신들 가운데 가장 강력하다고 믿었다. 그들은 태양이 이스라엘이 아닌 자신들의 편이라고 생각했다. 하나님이 애굽을 비추는 태양의 빛을 없애시자 애굽인들은 공포에 질렸다. 이스라엘의 하나님은 그들이 섬겼던 가장 강력한 신보다 더 강력하셨다.

애굽인들은 이전에 경험했던 어둠과 크게 다른 흑암의 재앙을 당하자 두려워 어쩔 줄 몰랐다. 사흘 동안 칠흑 같은 어둠이 애굽 땅을 뒤덮었다. 그들의 우상은 그들을 하나님의 진노에서 구원할 능력이 없었다. 만일 그들이 회개하고 하나님께로 돌이키지 않으면, 그들에게 임한 일시적인 어둠이 영원한 어둠으로 변할 것이었다. 흑암의 재앙은 그들이 회개를 거부했을 때 일어날 일에 대한 경고이자 그들의 죄가 초래할 결과를 일깨워 믿음으로 하나님께로 돌이키게 하려는 목적을 지녔다. 이 재앙은 참으로 무섭기 그지없었지만, 하나님은 여전히 은혜로우셨다.

성경은 어둠을 악의 상징으로 다룬다. 악은 절망만을 가져올 뿐이다. 악을 행하면, 축복과 빛과 생명과 기쁨 등, 우리가 누리는 모든 좋은 것들의 원천인 하나님의 임재의 빛에서 멀어질 수밖에 없다. 영원한 심판은 "바깥 어두운 곳"과 "캄캄한 흑암"으로 묘사되었다(마 8:12, 유 1:13).

그러나 하나님을 신뢰한다면 두려워할 필요 없다. 주 예수 그리스도께서는 세상의 빛이시다. 그분을 따르는 자는 누구나 어둠 가운데로 다니지 않고 생명(영원한 생명)의 빛을 얻을 것이다(요 8:12). 우상들을 숭배하며 절망에 빠졌던 애굽인들처럼 되어서는 안 된다. 우리의 발에 등이요 길에 빛이신 그리스도의 복된 말씀에 따라 그분을 좇아야 한다(시 119:105). 그리스도께서 십자가에서 흑암의 고통을 당하셨기 때문에(막 15:33) 우리는 그분의 영광스러운 구원의 빛을 누릴 수 있게 되었다(시 27:1).

1) 성경에서 어둠은 종종 무엇을 상징하는가?

— 죄와 악. 애굽인들이 온종일 흑암 속에서 비참하게 된 것처럼, 죄는 죄를 짓는 자들을 비참하게 만든다.

2) 우리는 어둠을 두려워해야 할까?

— 주 예수 그리스도를 믿으면 전혀 그럴 필요가 없다. 그리스

도께서는 이스라엘 백성의 거주지에 빛을 비추셨던 것처럼 우리에게 구원의 빛을 드리우신다.

3) 흑암의 재앙이 임한 이후에 바로의 마음은 어떻게 되었는가?
— 바로의 마음은 더욱더 강퍅해졌다. 그는 회개하기는커녕 모세를 죽이겠다고 위협함으로써 더 많은 죄를 지었다. 그는 하나님의 경고에 주의를 기울이지 않고, 자신의 파멸을 재촉했다.

기도 

구원의 빛 가운데서 큰 기쁨을 누릴 수 있는 은혜를 허락해 달라고 기도하라.

18 마지막 재앙

복습 

1) 아홉 번째 재앙은 무엇이었는가?

— 애굽 전역을 사흘 동안 뒤덮었던 흑암의 재앙.

2) 하나님의 백성도 악인들과 똑같이 흑암으로 인해 고통받았는가?

— 그렇지 않았다. 왜냐하면 하나님이 그들의 등불이요 구원이셨기 때문이다.

본문 읽기 

출 11:1-10

1) 하나님이 애굽에 내리신 열 번째 재앙은 무엇인가?

— 애굽의 장자들의 죽음.

2) 이스라엘의 장자들도 죽었는가?

— 그렇지 않았다. 하나님은 자기 백성과 애굽인들을 구분하셨다. 하나님은 자기 백성을 절대로 잊거나 버리지 않으신다.

3) 하나님은 왜 바로가 모세의 말을 듣지 않을 것이라고 말씀하시는가?

— 애굽에서 더 많은 기적을 행하시기 위해서였다. 하나님은 그런 기적들을 통해 애굽을 심판하고, 이스라엘을 구원함으로써 자신의 왕적 권위를 드러내실 생각이셨다. 하나님은 인간의 죄를 다스릴 뿐 아니라 심지어는 그것을 자신을 영화롭게 하는 수단으로 사용하기까지 하신다.

해설

핵심 내용 : 하나님은 애굽의 장자들의 죽음이라는 마지막 열 번째 재앙을 베풀겠다고 선언하셨다.

전능하신 하나님과 바로의 싸움은 출애굽기 11장에서 거의 막바지에 이르렀다. 바로에게는 하나님께 항복하고, 이스라엘 백성을 보내라는 그분의 명령에 순종할 수 있는 기회가 많이 주어졌다. 하나님의 명령에 순종하라는 뜻으로 무서운 재앙이 아홉 차례나 임했다. 그러나 바로는 매번 마음을 강팍하게 했다. 그는 거듭되는 경고와 재앙에도 불구하고, 어리석게도 이스라엘 백성을 보내주지 않았다.

바로는 계속해서 자신의 약속을 어겼고, 하나님의 인내를 이용했다. 하나님은 오래 참으며 자비를 베푸셨지만, 죄인을 벌하지 않고 놔둘 생각은 조금도 없으셨다. 애굽인들은 참으로 악하게도 이스라엘의 갓난아이들을 나일강에 던져 넣으며 즐거워했고, 이스라엘의 성인 남녀를 뜨거운 용광로에서 일하게 했으며, 손에 채찍을 들고서 도시들을 건설하도록 강요했다. 그들은 수백 년 동안 조금도 사정을 두지 않고 하나님의 백성을 잔인하게 다루었다.

바야흐로 하나님의 인내는 한계에 다다랐다. 그분은 바로보다 더 강력한 왕, 곧 공포의 왕인 죽음을 보내 애굽의 교만을 꺾어놓을 생각이셨다. 애굽의 장자들이 곧 죽게 될 것이었다. 이것은 더할 나위 없이 심각한 타격이 아닐 수 없었다. 왜냐하면 장자들은 상속자요 군인이요 관료로서 애굽을 지탱해 나갈 나라의 대들보였기 때문이다. 교만한 바로는 무참히 무너진 채로 하나님 앞에 무릎을 꿇게 될 예정이었다. 하나님은 애굽인들에게 그들이 받아 마땅한 정의를 시행함으로써 자신의 명예를 지킬 생각이셨다.

이것은 우리에게 중요한 교훈을 준다. 하나님은 놀라운 인내로 악인들이 회개하기를 기다리시지만, 심판의 날은 서서히 다가오는 중이다. 죄인들은 결국에는 죄의 대가가 사망이라는 사실을 알게 될 것이다. 하나님의 정의로운 심판을 맞이할 준비가 되어 있는가? 하나님이 이스라엘의 장자들은 죽지 않을 것이라고 약속하신 사실을 잊지 말라. 그들이 하나님의 징벌로부터 안전할 수 있었던 이유는 애굽인들보다 더 올바르게 행동했기 때문이 아니라 하나님이 구원을 약속하셨기 때문이다. 이스라엘 백성은 하나님의 말씀을 믿었고, 그들의 장자 가운데 죽은 사람은 아무도 없었다. 우리도 하나님의 말씀을 믿으면 죽지 않고, 영생을 누리게 될 것이다.

1) 죄인들이 하나님의 경고를 무시하고, 그분과 상관없이 영원히 행복하게 살 수 있을까?

— 그럴 수 없다. 언젠가는 모든 사람이 하나님 앞에서 심문을 받아야 한다. 회개하지 않은 죄는 하나님의 정의가 이루어질 심판의 날에 징벌을 받게 될 것이다.

2) 하나님은 의로우면서 또한 은혜로우신가?

— 그렇다. 정의와 은혜는 둘 다 하나님의 속성에 해당한다. 그분은 자기의 뜻에 따라 큰 은혜와 긍휼을 베푸시고, 정의와 심판을 집행하신다. 하나님은 사랑이시고, 또한 거룩하시다.

3) 하나님의 말씀을 믿는다는 것은 무슨 의미일까?

— 그것은 말씀을 알기 위해 열심히 배우고, 말씀을 신뢰할 수 있는 은혜를 구하고, 말씀이 무엇을 요구하든 기꺼이 순종하는 것을 의미한다.

기도 

믿음의 확신으로 죽음에 대한 두려움을 극복할 수 있게 해달라고 기도하라.

19 유월절

복습 

1) 열 번째 재앙은 무엇이었는가?

— 애굽의 장자들의 죽음.

2) 이스라엘의 장자들은 왜 죽지 않았는가?

— 하나님이 그들이 죽지 않을 것이라고 약속하셨기 때문이다. 하나님은 이스라엘 백성을 사랑으로 선택해 자기와 은혜언약으로 일컬어지는 특별한 관계 안에서 살게 하셨다.

본문 읽기 

출 12:1-13

1) 하나님은 이스라엘 백성에게 유월절을 어떻게 지키라고 지시하셨는가?

— 저녁에 흠 없는 양을 죽여 그 피를 집 좌우 문설주와 인방에 바르고 나서 불에 구워 무교병(밀가루와 물로만 만든 납작한 빵)과 쓴 나물과 함께 먹으라고 지시하셨다.

2) 하나님이 허리에 띠를 띠고, 발에 신을 신고, 손에 지팡이를 잡고 양고기를 먹으라고 말씀하신 이유는 무엇인가?

— 그 이유는 이것이 이스라엘의 출애굽을 기념하는 만찬이었기 때문이다. 그들은 음식을 다 먹자마자, 먼동이 트기 전에 바로가 그들을 보내주면, 곧바로 서둘러 애굽에서 도망쳐 나와야 했다.

3) 하나님은 이스라엘 백성의 집에 묻어 있는 피를 보고 어떻게 하셨는가?
— 그들의 장자를 죽이지 않고, 은혜를 베풀어 그 집을 지나쳐 넘어가셨다.

해설

핵심 내용 : 하나님은 이스라엘 백성에게 이스라엘의 장자들을 대신해 양을 잡아 죽임으로써 유월절을 지키라고 지시하셨다.

하나님은 관대하고, 은혜로우시게도 양을 준비해 주셨다. 그분은 전에 모리아산에서도 아브라함이 이삭을 잡아 제물로 바치려고 할 때 그를 대신할 양을 준비해 주셨다(창 22장 참조). 이번에는 양이 이스라엘의 장자들을 대신해 죽임을 당했다. 양의 피가 이스라엘 백성의 집 문에 발라짐으로써 그것이 장자들의 죽음을 대신했다. 하나님은 그 피를 보시고, 그들의 집을 넘어가셨고, 이스라엘의 장자들은 안전했다.

문에 양의 피를 바른 집은 모두 안전했다. 그들은 "이 피가 정말로 죽음을 막아줄 수 있을까? 우리의 믿음이 충분하지 않으면 어떻게 될까? 우리가 달리 더 해야 할 일이 무엇일까?"라고 생각하며 두려워했을 것이 틀림없다. 그러나 그들의 두려움에도 불구하고, 그들의 장자는 단 한 명도 죽지 않았다. 집 안에 있던 사람들의 믿음이 많았는지 적었는지, 또 그들의 두려움이 컸는지 작았는지는 중요하지 않았다. 그들이 하나님의 말씀을 믿고, 문에 피를 바르기만 하면, 그것으로 그들의 장자는 죽음을 면할 수 있었다.

신약성경은 그리스도께서 우리의 유월절 어린 양이시라고 가르친다(고전 5:7). 그분의 피로 죄 사함을 받으면 하나님의 심판으로부터 영원히 안전할 수 있다. 때로 의심이 생기든 두려움이 많든 아무런 상관이 없다. 그리스도의 피는 믿는 자들을 모두 구원하기에 충분한 효력을 지닌다. 그들은 전능하신 하나님의 은혜와 사랑 안에서 영원히 안전하다. 우리는 그리스도의 죽음이 죄인을 죄의 속박에서 해방하고, 마음속에서 기쁨과 즐거움을 가득 넘치게 할 것을 알기에 그분의 선하심을 마음껏 누릴 수 있다.

1) 출애굽의 이야기에서 양의 피는 어떤 의미를 지녔는가?
   — 그것은 대신해서 죽는 죽음을 의미했다. 하나님은 양의 피를 보고 양이 이스라엘의 장자를 대신해 죽었다는 것을 아셨다. 죄에는 죽음의 형벌이 뒤따르기 때문에 죄인의 죽음을 대신해 줄 피가 필요하다.
2) 믿음 안에서 안심하며 죽음의 두려움에서 벗어나려면 어떻게

해야 할까?

— 그리스도와 그분이 십자가 위에서 흘리신 피의 죽음을 신뢰해야 한다.

3) 이스라엘 백성이 양의 피를 문에 바르는 것 외에 자기 집을 더 안전하게 만들 수 있는 다른 방도가 있었는가?

— 그들을 더욱 안전하게 만들 수 있는 부가적인 행위나 노력은 전혀 필요하지 않았다. 그들은 양의 피만으로 완벽한 안전을 누렸다. 우리의 행위는 우리의 구원에 아무런 기여도 할 수 없다. 우리는 오직 믿음으로 그리스도의 보혈만을 의지해야 한다.

기도 

그리스도의 보혈 안에서 안식과 안전과 완전한 보호를 누릴 수 있게 해달라고 기도하라.

20 애굽인들은 통곡했고 이스라엘 백성은 해방되었다

복습

1) 유월절이란 무엇인가?

— 이스라엘의 장자들을 대신해 죽인 양의 고기를 먹는 절기.

2) 누가 우리의 유월절 양인가?

— 주 예수 그리스도. 그분의 피는 죄인들을 영원히 완전하게 구원한다.

본문 읽기

출 12:29-42

1) 하나님은 한밤중에 애굽인들에게 어떤 일을 행하셨는가?

— 그들에게 마지막 열 번째 재앙을 내리셨다. 사람이든 짐승이든 처음 난 것들은 모두 죽었다. 그들은 자신들의 죄로 인해 초래된 의로운 심판을 받았다.

2) 바로는 그날 밤에 모세와 아론에게 뭐라고 말했는가?

— 가축들을 비롯해 남녀노소를 가리지 말고 이스라엘 백성 모두를 데리고 애굽을 떠나라고 말했다.

3) 이스라엘 백성은 애굽인들에게 무엇을 요구했는가?

— 그들은 애굽인들에게 은금 패물과 의복을 요구했다. 그들은 그런 식으로 애굽인들의 물품을 취했다. 그로써 하나님이 아브라함에게 하신 약속(그들이 애굽에서 큰 재물을 이끌고 나올 것이라는 약속)이 이루어졌다(창 15:14).

해설

핵심 내용 : 하나님은 애굽의 장자들을 치셨고, 바로는 마침내 이스라엘 백성을 놓아 보냈다.

하나님은 한밤중에 애굽의 거리를 지나면서 무언가를 찾으려고 집들을 빠짐없이 살펴보셨다. 그분은 무엇을 찾고 계셨던 것일까? 그것은 다름 아닌 집의 문에 바른 유월절 양의 피였다. 하나님은 양의 피가 보이면 그 집을 지나 다른 집으로 향하셨고, 양의 피가 보이지 않으면 집 안으로 들어가서 장자의 생명을 취하셨다.

안타깝게도 애굽인들의 집에는 피가 발려져 있지 않았다. 그날은 애굽의 역사 가운데서 가장 슬픈 날이었다. 애굽인들은 하나님을 믿지 않았다. 그들은 그분의 말씀과 약속과 구원을 거부했다. 따라서 하나님은 애굽인들의 장자를 모두 죽이셨고, 그들은 슬퍼하며 통곡했다. 그들은 마침내 하나님의 경고를 진지하게 받아들여야 한다는 것을 깨달았다.

심지어 바로의 장자도 죽임을 당했다. 큰 충격을 받은 그는 모세와 아론을 불러 이스라엘 백성을 데리고 즉시 애굽을 떠나라고 말했다. 그때까지만 해도 그는 그들을 놓아 보내려고 하지 않았지만 결국에는 떠나라고 명령했다. 그는 전에는 "여호와가 대체 누구냐?"라고 말했지만, 이제는 하나님의 개인적인 언약적 이름으로 그분을 일컬으며 "가서 여호와를 섬겨라"라고 말했다.

애굽에 임한 하나님의 심판을 통해 이스라엘 백성을 속박하던 사슬이 산산이 부서졌다. 그들은 최대한 서둘러 애굽에서 빠져나왔다. 남자들과 여자들, 소년들과 소녀들, 가축들이 모두 급히 그곳을 떠났다. 마침내 자유가 찾아왔다. 하나님은 아브라함에게 하신 약속을 지키셨다. 그날은 애굽인들에게는 어두운 밤이었고, 이스라엘 백성에게는 밝고, 새롭고, 행복한 날의 시작이었다. 그날은 구원과 큰 기쁨의 날이었다.

애굽인들과 이스라엘 백성의 차이는 양의 피에 있었다. 오늘날에도 악인들과 의인들의 차이는 여전히 어린 양이신 예수님의 피에 있다. 이스라엘 백성이 양의 피로 구원받았던 것처럼, 우리도 믿기만 하면 예수 그리스도의 피로 구원받을 수 있다.

1) 하나님이 애굽의 장자들을 죽이신 것이 정당했던 이유는 무엇인가?

— 그들은 매우 사악했으며, 수백 년 동안 이스라엘 백성을 잔인하게 압제했다. 죄는 무엇이든 하나님의 분노와 저주를 받아야 마땅하다. 그들은 책임져야 할 죄를 많이 저질렀다.

2) 우리가 살아 있는 이유는 애굽인들보다 더 낫고, 의롭기 때문일까?

— 그렇지 않다. 우리는 죄 가운데서 태어났고, 날마다 죄를 짓는다. 우리가 살아 있고, 하나님의 축복을 누리는 이유는 오로지 그분의 은혜 때문이다.

3) 죄의 노예 상태에서 자유롭게 되려면 어떻게 해야 할까?

— 성령의 은혜를 통해 하나님의 어린 양이신 예수 그리스도의 피를 의지해야 한다. 오직 예수님만이 우리를 죄에서 완전히 해방시켜 하나님을 영화롭게 하고, 그분을 영원히 즐거워하게 하실 수 있다.

기도 

자기 백성에게 영원한 출애굽을 허락하신 하나님의 은혜에 감사하는 기도를 드려라.

21 불 기둥과 구름 기둥

복습 

1) 애굽의 장자들은 왜 죽었는가?

— 양의 피를 문에 바르지 않았기 때문이다.

2) 바로는 애굽의 장자들이 죽자 이스라엘 백성에게 어떻게 말했는가?

— 즉시 애굽을 떠나라고 말했다. 이스라엘 백성은 하나님이 약속하신 대로 애굽에서 해방되었다.

본문 읽기 

출 13:17-22

1) 이스라엘 백성이 애굽에서 나오자 하나님은 그들을 어디로 인도하셨는가?

— 광야 길로 인도하셨다. 이것은 그들의 믿음을 시험하기 위해서였다(신 8:2 참조). 그들은 양식과 물과 안전한 삶과 지도력 등, 모든 것을 하나님께 의지하는 법을 배워야 했다.

2) 모세는 애굽에서 무엇을 가지고 나왔는가?

— 요셉의 유골. 요셉은 아브라함의 언약을 믿었기 때문에 자

신의 유골이 약속의 땅이 묻히기를 원했다.

3) 하나님은 어떤 형태로 이스라엘 백성 앞에서 가셨는가?

— 낮에는 구름 기둥, 밤에는 불 기둥의 형태로 가셨다. 이것은 하나님의 영광스러운 인격적인 임재의 상징이었다.

해설

핵심 내용 : 하나님은 이스라엘 백성에게 임재해 그들을 애굽에서 광야로 인도하셨다.

대형 마트나 숲속에서 길을 잃은 적이 있는가? 길을 잃는 것은 매우 위험하고, 두려운 일이 아닐 수 없다. 따라서 어린아이들은 부모 곁에 꼭 붙어 있어야 한다. 부모를 따라가면 올바른 길로 갈 수 있다. 부모는 자녀에게 양식과 음료를 제공하고, 위험으로부터 그들을 보호한다. 부모가 곁에 있으면 두려워할 것이 아무것도 없다.

이스라엘 백성은 애굽을 떠나 광야로 나아갔다. 그러나 광야는 물과 양식이 없는 위험, 뜨거운 태양이 작열하는 낮과 혹독하게 추운 밤의 위험, 적들의 위험, 길을 잃는 위험 등, 온갖 위험이 가득한 곳이었다. 그러나 하나님이 함께하시는 한, 이스라엘 백성은 아무것도 두려워할 필요가 없었다.

이스라엘 백성은 하나님의 영광스러운 임재의 구름이 그들 앞에서 가고 있었기 때문에 길을 잃을 염려가 전혀 없었다. 하나님은 그들에게 필요한 것을 공급하고, 보호를 제공하고, 그늘이 되어 주셨다(시 105:39). 그분은 많은 적과 위험으로부터 그들을 지켜주셨다. 그들이 하나님을 신뢰하고, 그분을 인도자로 삼아 따르는 한, 자신들이 가야 할 올바른 길을 갈 수 있었다.

주 예수 그리스도를 믿는 신자들은 위험한 광야(곧 세상이라는 광야)를 지나는 여행자와 같다. 주의하지 않으면 하나님께 순종하는 길에서 벗어나 길을 잃을 수 있다. 성경을 읽고, 교회에 나가 설교를 듣고, 기도함으로써 영적 양식과 음료를 섭취하지 않으면 영적으로 굶주릴 수밖에 없다. 그러나 주님의 인도를 따르고, 그분의 임재 안에 머문다면 그분이 우리의 모든 필요를 채워주고, 우리를 안전하게 영광스러운 본향으로 인도하실 것이다.

1) 하나님이 우리의 부모보다 훨씬 더 뛰어난 공급자요 보호자요 지도자가 되시는 이유는 무엇인가?

— 부모는 이 세상에서 잠시 우리의 필요를 채워주지만, 하나님은 우리의 가장 깊고, 참된 영적 필요를 채워주신다. 오직 하나님만이 그런 필요를 영원히 채워주실 수 있다.

2) 하나님은 지금은 더 이상 눈으로 볼 수 있는 구름과 같은 형태로 우리를 인도하지 않으신다. 그렇다면 하나님이 우리를 인도하신다는 것을 어떻게 알 수 있을까?

— 오늘날, 하나님은 말씀으로 자기 백성을 인도하신다. 그분의 말씀은 우리의 필요를 채워주기에 충분하다. 하나님은 보이

지 않는 성령의 임재를 통해 말씀의 의미를 분명하게 밝혀주신다. 하나님이 우리의 삶을 돌아보지 않으시는 듯한 의심이 들 때마다 기도와 성경 말씀을 통해 그분의 인도하심을 구해야 한다.

기도 

하나님의 임재를 통해 구원과 인도와 보호가 이루어진다는 사실을 실제로 경험할 수 있게 해달라고 기도하라.

22 바닷가에서

복습

1) 하나님은 광야에서 이스라엘 백성을 어떻게 인도하셨는가?

— 낮에는 구름 기둥으로, 밤에는 불 기둥으로 인도하셨다.

2) 하나님은 오늘날 자기 백성을 어떻게 인도하시는가?

— 말씀으로 인도하신다. 성령의 조명을 통해 말씀의 의미를 분명하게 깨우쳐주신다.

본문 읽기

출 14:5-16

1) 바로는 이스라엘 백성을 보내고 난 후에 어떻게 했는가?

— 그는 약속을 어기고, 병거와 군대를 모아 이스라엘 백성을 추격해 죽이려고 했다. 병거는 말이 끄는 바퀴 두 개 달린 전투용 수레였다.

2) 이스라엘 백성은 바로가 가까이 다가오는 것을 보고 어떻게 했는가?

— 그들은 하나님께 부르짖으며 모세를 원망했다. 하나님께 부르짖은 것은 옳은 일이었지만, 그들은 모세를 원망하고, 하나

님을 의심하는 죄를 짓고 말았다.

3) 모세는 이스라엘 백성에게 어떻게 말했는가?

— 가만히 서서 여호와의 구원을 보라고 말했다. 이는 두려워하지 말고, 하나님이 그들을 대신해 싸우실 것을 믿으라는 뜻이었다. 하나님은 신적 권능으로 기적을 베풀어 애굽인들을 단번에 제압할 것임을 모세에게 계시하셨다.

해설

핵심 내용 : 바로는 이스라엘 백성을 죽이기로 결정했지만, 하나님은 바로의 군대를 멸할 생각이셨다.

하나님은 낮에는 구름 기둥으로, 밤에는 불 기둥으로 이스라엘 백성을 홍해가 있는 곳까지 인도하셨다. 언뜻 생각하면, 막다른 골목으로 인도하신 셈이었다. 이스라엘은 오도 가도 못하는 상황에 처했다. 그들은 더 이상 갈 곳도 없었고, 우회할 길도 없었다. 길이라곤 다시 돌아가는 길뿐이었다. 바로 그때, 그들은 땅이 진동하는 것을 느꼈다. 지진이 일어난 것일까? 아니었다. 바로와 그의 군대가 수평선 위로 나타났고, 번쩍이는 칼을 든 군인들이 이스라엘 백성을 향해 쇄도해왔다. 병거 600대의 쇠바퀴 소리와 수천 마리의 말발굽 소리가 지축을 흔들었다. 그것을 본 이스라엘 백성은 떨지 않을 수 없었다. 그들은 두려움에 떨며 하나님께 부르짖었다. 그들이 애굽의 군대를 상대로 전쟁에서 승리할 가능성은 전혀 없었다.

이스라엘 백성은 이제는 죽었다고 생각했다. 그들은 모세를 향해 "왜 우리를 이곳으로 이끌어 죽게 하느냐?"라고 소리쳤다. 그들은 무기력했고, 아무런 희망이 없어 보였다. 그러나 모세는 "가만히 서서 여호와의 구원을 보라. 그분이 너희를 위해 싸우고, 너희를 영원히 애굽인들에게서 구원하실 것이다."라는 소망의 말을 전했다. 그렇다면 이스라엘 백성은 하나님이 그렇게 하실 것이라고 믿었을까? 그런 일이 일어날 가능성은 전혀 없는 것처럼 보였다. 바로의 병거들은 세상에서 가장 막강했다. 이스라엘 백성은 인간적으로 불가능한 일을 하나님이 능히 이루어 구원을 베푸실 수 있다는 사실을 배워야 할 필요가 있었다.

하나님은 사람들을 구원할 때 그들이 스스로를 구원할 수 없다는 사실을 일깨워주신다. 사람들은 자신의 죄가 바로와 그의 병거들처럼 너무나도 막강하기 때문에 인간의 능력으로는 도저히 물리칠 수 없다는 것을 깨닫게 된다. 구원이 이루어지려면 하나님이 역사하셔야 한다. 사람들이 더 이상 자기 자신을 신뢰할 수 없다는 것을 깨닫는 순간, 하나님은 구원의 능력을 베풀어 그들이 할 수 없는 일을 이루어주심으로써 자기가 강력한 능력으로 구원을 베풀고, 약속을 충실하게 지키고, 어린아이 같은 단순한 믿음으로 자기에게 부르짖는 모든 사람에게 풍성한 은혜를 베푸는 하나님이라는 사실을 보여주기를 기뻐하신다.

1) 절망감이 느껴질 때는 어디에서 희망을 찾아야 할까?

— 성경에 기록된 하나님의 말씀과 약속에서 찾아야 한다. 하나님의 약속과 말씀은 결코 헛되지 않는다.

2) 우리의 죄는 어떤 점에서 바로와 그의 병거들과 비슷한가?

— 죄는 우리를 파멸시키려고 한다. 죄는 우리보다 강하고, 오직 하나님의 능력으로만 물리칠 수 있다.

3) 이스라엘 백성이 자신의 힘으로 바로와 싸웠다면 어떻게 되었을까?

— 무참히 패배했을 것이다. 하나님의 은혜가 없으면 우리의 영적 원수들(죄와 사탄)을 물리칠 수 없다. 그러나 하나님의 은혜가 있으면 그리스도 안에서 승리할 수 있다(고후 2:14).

기도 

하나님이 우리를 대신해 싸워주셔서 악을 물리치고 승리할 수 있게 해달라고 기도하라.

23 바다가 갈라지다

복습 

1) 이스라엘 백성은 어떤 상황에 직면했는가?

— 그들은 광야에 둘러싸인 채 홍해 앞에서 오도 가도 못하는 상황에 직면했다.

2) 하나님은 이스라엘 백성이 바로의 병거들을 두려워하며 부르짖자 어떻게 하겠다고 말씀하셨는가?

— 그분은 그들을 위해 싸워 그들을 애굽인들에게서 구원할 것이라고 말씀하셨다.

본문 읽기 

출 14:19-31

1) 무엇이 바로의 군대로부터 이스라엘 백성을 보호했는가?

— 여호와의 사자와 구름 기둥이 이스라엘 백성 뒤로 옮겨 가서 애굽인들과의 사이를 가로막았다.

2) 하나님은 바다를 어떻게 하셨고, 그 결과로 이스라엘 백성은 어떻게 되었는가?

— 하나님은 바다를 갈라 좌우에 벽처럼 만드셨다. 이스라엘

백성은 마른 땅 위를 걸어 바다를 통과했다. 이것은 하나님의 능력과 은혜를 보여주는 기적이었다.

3) 바로의 병거와 군대는 어떻게 되었는가?

— 이스라엘 백성을 쫓아 바다에 들어갔지만, 하나님이 갈라진 바다를 다시 이어 그들을 수장시키셨다.

해설

핵심 내용 : 하나님이 바다를 가르셨고, 이스라엘 백성은 마른 땅 위를 걸어서 바다를 건넜다.

이스라엘 백성은 사면초가의 상황에 직면했다. 그들의 뒤에서는 바로가 군대를 이끌고 그들을 죽이려고 달려오고 있었고, 그들의 좌우에는 넘기 어려운 높은 산들이 둘러싸고 있었으며, 그들의 앞에는 건널 수 없는 홍해가 놓여 있었다. 그들은 앞으로도, 옆으로도, 뒤로도 더는 움직일 수가 없었다. 과연 하나님은 그들에게 말씀하신 대로 그들을 구원할 수 있으셨을까?

기적의 하나님은 불가능해 보이는 상황에서 바다를 갈라 건너편으로 건너갈 수 있는 안전한 통행로를 만드셨다. 히브리서 11장 29절은 이스라엘 백성이 "믿음으로" 홍해를 육지처럼 건넜다고 말씀한다. 하나님은 구원의 능력을 베푸셨고, 이스라엘 백성은 믿음과 순종으로 반응했다. 그들은 파도가 덮쳐 자신들을 수장시킬 것이라는 두려움 없이 바다를 건넜다. 하나님이 강력한 역사를 통해 구원을 베푸실 때, 하나님의 백성은 이스라엘 백성이 홍해에서 했던 것처럼 믿음으로 반응해야 한다.

이스라엘 백성이 안전하게 건너편으로 건너가자 바로의 군대가 그 뒤를 쫓아왔다. 그러나 하나님은 병거들의 바퀴를 벗겨서 움직이지 못하게 한 뒤에 바닷물을 다시 합쳐 그들을 모두 수장시키셨다. 하나님은 자신이 자기 백성을 대적하는 원수들을 물리치는 강력한 왕이요 용사라는 것을 입증해 보이셨다.

이스라엘 백성은 건너편에 안전하게 서서 원수들이 모조리 공포에 질려 물속에 빠져 죽는 광경을 지켜보았다. 그들은 자기들 앞에 희망차고, 영광스러운 미래가 펼쳐져 있는 것을 보았다. 신약성경은 이것을 세례의 예표로 가르친다(고전 10:1, 2). 이스라엘은 애굽인들과 분리되었다. 그들은 하나의 민족으로 거듭났고, 하나님을 예배하는 백성으로 거룩하게 구별되었다. 그러나 가장 중요한 탄생은 새 탄생(거듭남, 중생)이다. 하나님은 새 탄생을 통해 자기 백성을 영적 노예 상태로부터 영원히 자유롭게 하신다(요 3:1-8).

1) 역사 속에 나타난 하나님의 구원 행위에 대해 어떻게 반응해야 할까?

— 하나님의 구원 행위를 통해 그분의 은혜가 드러난다는 것을 믿는 믿음으로 반응해야 한다. 하나님의 가장 위대한 구원 행위는 그리스도의 십자가에서 성취된 일이었다.

2) 하나님이 왕이요 용사시라는 진리는 그분의 백성에게 어떤 위로를 주는가?

— 어떤 싸움이든 그들 혼자서 싸우는 것이 아니라는 확신을 심어준다. 하나님이 그들을 위해 싸우고, 극복하기가 불가능한 죄를 물리쳐 주신다.

3) 가장 중요한 탄생은 무엇인가?

— 새 탄생. 하나님의 성령으로 거듭나는 것은 우리의 내면을 새롭게 만드는 은혜의 기적이다. 의와 거룩함으로 하나님을 예배하려면 새로운 마음과 정신이 필요하다.

기도 

가족들이 새 탄생을 경험할 수 있게 해달라고 기도하라.

24 모세의 노래

복습 

1) 하나님은 홍해에서 어떤 역사를 일으키셨는가?

— 하나님은 바닷물을 갈라 이스라엘 백성이 마른 땅 위를 걸어 바다를 건너게 하셨다.

2) 애굽인들은 홍해에서 어떻게 되었는가?

— 그들은 물속에 빠져 죽었다. 하나님이 약속하신 대로, 이스라엘 백성은 노예 상태에서 완전히 해방되었다.

본문 읽기

출 15:1-11

1) 모세는 무엇을 했는가?

— 그는 하나님을 찬양하는 노래를 불렀다. 우리는 찬양으로 하나님이 행하신 영광스러운 일들을 찬양해야 한다. 우리는 말과 기도와 노래로 날마다 그분을 찬양해야 한다.

2) 모세가 하나님을 찬양한 이유는 무엇인가?

— 하나님이 홍해를 가르신 기적을 행하셨기 때문이다. 하나님은 애굽인들을 제압하고, 이스라엘 백성을 구원하셨다. 우리

도 하나님의 구원 사역을 감사하며 찬양해야 한다.

3) 모세는 찬양을 통해 하나님을 어떻게 묘사했는가?

— 그는 하나님을 승리하신 왕이자 용사로 묘사하면서(1-3절) 그분의 강력한 권능(6절), 크고 뛰어난 위엄(7절), 그분의 진노와 정의(7, 8절), 누구도 필적할 수 없는 그분의 영광스러움과 거룩함을 열거했다.

해설 

핵심 내용 : 모세는 하나님과 그분이 행하신 일, 곧 애굽인들을 제압하신 일을 찬양했다.

하나님을 찬양할 때 즐겨 부르는 찬송가나 시편 찬송이 있는가? 그런 찬송가나 시편 찬송은 하나님을 어떻게 묘사하는가? 하나님을 찬양하는 노래들은 그분이 어떤 분이신지를 정확하게 묘사해야 한다. 따라서 성경에서 발견되는 표현과 개념들을 사용한 '성경적인' 찬송가를 부르는 것이 중요하다. 안타깝게도, 오늘날 인기 있는 찬송가들 가운데 성경적이지 않은 것들이 꽤 많다. 교회가 시편을 찬송하는 한 가지 이유는 그것이 성령의 직접적인 영감을 통해 작성된 것이기 때문이다. 시편은 하나님이 어떤 분이시고, 어떤 일을 행하셨는지를 정확하게 가르친다.

모세의 노래도 성령의 영감으로 작성된 것이기 때문에 하나님의 속성을 상세하게 전함으로써 그분이 어떤 분이신지를 잘 보여주고 있다. 그렇다면 하나님의 '속성'이란 무엇일까? 하나님의 속성이란 그분이 어떤 분이신지를 묘사하는 의미를 지닌다. 우리도 모두 속성을 지니고 있다. 사실, 용모, 피부색, 힘의 강약, 인격적 특성 등, 모든 사람에게 저마다 독특한 속성이 있다. 우리는 하나님이 지으신 피조물로서 독특하고, 특별할 뿐 아니라 그런 속성들을 통해 서로 다르게 구별된다.

하나님의 속성은 그분만의 독특성을 드러낸다. 이는 그분이 다른 누구도 소유하지 않은 속성을 지니고 계신다는 뜻이다. 그분의 속성은 인간적인 속성이 아닌 신적 속성이다. 모세의 노래는 하나님의 왕권, 주권, 권능, 분노, 거룩함 등, 그분의 다양한 속성을 묘사한다. 하나님이 찬양과 예배를 받기에 합당하신 이유는 아무도 소유하지 못한 신적 속성을 지니고 계시기 때문이다. 인간을 숭배하고, 찬양하는 것이 잘못인 이유는 인간에게는 신적 속성이 없기 때문이다. 우리는 특히 그리스도 안에 나타난 하나님의 위대한 구원 때문에 그분을 찬양해야 한다. 하나님의 구원 사역은 그분의 속성을 가장 분명하게 드러낸다. 따라서 하나님을 진정으로 알려면 그리스도를 바라봐야 한다.

1) 성경에 근거한 찬송가와 시편을 불러야 하는 이유는 무엇인가?
— 시편은 성령의 영감으로 기록된 노래이기 때문에 오늘날의 어떤 찬송가들과는 달리 그릇된 개념을 가르치지 않는다. 시편

은 하나님의 속성을 묘사하고, 그분께 큰 영광을 돌린다. 시편은 하나님이 기뻐하시는 표현들로 찬양의 감정을 표현할 수 있게끔 도와준다.

2) 하나님이 찬양과 예배를 받기에 합당하신 이유는 무엇인가?
— 오직 그분만이 하나님이시기 때문이다. 하나님의 독특한 속성을 공유하는 피조물은 없다. 오직 하나님만이 그리스도를 통해 자기 백성을 구원하신다.

3) 구원을 받으면 하나님을 찬양하고픈 마음이 생기는 이유는 무엇일까?
— 죄인을 구원하는 일은 하나님이 세상에서 행하시는 가장 보배로운 사역이다. 심지어 죄인 하나가 회개하면 천사들도 하나님을 찬양한다(눅 15:10).

기도 

항상 입으로 하나님을 찬양하며, 기쁨으로 찬양의 노래를 드릴 수 있게 해달라고 기도하라.

25 쓰디쓴 시련과 달콤한 은혜

복습 

1) 하나님이 애굽인들을 바다 속에 수장하신 뒤에 모세는 무엇을 했는가?

— 그는 노래로 하나님을 찬양했다.

2) 모세는 하나님의 무엇을 찬양했는가?

— 그는 하나님의 신적 속성들과 그분이 베푸신 구원 행위를 찬양했다.

본문 읽기 

출 15:22-27

1) 이스라엘 백성은 마라에서 무슨 시련을 겪었는가?

— 사흘 동안 광야를 걸어간 이스라엘 백성은 심한 갈증에 시달렸다. 그들은 마침내 물을 발견했지만, 물이 써서 마실 수가 없었다.

2) 하나님이 이스라엘 백성을 시험하신 이유는 무엇인가?

— 그들이 자기를 진정으로 신뢰하는지를 보시기 위해서였다. 하나님은 은혜와 기적으로 그들을 애굽에서 구원함으로써 자

신의 신뢰성을 보여주셨다. 그분은 시련을 통해 죄를 깨달아 뉘우치고, 용서의 은혜를 알고, 자기를 더욱 온전히 신뢰하도록 이끄신다.

3) 하나님은 이스라엘 백성의 원망과 불평에 어떻게 반응하셨는가?

— 그분은 모세에게 물의 쓴맛을 없앨 수 있는 나무를 알려주고 나서 자신의 말에 순종하라고 명령하셨고, 자신이 치료하는 하나님이라는 사실을 일깨워주셨다. 하나님은 그들을 인내로 대하셨다.

해설

핵심 내용 : 하나님은 쓰디쓴 시련을 달콤하게 만드시는 치유자이시다.

시험은 어렵다. 그렇지 않은가? 학생들은 대부분 시험을 좋아하지 않는다. 시험은 통과하기가 어려울 수 있다. 좋은 점수를 받으려면 공부를 열심히, 많이 해야 한다. 학생이 시험에 낙제하면 심각한 일이 벌어진다. 그러나 시험은 아무리 어렵더라도 학생들의 지식 성장에 도움이 되기 때문에 유익하다.

하나님은 시련으로 자기 백성을 시험하신다. 그런 시련을 경험하는 것은 조금도 유쾌하지 않지만, 결과적으로는 우리를 유익하게 한다. 시련은 하나님을 아는 지식(즉 단지 머리로만 아는 지식이 아닌 마음으로 아는 지식)을 증대시킨다. 시련은 우리의 약점이 무엇인지를 드러내 보여줌으로써 하나님을 신뢰할 수 있는 긍휼과 은혜를 구해 믿음 안에서 성장하고, 그분을 좀 더 온전하게 신뢰하도록 이끈다.

이스라엘 백성은 홍해에서 하나님의 영광을 보았다. 그들은 크게 기뻐하며 찬양했다. 그 첫날에 그들의 찬양은 천지를 진동시켰다. 그러나 그들은 그 후에 황량한 광야를 여행하다가 마라라는 곳에서 시험을 받았다. 그들의 찬양 소리는 차츰 약해졌고, 사흘째 되는 날에는 아예 사라지고 말았다. 갈증과 피로와 절망감에 시달리던 그들은 마침내 물을 발견했지만, 마시자마자 뱉어내야 했다. 물맛이 썼기 때문이다. 그들은 하나님을 원망했고, 결국 시험을 통과하지 못했다.

그들은 "홍해를 가르신 하나님이 지금도 우리를 능히 구원하실 수 있다. 그분은 쓴 물을 달콤한 물로 바꾸실 수 있다."라고 말했어야 마땅했지만, 안타깝게도 자기들을 가나안으로 인도하겠다는 하나님의 약속을 잊고 말았다. 그러나 하나님은 시험을 통과하지 못한 그들에게 은혜를 베푸셨다. 그분은 고약한 맛을 내는 물을 신선한 물로 바꾸어줌으로써 자신이 치유자라는 것을 보여주셨다. 그분은 쓰디쓴 시련을 달콤한 은혜의 경험으로 바꾸어주셨다.

1) 시련이 하나님의 백성에게 유익한 이유는 무엇인가?
— 하나님을 아는 지식을 증대시켜주기 때문이다. 하나님의 말씀을 읽는 것으로는 단지 개념적인 지식이 증대될 뿐이지만,

시련은 은혜를 경험하게 해준다.

2) 시련을 겪을 때 불평하기보다 찬양을 드려야 할 이유는 무엇인가?

— 불평은 하나님의 약속을 믿지 않는다는 사실을 보여주고, 찬양은 고난을 받는 상황 속에서도 변함없이 하나님을 신뢰할 것이라고(곧 우리가 우리 자신보다 하나님을 더 귀하게 여긴다고) 선포하는 격이다.

3) 하나님이 우리의 고난을 지금 당장 없애주지 않으시는 이유는 무엇인가?

— 하나님은 우리가 고난받는 것을 기뻐하지 않으시지만, 그것을 이용해 우리를 훈련하신다. 그분은 장차 자기 백성의 고난을 영원히 없애줄 것이라고 약속하셨다.

기도 

우리의 시련을 통해 중요한 교훈을 얻어 하나님의 달콤한 은혜를 알게 해달라고 기도하라.

26 하늘에서 내리는 양식

복습 

1) 이스라엘 백성은 마라에서 어떤 시련을 겪었는가?

— 그들은 신선한 물을 원했지만, 물이 써서 마실 수가 없었다.

2) 이스라엘 백성이 불평하자 하나님은 어떻게 하셨는가?

— 물맛을 바꿔주고 자신의 계명들을 지키라고 명령하셨고, 자기를 치유하는 하나님으로 계시하셨다.

본문 읽기

출 16:1-4, 31-35

1) 이스라엘 백성은 신 광야에서 양식이 없어 굶주리자 어떻게 했는가?

— 그들은 또다시 하나님과 모세를 강하게 원망했다.

2) 하나님의 이스라엘 백성의 불평과 필요에 어떻게 반응하셨는가?

— 그분은 하늘에서 양식을 비같이 내려주겠다고 약속하셨고, (안식일에는 한 줌도 거두지 말고) 매일 필요에 따라 적절한 양의 양식을 거두라고 요구함으로써 그들을 시험하셨다.

3) 하나님은 이스라엘 백성에게 만나를 얼마나 오랫동안 허락하셨는가?

— 그들이 광야에서 지냈던 40년 동안 줄곧 허락하셨다. 그것은 이스라엘의 그릇된 불평에도 불구하고 은혜를 베푸신 하나님의 선하심을 보여주는 강력한 기적이었다.

해설 

핵심 내용 : 하나님은 굶주린 이스라엘 백성을 먹이기 위해 하늘에서 양식을 내려주셨다.

좋아하는 떡이 있는가? 쌀 떡을 좋아하는 사람도 있고, 잡곡 떡을 좋아하는 사람도 있으며, 달콤한 떡을 좋아하는 사람도 있다. 이스라엘 백성이 광야에서 굶주리자 하나님은 그와는 전혀 다른 떡을 공급해 주셨다. 우리는 그것이 무엇인지 정확히 알 수 없다. 이스라엘 백성도 마찬가지였다. 그런 이유로 그들은 그것을 "이것이 무엇인고?"라는 의미를 지닌 '만나'로 일컬었다. 그것이 무엇이 되었든, 맛은 좋았고, 영양가는 풍부했다. 그것은 이스라엘 백성이 황량한 광야에서 살아가는 데 꼭 필요한 것이었다.

하나님이 만나를 즐겨 먹는 양식으로 자기 백성에게 내려주기를 원하셨던 이유는 그것이 그들을 향한 자신의 은혜와 사랑과 배려를 보여주는 것이기 때문이었다. 하나님은 미래 세대에게 자기가 이스라엘 백성에게 어떻게 양식을 공급했는지를 보여주기 위해 만나를 항아리에 담아 보관하라고 명령하셨다. 우리도 하나님의 은혜의 사역을 잊지 않는 것이 중요하다. 이스라엘 백성이 만나라는 양식을 먹었다면, 우리의 믿음을 성장시키는 양식은 바로 하나님이 행하신 일들을 기억하고, 묵상하는 것이다.

우리는 모두 영적인 떡(하나님의 말씀)을 좋아해야 한다. 하늘에서 내린 만나는 인간이 떡으로만 사는 것이 아니라 하나님의 모든 말씀으로 산다는 것을 이스라엘 백성에게 일깨워주었다(신 8:3). 만나의 공급은 결코 헛되지 돌아가지 않는 하나님의 약속에 근거한 것이었다. 이스라엘 백성이 그것을 먹을 때마다 마치 하나님이 "너희는 나를 신뢰할 수 있다. 나의 약속은 생명보다 더 낫다."라고 말씀하시는 듯했다.

오늘날의 그리스도인들도 이스라엘 백성처럼 광야 같은 세상에서 약속의 땅인 하늘의 가나안에 들어가기를 기다린다. 이스라엘 백성이 날마다 만나를 거두어야 했던 것처럼, 우리도 날마다 하나님의 말씀을 먹어야 한다. 하나님의 말씀도 소유하고 있는 것만으로는 충분하지 않다. 그것을 먹고, 소화하는 것이 필요하다. 우리는 마음과 영혼 깊은 곳에 하나님의 말씀을 받아들여야 한다.

1) 하나님의 말씀을 마음과 영혼 깊은 곳에 받아들이려면 어떻게 해야 할까?

— 말씀을 귀로 듣기만 해서는 안 되고, 마음으로 믿어야 한다.

믿는 것이 곧 받아들이는 것이다. 말씀을 믿음으로 받아들이지 않으면 영적 생명을 유지할 수 없다.

2) 하나님의 말씀을 원하는 마음이 없다면 어떻게 해야 할까?
— 말씀을 간절히 원하는 마음을 허락해 달라고 기도해야 한다. 하나님이 말씀을 사랑하고, 말씀 안에서 즐거워할 수 있게 해주실 것이라고 믿고, 말씀을 읽고, 듣고, 노래하고, 날마다 말하고, 기도의 내용으로 삼아야 한다.

3) 요한복음 6장 51절을 읽어 보라. 예수님이 자신에 대해 어떻게 가르치셨는가?
— 자기를 먹는 사람에게 영생을 주는 참된 떡이라고 가르치셨다. 하나님의 말씀을 받아들이는 것처럼, 믿음과 순종으로 그리스도를 받아들여야 한다.

기도

가족들에게 하나님의 말씀을 사모할 수 있는 마음을 허락해 주시고, 그리스도의 영적 양식으로 그들의 믿음을 풍성하게 해달라고 기도하라.

27 반석에서 솟아 나온 물

복습

1) 하나님은 광야에서 이스라엘 백성에게 어떤 양식을 허락하셨는가?

— 하늘에서 내린 떡. 그들은 그것을 '만나'로 일컬었다.

2) 하나님의 백성에게 가장 중요한 영적 양식이 있다면 무엇인가?

— 하나님의 말씀이다. 우리는 말씀을 통해 주 예수 그리스도를 받아들인다.

본문 읽기

출 17:1-7

1) 이스라엘 백성은 르비딤에서 목이 마르자 어떻게 했는가?

— 그들은 강한 불만을 터뜨리며 하나님께 또다시 죄를 지었다. 유감스럽게도, 그들은 하나님이 이미 베푸신 친절을 귀하게 여기지 않았다.

2) 반석에서 어떤 일이 벌어졌는가?

— 모세가 하나님의 지팡이로 반석을 치자 온 이스라엘 백성이 마실 수 있는 물이 나왔다.

3) 모세가 그곳을 맛사와 므리바로 일컬은 이유는 무엇인가?

— 그 이유는 이스라엘 백성이 다투었기 때문이다. 이는 그들이 하나님을 시험하고, 그분이 자기들 가운데 계시는지를 의심했다는 뜻이다. 맛사는 '시험하다'를, 므리바는 '다투다'를 각각 의미한다.

해설

핵심 내용 : 하나님은 모세가 친 반석에서 이스라엘 백성이 마실 물이 나오게 하셨다.

잘 알다시피, 물은 강에서 흐르고, 호수에 고인다. 심지어는 산의 샘에서도 물이 흘러나온다. 그러나 바위에서 물이 나올 것이라고 누가 상상이나 할 수 있었으랴? 그것은 단순한 바위가 아닌 황량하고, 건조한 광야에 있던 바위였다. 그러나 홍해를 가르신 하나님께는 아무것도 불가능한 것이 없었다. 그분은 노예 상태를 구원으로, 쓰디쓴 시련을 달콤한 은혜로, 죽음을 생명으로 바꾸실 수 있다. 바위에서 물이 나오게 하는 것쯤은 하나님께는 그리 어려운 일이 아니었다.

그러나 이스라엘 백성은 큰 죄를 지었다. 그런데도 왜 하나님은 바위에서 물을 내신 것일까? 그들은 그런 은혜를 입을 자격이 없었다. 하나님이 은혜로 물을 공급하신 이유는 아브라함에게 하신 약속, 곧 이스라엘 백성을 축복하고, 강대하게 하겠다는 약속 때문이었다. 바위에서 물이 힘차게 솟아 나왔다. 그것은 2백만 명 넘는 이스라엘 백성이 마음껏 마실 수 있는 양의 물이었다. 하나님의 은혜는 우리의 모든 필요를 넉넉히 채우고도 남는다.

이 이야기는 구원의 예표다. 반석은 그리스도를 예표한다(고전 10:4). 물이 솟아 나오기 전에 바위를 쳐야 했던 것처럼, 그리스도께서도 영원한 구원의 샘물이 되기 위해 우리의 허물로 인해 두들겨 맞고, 상처를 입으셔야 했다. 하나님의 명령에 따라 바위를 쳤던 것처럼, 그리스도께서도 그분의 명령과 뜻에 따라 맞으셔야 했다(슥 13:7). 바위는 모세가 애굽을 칠 때 사용한 하나님이 지팡이로 쳤다. 그 지팡이는 정의를 상징한다. 그리스도께서는 십자가에서 자기 백성의 죄로 인해 하나님의 정의로운 심판의 매를 맞으셨다.

하나님의 의를 갈망하는 죄인들에게 그리스도께서는 더할 나위 없이 보배로우시다. 죄가 얼마나 무서운 것인지를 깨닫고, 은혜 안에서 하나님과의 교통을 원하는 죄인들은 이 세상의 그 어떤 즐거움으로도 해소할 수 없는 갈증을 느낀다. 그들은 하나님을 향해 사슴이 시냇물을 찾기에 갈급한 것보다 더한 갈증을 느낀다(시 42:1). 그들에게 하나님의 은혜는 너무나도 보배롭다. 살아 계시는 하나님을 갈망하는가?

1) 시편 105절 41, 42절을 읽어 보라. 하나님이 아브라함에게 하신 약속과 반석에서 물을 내신 행위는 어떤 연관성이 있는가?

— 이스라엘 백성은 불신앙에 사로잡혀 계속해서 불평과 원망을 일삼는 죄를 지었기 때문에 하나님의 심판을 받아야 마땅했다. 그러나 하나님은 아브라함과 맺으신 은혜 언약을 근거로 그들에게 은혜를 베푸셨다.

2) 요한복음 7장 37, 38절을 읽어 보라. 예수님은 뭐라고 말씀하셨는가?

— 그분은 누구든지 목마른 자는 자기에게 와서 마시라고 말씀하셨다. 우리는 그리스도 안에서 하나님의 은혜를 영혼이 만족할 때까지 마음껏 누릴 수 있다. 그분의 은혜는 마음의 가장 깊은 갈망을 충족시킬 수 있다.

3) 그리스도께 와서 마시려면 어떻게 해야 할까?

— 그분과 그분의 말씀을 믿어야 한다.

기도 

가족들의 마음속에 있는 가장 깊은 갈망을 오직 예수 그리스도 안에서만 발견되는 새롭게 하는 은혜로 해소시켜 달라고 기도하라.

28 아말렉에 대한 승리

복습 

1) 하나님은 반석을 통해 무엇을 제공하셨는가?

— 사막 한복판에서 온 이스라엘 백성이 마실 수 있는 물을 제공하셨다.

2) 반석은 무엇을 예표하는가?

— 반석은 온 세상에 구원의 은혜를 베풀기 위해 하나님의 정의로운 심판의 매를 맞으신 그리스도를 예표한다.

본문 읽기 

출 17:8-16

1) 모세의 손이 올라갈 때와 내려갈 때 어떤 일이 일어났는가?

— 모세의 손이 올라갈 때는 이스라엘이 싸움에서 이겼고, 그의 손이 내려갈 때는 아말렉이 이겼다.

2) 여호수아가 싸움에서 승리를 거둔 후에 하나님은 아말렉을 어떻게 하겠다고 말씀하셨는가?

— 천하에서 기억도 못 하게 하겠다고 약속하셨다(이는 그들을 지면에서 완전히 없앨 것이라는 뜻이다). 아말렉은 하나님이 사랑하시

는 이스라엘 백성을 공격해 그분의 진노를 초래했다.

3) 모세는 제단을 쌓고, 그것을 어떻게 일컬었는가?

— "여호와 닛시," 곧 "여호와는 나의 깃발이시다"라고 일컬었다. '깃발'은 이스라엘 군대에게 전투의 시작을 알리기 위해 쳐들었던 모세의 지팡이를 가리킨다. 이스라엘 백성은 하나님의 구원하시는 능력 덕분에 싸움에서 승리했다.

해설 

> 핵심 내용 : 하나님의 백성은 깃발이신 그분을 높이 쳐들 때 악에 대해 승리할 수 있다.

전투 장면을 묘사한 그림이나 영화를 본 적이 있다면, 누군가가 군대 앞에서 깃발을 들고 가는 모습을 보았을 것이다. 깃발은 그들의 나라를 나타낸다. 그 깃발은 일종의 군기다. 전투할 때는 군기를 높이 쳐든다. 군기는 깃발이 나타내는 대의를 위해 싸우도록 군대를 고무한다.

이스라엘 백성이 아말렉에게 승리하고 난 후에 모세는 "여호와는 나의 깃발이시다"라고 말했다. 이 깃발은 모세의 손에 들렸던 하나님의 지팡이를 가리킨다. 그 지팡이는 이스라엘의 깃발이었다. 모세가 그것을 쳐들 때, 이스라엘 군대는 싸움을 시작했고, 하나님은 그들에게 승리를 안겨주셨다. 하나님을 우리의 왕이요 구원자로 높이 우러러볼 때 그분의 능력을 통해 우리의 삶 속에서 악이 정복된다. 우리가 하나님을 항상 높이고, 영화롭게 해야 하는 이유는 그분이 우리를 대신해 강력한 힘을 발휘하시기 때문이다.

'믿는 사람들은 주의 군사니'라는 유명한 찬송가를 들어본 적이 있을 것이다.

믿는 사람들은 주의 군사니
예수님의 십자가가 앞서가도다
우리 대장 예수, 기를 들고서
접전하는 곳에 가신 것 보라

위의 가사는 하나님의 백성을 위한 깃발이신 주 예수 그리스도를 찬양한다. 우리가 그분 안에서 우리의 정체성을 발견하고, 그분의 이름으로 복음을 전파하며 살아갈 때 그분은 우리의 삶 속에서 영광을 받으신다.

그리스도인의 삶은 전쟁이라는 사실을 잊어서는 안 된다. 이스라엘 백성은 아말렉과 싸워 그들을 완전히 정복하라는 명령을 받았다. 그들이 아말렉을 부드럽게 대했다면 아말렉이 그들에게 큰 해를 끼쳤을 것이다. 우리의 죄도 마찬가지다. 죄에 단호하게 맞서 싸워야 한다. 온 힘을 다해 죄를 정복해야 한다. 그러나 온 힘을 다해 싸울 때 우리 자신의 힘을 의지해서는 안 된다. 하나님을 의지해야 한다. 그분은 우리의 정복왕이시다.

1) 모세의 높이 쳐든 팔은 무엇을 나타내는가?

— 그것은 이스라엘 백성을 위한 그의 기도와 예배를 상징한다. 기도와 예배로 하나님을 의지해야만 우리의 영적 싸움에서 승리할 수 있다. 기도에 지쳐서는 안 된다. 성경은 쉬지 말고 기도하고, 계속해서 믿음의 기도를 드리라고 가르친다.

2) 기도가 악을 물리치는 강력한 무기인 이유는 무엇인가?

— 하나님의 백성은 기도를 통해 하나님 앞에서 자기를 겸손히 낮추고, 그분을 높이 우러러 예배한다. 그러면 하나님은 강력한 능력으로 악을 제압하시고, 우리의 승리를 통해 영광을 받으신다(엡 6:13-18 참조).

기도 

가족들이 주님의 깃발 아래 하나로 뭉쳐 그리스도의 대의를 좇는 겸손한 군사가 되게 해달라고 기도하라.

2부
광야에서의 예배

출 19장-레 17장

29 하나님의 귀중한 소유

복습

1) 이스라엘 백성은 광야에서 누구와 싸웠는가?

— 하나님을 대적했던 아말렉 족속.

2) 모세는 이스라엘 군대가 아말렉과 싸우는 동안 어디에 서서 무엇을 했는가?

— 그는 산꼭대기에 서서 지팡이를 높이 쳐들었다. 그가 지팡이를 높이 쳐들고 있는 동안, 하나님은 이스라엘 군대가 아말렉을 물리치고 승리를 거두게 하셨다.

본문 읽기

출 19:1-8

1) 이스라엘 백성은 애굽에서 해방된 후에 어디에 장막을 쳤는가?

— (호렙산이라고도 불리는) 시내산 기슭에 있는 광야에 장막을 쳤다. 그곳에서 하나님은 이스라엘과 민족적 차원에서 언약을 맺으셨다.

2) 모세에게는 시내산에서 어떤 명령이 주어졌는가?

— 그에게는 언약의 중재자 역할을 하라는 명령이 주어졌다.

이는 그가 하나님과 이스라엘 백성 사이에 서서 하나님의 말씀을 전하는 역할을 했다는 뜻이다.

3) 이스라엘 백성에게는 시내산에서 어떤 명령이 주어졌는가?
— 그들에게는 하나님의 말씀을 받아 순종함으로써 그분과의 언약을 지키라는 명령이 주어졌다. 그들은 하나님의 특별한 백성으로서 그분을 사랑하고, 그분을 위해 살아야 했다.

해설

> 핵심 내용 : 피조 세계 전체가 하나님의 소유이지만, 언약 백성은 그분이 특별히 사랑하시는 그분의 특별한 소유다.

하나님은 만물의 창조주이시기 때문에 모든 사람과 사물과 장소가 다 그분의 소유다. 하나님은 이 지구와 온 우주를 향해 "너희는 모두 나의 것이다."라고 말씀하신다. 하나님은 자신이 창조한 피조 세계를 크게 기뻐하신다. 그 이유는 그분의 영광과 선하심이 피조 세계 안에 반영되어 있기 때문이다(시 19:1 참조). 그러나 하나님은 세상의 모든 것을 소유하고, 또 기뻐하지만 그 가운데서도 언약의 백성을 자기의 특별한 소유로 삼아 기뻐하신다. 그들은 하나님의 가장 보배로운 소유다.

좋아하는 장난감이나 동물 인형을 가지고 있는가? 어린아이들은 장난감이 많을 수 있지만, 특별히 가지고 놀기를 좋아하는 장난감은 하나일 때가 많다. 그것이 그들의 귀중한 장난감, 곧 다른 나머지 장난감보다 더 소중하게 여기는 장난감이다. 하나님도 언약 백성에 대해 그런 감정을 느끼신다. 모든 민족이 하나님의 소유이지만, 그분이 특별히 사랑하고, 소중하게 여기는 민족은 하나다. 그분은 그들과 은혜로운 구원의 관계를 맺으신다.

성경은 그런 관계를 언약으로 일컫는다. 하나님은 이스라엘 백성을 애굽의 노예 생활에서 구원하고 나서 하나의 민족을 이룬 그들과 시내산에서 언약을 맺으셨다. 이스라엘 백성은 이 관계를 통해 하나님의 소유가 되었고, 하나님도 그들의 하나님이 되셨다. 하나님의 귀중한 소유가 된 그들은 그에 대한 반응으로 거룩한 제사장과 왕들로서 하나님을 보배롭게 여기라는 부르심을 받았다.

이것이 하나님이 시내산에서 모세에게 율법을 수여하신 이유였다. 하나님의 율법은 그분을 사랑하는 법과 삶의 방식을 가르치는 목적을 지녔다. 그러나 이스라엘 백성은 하나님의 율법에 복종하기로 동의했지만, 여전히 실패할 가능성을 안고 있었다. 오늘날의 우리와 마찬가지로 이스라엘 백성도 구원자가 필요했다. 진정으로 거룩한 자는 오직 예수님 한 분뿐이시다. 죄에서 돌이켜 예수님을 믿으면, 제사장과 왕으로서 거룩하게 구별되어 하나님을 섬기고, 영화롭게 하는 그분의 귀중한 소유가 될 수 있다.

1) 하나님은 모든 것을 소유하셨는데 어떻게 이스라엘 백성과 교회를 특별히 소유하실까?

— 그들과 언약으로 불리는 특별한 관계를 맺음으로써 그렇게 하신다. 하나님은 은혜 언약을 통해 자기를 위해 한 민족을 선택하고, 그들을 다른 어떤 민족보다 더 귀하게 여기신다.

2) 하나님의 귀중한 소유가 되는 것보다 더 큰 특권이 있을까?
— 없다. 예수 그리스도를 통해 하나님의 소유가 되는 것보다 더 큰 특권은 없다. 은혜 언약 안에서 하나님의 사랑과 총애를 받는 것보다 우리에게 더 큰 기쁨을 주는 것은 어디에도 없다.

3) 베드로전서 2장 9, 10절을 읽어 보라. 하나님이 교회를 자신의 특별한 소유로 선택하신 이유는 무엇인가?
— 하나님이 자기 백성을 세상에서 불러내신 이유는 자신의 영광을 나타내고, 널리 선포하게 하시기 위해서다. 우리는 언약 백성으로서 그리스도를 믿는 믿음으로 우리의 말과 삶을 통해 하나님을 나타내라는 부르심을 받았다.

기도 

자녀들이 그리스도의 특별한 언약의 사랑을 알고, 율법에 순종함으로써 그 사랑을 그분께 되돌려드릴 수 있게 해달라고 기도하라.

30 중보자의 필요성

복습

1) 하나님이 이스라엘 백성과 맺으신 특별한 관계를 무엇으로 일컫는가?

— 언약. 하나님은 언약을 통해 이스라엘 백성을 자신의 특별한 백성으로 삼으셨다.

2) 하나님은 어디에서 이스라엘 백성과 언약을 맺으셨는가?

— 광야에 있는 시내산.

본문 읽기

출 19:9-20

1) 하나님이 모세를 산 아래로 내려보내신 이유는 무엇인가?

— 이스라엘 백성을 준비시켜 하나님의 강림을 맞이하게 하기 위해서였다. 이스라엘 백성은 하나님이 거룩한 영광을 드러내시기 전에 스스로를 준비해야 할 필요가 있었다.

2) 하나님이 시내산에 강림하실 때 어떤 현상이 나타났는가?

— 우레와 번개와 연기가 있었고, 온 산이 진동했다.

해설

핵심 내용 : 우리는 죄 때문에 중보자이신 예수 그리스도가 없으면 하나님 앞에 나아갈 수 없다.

고대에는 허락을 받지 않고 왕에게 나아가거나 말을 하면 죽임을 당했다. 왕국의 백성은 왕이 부를 때만 그 앞에 나아갔다. 하나님은 이스라엘 백성을 제사장의 나라로 세우셨다(출 19:6 참조). 그러나 왕이 없으면 나라가 성립될 수 없었다. 그렇다면 이스라엘의 왕은 누구였을까? 바로 하나님이셨다. 그것이 하나님이 시내산에 강림하면서 자신의 위엄을 보여주신 이유였다. 불과 연기와 산의 진동은 이스라엘 백성을 다스리는 하나님이 거룩한 왕이시라는 것을 분명하게 보여주었다. 따라서 그분 앞에 아무렇게나 나갈 수 없었다. 이스라엘 백성이나 우리 같은 죄인이 무작정 하나님 앞에 나아갔다가는 죽음을 면할 수 없다.

하나님은 모세에게 시내산 주위에 경계를 정하라고 명령하셨다. 경찰이 범죄 현장에 접근 금지선을 치는 것과 같이 하나님은 이스라엘 백성이 올라와서 죽임을 당하는 일이 없도록 자신이 강림해 좌정한 산에 경계를 정하셨다. 언약이 사랑의 관계라는 것을 고려하면, 하나님의 그런 태도는 우리가 그분에게 기대하는 태도와는 반대되는 것처럼 보인다. 그러나 하나님이 자기 백성이 자기에게 다가오는 것을 금지하고, 가까이 다가오면 죽을 것이라고 경고하신 것은 절반의 이야기에 지나지 않는다.

경계를 넘어 산에 올라 하나님이 임재하신 거룩한 곳에 나오도록 허락받은 사람이 하나 있었다. 그의 이름은 바로 모세였다. 모세는 옛 언약의 중보자였다. '중보자'란 서로 다투는 양 진영 사이에 서서 평화로운 관계를 맺도록 이끄는 사람을 의미한다. 하나님은 시내산에서 자기 백성에게 한 가지 중요한 교훈을 가르치셨다. 그것은 죄인들과 은혜로운 언약을 맺을 때는 항상 중보자가 필요하다는 것이었다. 모세도 다른 백성들과 똑같은 죄인이었지만, 하나님과 사람 사이를 중재할 죄 없는 완전한 중보자이신 예수 그리스도의 필요성을 일깨워주기 위해 한시적으로 중보자의 직임을 수행했다. 우리는 오직 그리스도를 통해서만 언약 관계 안에서 하나님을 알 수 있다.

1) 이스라엘 백성은 불길이 치솟고, 산이 진동하는 현상을 보고서 하나님에 관한 어떤 진리를 깨달아야 했는가?

— 그런 현상들은 하나님의 거룩하심과 위엄을 드러냈다. 생명이 없는 산이 하나님의 임재 앞에서 두려워 떨었다면, 인간인 우리는 더더욱 두렵고 떨리는 마음으로 하나님을 경외해야 마땅하지 않겠는가?

2) 이스라엘 백성이 시내산에 오르는 것이 금지된 이유는 무엇인가?

— 그들의 죄 때문이었다. 죄인인 그들이 무작정 하나님 앞에 나간다면 죽임을 당할 수밖에 없었다. 우리 같은 죄인들은 혼자

서 하나님 앞에 나갔다가는 죽음을 면할 수 없다.

3) 하나님이 모세를 산 위로 부르신 이유는 무엇인가?

— 모세는 옛 언약의 중보자였다. 그는 죄 있는 이스라엘 백성과 거룩하신 하나님 사이에 서서 한편으로는 기도로 이스라엘을 대신해 하나님께 말하고, 다른 한편으로는 말씀 선포를 통해 하나님을 대신해 이스라엘 백성에게 말했다. 그는 참된 중보자이신 예수 그리스도를 예표하는 불완전한 중보자였다(딤전 2:5 참조).

기도

가족들이 하나님의 거룩하심을 두려워하며, 하나님과 죄인들 사이의 유일한 중보자이신 그리스도를 굳게 붙잡게 해달라고 기도하라.

31 율법의 하나님

복습 

1) 이스라엘 백성이 시내산 위에 올라갈 수 없었던 이유는 무엇인가?

— 스스로 거룩하신 하나님께 나아갈 수 없는 죄인들이었기 때문이다.

2) 모세가 산 위에 오르도록 허락받은 이유는 무엇인가?

— 하나님이 죄 있는 이스라엘 백성을 위해 선택하신 중보자였기 때문이다.

본문 읽기 

출 20:1, 2

1) 하나님은 율법을 수여하기 전에 이스라엘 백성에게 무엇을 나타내 보이셨는가?

— 자신이 그들의 언약의 하나님이라는 사실과 언약의 구원자로서 그들을 위해 행하신 일들을 나타내 보이셨다.

2) 하나님은 자기가 누구라고 말씀했는가?

— 여호와. 이것은 하나님의 특별한 언약의 이름이다. 하나님

은 언약을 통해 이스라엘을 자기 백성으로 삼고, 자기를 그들의 하나님으로 내주셨다.

3) 하나님은 자기가 이스라엘 백성을 위해 어떤 일을 했다고 말씀하셨는가?

— 그들은 애굽의 노예 생활에서 구원하셨다고 말씀하셨다.

해설

핵심 내용 : 우리는 하나님이 하나님이시라는 사실과 그분이 행하신 일 때문에 하나님의 율법에 기꺼이 순종해야 한다.

하나님은 율법을 수여하기 전에 이스라엘 백성에게 자기를 나타내셨다. 그분은 그들에게 '여호와'라는 자신의 이름을 알려주셨다. 이 이름은 "그분은 존재하신다," "그분은 계신다"라는 뜻이다. '여호와'라는 이름은 하나님에 관한 두 가지 진리를 가르친다. 첫째, 하나님은 모든 피조물 위에 계신다. 그분은 하나님이 되기 위해 피조물에 의존하지 않으신다. 우리는 우리 자신을 다른 사람들에게 소개할 때면 "나는 학생입니다."라거나 "나는 딸입니다."라거나 "나는 축구 선수입니다."라고 말한다. 그러나 하나님은 자기를 소개할 때 "나는 존재한다."라고 말씀하신다(출 3:14 참조). 하나님은 하나님이 되기 위해 학교나 부모나 스포츠에 의존하지 않으신다. 그분은 그저 존재하실 뿐이다.

둘째, 하나님은 모든 피조물 위에 계시며 우리를 필요로 하지 않으시지만, 우리에게 내려와 우리와 관계를 맺으신다. 여호와는 하나님의 언약의 이름이다. 이것이 하나님이 자신을 이스라엘의 하나님으로 선언하신 이유다. 하나님은 이 은혜로운 언약을 통해 이스라엘을 자신의 귀중한 백성으로 삼으셨고, 자기를 그들의 귀중한 하나님으로 내주셨다. 참으로 놀라운 일이 아닐 수 없다. 하나님은 이 사랑의 언약을 통해 우리에게 충실하겠다고 약속하신다. 따라서 우리도 하나님이 율법을 통해 가르치신 대로 그분께 충실해야 한다.

하나님은 율법을 수여하기 전에 먼저 그들을 노예 상태에서 구원하셨다. 앞서 살펴본 대로, 이스라엘 백성은 애굽에서 혹독한 노예 생활을 했다. 그러나 하나님은 모세를 세워 유월절 양의 피를 통해 그들을 구원하셨다. 하나님은 모세에게 십계명을 들려 노예 생활을 하는 그들에게로 보내면서 "이것이 나의 율법이다. 나중에 다시 와서 너희가 이것을 잘 지키고 있는지 확인하겠다. 너희가 율법으로 너희 행위를 깨끗하게 하면 너희를 노예 생활에서 구원하겠다."라고 말씀하지 않으셨다. 사람들은 기독교를 그런 식으로 생각할 때가 많다. 그들은 마치 기독교가 "선을 행하라. 그러면 하나님이 너를 구원하실 것이다."라고 가르친다고 생각한다. 그러나 사실은 완전히 거꾸로다. 즉 기독교는 "어린 양의 피를 통해 하나님의 구원을 받아들여라. 그러면 하나님의 구원을 감사하는 마음으로 온 마음을 다해 그분께 순종하게 될 것이다."라고 가르친다.

1) 하나님은 율법을 수여하기 전에 자기 백성이 무엇을 알기를 원하셨는가?

— 하나님이 누구신지, 또 어떤 일을 행하셨는지를 알기를 원하셨다. 먼저 율법의 하나님과 그분의 구원을 알지 못하면 율법에 진정으로 순종할 수 없다.

2) '여호와'라는 이름은 하나님에 관해 무엇을 가르치는가?

— 하나님에 관한 두 가지 중요한 진리를 가르친다. 첫째, 하나님은 우리를 초월해 계시고, 우리를 필요로 하지 않으신다. 둘째, 하나님은 우리에게 내려와서 언약을 통해 우리와 관계를 맺으신다.

3) 율법에 순종함으로써 구원받는가?

— 그렇지 않다. 우리의 행위와 상관없이 믿음으로 예수님을 바라봄으로써 구원받는다. 예수님은 우리의 불순종으로 인한 고난을 남김없이 당하셨고, 율법을 온전히 지켜 행하셨다.

기도 

자녀들이 여호와에 관한 구원하는 지식에 이르러, 감사하는 마음으로 율법에 순종하게 되도록 기도하라.

32 여호와를 향한 온전한 헌신

복습 

1) 하나님의 언약의 이름은 무엇인가?

— 여호와. 이것은 하나님이 우리를 초월하는 위엄을 지녔을 뿐 아니라 언약을 통해 우리와 가까이 계신다는 사실을 일깨워 주는 이름이다.

2) 하나님이 이스라엘 백성을 노예 상태에서 해방하신 사실을 그들에게 상기시켜주신 이유는 무엇인가?

— 구원을 얻기 위해서가 아니라 이미 주어진 구원에 감사하는 마음으로 율법을 지키게 하기 위해서였다.

본문 읽기 

출 20:3

1) 하나님은 첫 번째 계명으로 무엇을 금하셨는가?

— 하나님 외에 다른 것을 숭배하는 행위를 금하셨다. 우리의 삶과 마음속에 다른 신을 두어서는 안 된다.

2) 하나님이 "나 외에는"이라고 말씀하신 이유는 무엇인가?

— 하나님은 하나님 외에 다른 신을 두거나 하나님과 나란히

다른 신을 섬기지 말라고 명령하셨다(오직 하나님만이 우리의 예배를 받기에 합당하시다).

해설

핵심 내용 : 첫 번째 계명은 하나님의 언약에 대한 신실함은 그분에 대한 온전한 헌신을 필수적으로 요구한다고 가르친다.

십계명은 하나님이 우리에게 원하시는 삶의 방식을 요약적으로 가르친다. 그것은 오직 하나님께만 마음을 온전히 바치라는 요구에서부터 시작한다. 남녀가 결혼하면, 배타적인 사랑의 언약을 통해 마음과 육체를 서로에게 온전히 내주어야 한다. 그들은 오직 서로에게만 속해 있다. 아내는 자신의 마음이나 육체를 남편 외에 다른 남자와 공유해서는 안 된다. 그렇게 하는 것은 남편과 맺은 언약을 파기하는 것이다. 하나님의 백성도 마찬가지다. 하나님은 언약을 통해 그들의 마음과 육체를 자기에게 온전히 바치라고 요구하신다.

그러나 슬프게도 우리는 죄를 지어 하나님을 거부하고, 우리의 마음과 육체를 하나님이 만드신 피조물에게 바치곤 한다. 이것이 바로 우상 숭배다. 고대의 이스라엘 백성은 종종 금이나 나무로 만든 신상으로 표현된 우상들에게 엎드려 절하는 방식으로 우상 숭배의 죄를 저질렀다. 오늘날에도 일부 지역에서는 그런 식의 우상 숭배가 이루어지고 있다. 그러나 창조된 것을 마음으로 숭배하는 행위는 무엇이 되었든 우상 숭배에 해당한다. 돈과 장난감을 숭배하는 사람들도 있고, 음식과 쾌락을 숭배하는 사람들도 있으며, 아름다움과 건강을 숭배하는 사람들도 있다.

생일날에 친구가 재미있는 보드게임을 선물로 주었다고 가정해 보자. 포장지를 뜯으면서 너무나 기쁜 나머지 친구에게 고맙다는 말조차 하지 못했다. 그뿐 아니라 그 게임에 몰입되어 친구를 완전히 무시하고, 남은 생일 파티 시간은 물론, 다음 주까지 게임만 하느라고 정신이 없었다. 게임은 둘이서 함께 하는 활동이 되었어야 마땅했다. 그래야만 서로 더 가까운 친구가 될 수 있었다. 그러나 그와는 달리, 게임은 친구를 홀대하는 원인이 되고 말았다. 우상 숭배는 정확히 그런 식으로 이루어진다. 하나님을 더 즐거워하게 할 목적으로 주어진 그분의 선물들이 오히려 그분을 거부하게 만드는 것(곧 창조주 대신 피조물이나 피조 세계를 숭배하는 것)이 곧 우상 숭배다. 중보자이신 예수 그리스도를 통해 하나님만 사랑하고, 예배해야 참된 생명과 기쁨을 발견할 수 있다.

1) 하나님은 첫 번째 계명에서 우리에게 무엇을 요구하셨는가?
— 하나님은 지고하신 하나님이시고, 그리스도 안에서 우리를 위해 놀라운 일을 행하셨다. 따라서 하나님은 우리의 마음과 육체를 하나님에게 온전히 바치고, 오직 하나님만을 예배할 것을 요구하신다.

2) 우상 숭배란 무엇인가?

— 우상 숭배는 창조주요 보호자요 구원자이신 하나님 대신에 피조물을 숭배하는 행위를 가리킨다.

3) 오늘날에는 금속이나 나무로 된 우상들 앞에 절하는 행위는 찾아보기 어렵다. 그렇다면 오늘날의 우상 숭배는 어떤 식으로 이루어질까?

— 우상 숭배는 다양한 형태를 띨 수 있다. 하나님 외에 음식, 재물, 소유물, 인기, 권력, 아름다움 등과 같은 것들을 위해 삶을 헌신하고, 그것들을 통해 주된 기쁨을 얻으려고 할 때마다 우상 숭배가 이루어진다.

기도 

가족들이 예수 그리스도를 통해 하나님을 더욱 깊이 알고, 그분께 온전히 헌신할 수 있게 해달라고 기도하라.

33 예배의 하나님

복습 

1) 하나님은 첫 번째 계명으로 무엇을 금하셨는가?

— 우상들을 경배하고, 사랑하는 행위를 금하셨다.

2) 하나님은 첫 번째 계명으로 무엇을 명하셨는가?

— 그리스도 안에서 그분을 우리의 하나님으로 삼아 경배하고, 사랑하라고 명하셨다.

본문 읽기 

출 20:4-6

1) 이스라엘 백성은 무엇을 만들거나 무엇에게 절해서는 안 되었는가?

— 하나님을 나타내는 형상이나 조각상.

2) 하나님이 형상으로 자기를 예배해서는 안 된다고 말씀하신 이유는 무엇인가?

— 그 이유는 그분이 질투하는 하나님이시기 때문이다. 우리는 질투를 죄로 생각하는 경향이 있다(물론, 그런 생각이 옳을 때도 많다). 그러나 하나님의 질투는 영광과 예배를 받기 원하시는 그

분의 거룩한 열정을 가리킨다.

3) 하나님이 두 번째 계명에서 언급하신 아버지와 자손들과의 관계는 어떤 의미를 지니는가?

— 하나님은 미래 세대가 과거 세대의 죄를 짊어져야 한다고 말씀하지 않으셨다(겔 18장 참조). 하나님의 말씀은 자녀들이 대개 부모와 조부모의 전철을 따라 하나님께 불충실함으로써 저주를 받거나 충실함으로써 축복을 받는 경향이 있다는 의미를 담고 있다.

해설

핵심 내용 : 우리가 예배하는 하나님은 예배의 하나님이시다.

첫 번째 계명이 예배의 대상을 명시하고 있다면, 두 번째 계명은 예배의 방법을 규정하고 있다. 여호와는 우리가 예배해야 할 유일한 대상이자 예배의 하나님이시다. 우리는 우리가 원하는 방식대로 예배하거나 하나님께 나아갈 수 없다. 특히 형상이나 조각상을 만들어 하나님을 예배하려고 시도해서는 안 된다.

이스라엘 백성 주위에 있는 이방 민족들은 그런 식으로 우상을 예배했다. 그러나 이스라엘 백성은 그런 식으로 하나님을 예배해서는 안 되었다. 왜일까? 그 이유는 형상을 예배하는 것이 창조주요 유지자요 이스라엘의 구원자이신 하나님의 영광을 욕되게 하는 것이기 때문이다. 생각해 보라. 형상은 피조물인 인간이 그리거나 조각해서 만들어야 한다. 하나님의 백성이 그분을 만든 것이 아니라 하나님이 그들을 만드셨다. 형상은 피조 세계에 있는 것들의 모양을 그리거나 새겨서 만든다. 그러나 하나님은 사람이나 별이나 동물의 모습으로 만들 수 없다. 그분은 무한한 영이시다. 이스라엘 백성이 형상을 만들어서는 안 되는 가장 큰 이유는 하나님이 형상의 형태로 자신을 계시하지 않으셨기 때문이다(신 4:15 참조). 하나님의 백성은 자기들이 원하는 방식이 아닌 하나님이 원하시는 방식대로 그분을 예배해야 한다. 이것이 성막, 제사장직, 희생 제사에 관한 율법들이 매우 복잡하고, 상세하게 진술되어 있는 주된 이유 가운데 하나다. 하나님은 이스라엘 백성에게 자기를 예배할 때 그 무엇도 인간의 생각대로 해서는 안 된다는 것을 분명하게 보여주셨다. 우리가 예배하는 하나님은 예배의 하나님이시다.

1) 하나님의 형상을 만드는 것이 잘못인 이유는 무엇인가?

— 첫째, 형상 제작은 하나님을 우리가 생각하는 모습으로 우리 마음대로 만드는 것이기 때문에 우리가 그분을 지배하는 주인 행세를 하는 것이다. 둘째, 형상 제작은 하나님을 피조 세계에 있는 것들의 모양으로 만드는 것이기 때문에 결국 그분을 인간인 우리를 닮은 존재로 묘사할 수밖에 없다. 셋째, 형상 제작은 하나님이 자신의 영광과 예배에 관해 명령하고, 계시하신 것과 정면으로 배치된다.

2) 지금은 예수님이 오신 이후이기 때문에 예배에 형상을 사용해도 괜찮을까?

— 그렇지 않다. 하나님의 형상을 만드는 행위는 항상 금지된다. 하나님은 말씀으로 자기를 예배하라고 명령하신다. 예수님이 오신 이후에도 하나님은 여전히 성경을 읽고, 가르치고, 기도하고, 찬양하고, 성례(세례와 성찬)를 시행하고, 예물을 바치는 행위를 통해 자기를 예배하라고 명령하신다.

3) 두 번째 계명에 함축된 일반 원리는 무엇인가?

— 예배의 대상만이 아니라 예배의 방식도 똑같이 중요하다는 원리다.

기도 

교회가 원하는 대로 아무렇게나 하나님을 예배하지 않고, 그분이 새 언약의 예배를 위해 정해주신 예배 요소들을 전심으로 지켜 행하게 해달라고 기도하라.

34 모든 이름 위에 뛰어난 이름

복습

1) 하나님은 두 번째 계명으로 무엇을 금하셨는가?

— 형상으로 또는 성경에 계시되지 않은 방식을 따라 하나님에게 가까이 나아가려는 행위를 금하셨다.

2) 하나님은 두 번째 계명으로 무엇을 명하셨는가?

— 자신이 말씀으로 계시한 방식에 따라 예배하라고 명하셨다.

본문 읽기

출 20:7

1) 하나님은 이스라엘 백성에게 자기의 이름을 어떻게 하지 말라고 명하셨는가?

— 망령되이 부르지 말라고 명하셨다. 이것은 하나님의 이름을 무의미하게 또는 그릇되게 사용해서는 안 된다는 뜻이다. 이스라엘 백성은 말과 행위로 하나님을 그릇 나타내지 않도록 주의해야 했다.

2) 하나님은 시내산에서 어떤 이름으로 자기를 일컬으셨는가?

— "너의 하나님 여호와." 하나님은 십계명을 허락하기 직전에 자신의 언약의 이름을 알려주셨다. 이 이름은 하나님이 이스라엘 백성을 필요로 하지 않지만, 중보자를 통해 그들 가운데 거하기를 기뻐하신다는 의미를 지닌다.

3) 이스라엘 백성이 하나님의 이름을 신중하게 사용해야 했던 이유는 무엇인가?

— 그 이유는 하나님의 이름을 망령되이 부르는 죄를 지으면 저주를 받을 수밖에 없었기 때문이다.

해설

핵심 내용 : 우리는 말과 행위로 하나님의 이름을 공경해야 한다.

새 친구를 만나면 대개 가장 먼저 이름을 밝히는 것이 보통이다. 이름은 우리의 신원을 드러내고, 다른 사람들과 우리를 구별한다. 이름은 인격체인 우리의 정체성을 드러내는 기능을 한다. 이것이 친척들이나 선생님들이나 친구들이 우리의 이름을 들었을 때 즉각 우리를 머릿속에 떠올리게 되는 이유다. 하나님도 자신의 정체성을 드러내기 위해 그분의 이름을 알려주셨다. 그분의 이름은 단순한 칭호가 아닌 그분의 영광을 나타내는 기능을 한다. 따라서 하나님의 이름을 말할 때는 지극한 숭앙심과 공경심을 잃지 않아야 한다.

고대 이스라엘 사회에서는 뜨거운 인두로 종의 몸에 주인의 이름을 새기는 것이 일반적인 관습이었다. 참으로 고통스러웠을 것이 틀림없다. 주인은 왜 그렇게 했을까? 그 이유는 종이 자기에게 속해 있다는 것을 분명하게 보여주기 위해서였다. 종은 무엇을 하든, 또 어디를 가든 주인의 이름을 지니고 다닌다. 그는 말과 행위로 주인을 옳게 대변해야 할 책임이 있었다. 하나님은 은혜로 우리와 언약을 맺으면서 우리에게 자기의 이름을 두셨다. 이것이 예수 그리스도의 죽음과 부활을 통해 확립된 새 언약 아래서 우리가 성부와 성자와 성령의 이름으로 세례를 받는 이유다(마 28:19).

사람들은 세 번째 계명이 단지 우리가 하는 말과만 관련이 있다고 생각할 때가 많다. 하나님은 자기를 모욕하는 말을 하거나 자신의 이름을 욕설로 사용하는 행위를 엄격히 금하신다. 우리가 교회의 일원이라면 우리에게는 하나님의 이름이 새겨져 있는 셈이다. 하나님은 우리가 그 사실을 잊지 말기를 바라신다. 우리는 단지 말만이 아니라 삶 전체를 통해 하나님을 충실하게 대변해야 할 책임이 있다(골 3:17 참조).

1) 하나님의 이름을 대하는 방식이 그토록 중요한 이유는 무엇인가?
— 우리의 이름이 우리의 정체성을 드러내는 것처럼 하나님의 이름도 그분의 정체성을 드러내기 때문이다. 하나님의 이름을 대하는 태도를 보면, 그분을 사랑하고, 경외하는지 아닌지를 알 수 있다.

2) 세 번째 계명은 우리의 말에만 초점을 맞추는가?

— 세 번째 계명은 말에만 초점을 맞추지 않는다. "망령되이 부른다"는 것은 "무의미하게나 그릇되게 일컫는다"라는 의미다. 말이나 행위로 하나님을 그릇 대변할 때마다 이 계명을 어기는 셈이 된다.

3) 세 번째 계명은 어떻게 지킬 수 있을까?

— 예수 그리스도를 바라보고, 믿어야만 지킬 수 있다. 그분은 세상에 있는 동안 말과 행위로 하나님을 충실하게 대변하셨다. 이제 그분은 그런 순종에 대한 보상으로 높임을 받아 모든 이름 위에 뛰어난 이름을 받으셨다. 이제 은혜로 예수님을 믿으면, 그분이 우리를 자기처럼 만드시기 때문에 날이 갈수록 더욱 공경하는 태도로 하나님의 이름을 옳게 일컫는 법을 배울 수 있다.

기도 

가족들이 예수 그리스도를 믿는 믿음을 통해 말과 행위로 하나님의 이름을 충실하게 대변할 수 있게 해달라고 기도하라.

35 안식일의 안식

복습

1) 하나님은 세 번째 계명으로 무엇을 금하셨는가?

— 우리의 말과 행위로 하나님을 그릇 나타내는 것을 금하셨다.

2) 하나님은 세 번째 계명으로 무엇을 명하셨는가?

— 우리의 말과 행위로 하나님을 충실하게 반영하라고 명하셨다.

본문 읽기

출 20:8-11

1) 하나님은 네 번째 계명으로 이스라엘 백성에게 무엇을 기억하라고 말씀하셨는가?

— 안식일. '안식일'은 '멈추다'를 뜻하는 용어에서 유래했다. 하나님은 이스라엘 백성이 매주 하루 동안 일을 멈추는 것을 잊지 말기를 바라셨다.

2) 이스라엘 백성은 안식일을 어떻게 지켜야 했는가?

— 그들은 하루를 하나님을 위해 거룩하게 구별해 예배를 드림으로써 그 날을 거룩하게 해야 했다.

3) 이스라엘 백성이 엿새 동안 일하고, 하루 동안 안식해야 했던 이유는 무엇인가?

— 하나님이 세상을 창조하시면서 엿새 동안 일하고, 하루를 안식하셨기 때문이다. 이스라엘 백성은 그와 동일한 유형을 따라 하나님을 나타내야 할 의무가 있었다.

해설

핵심 내용 : 안식일은 하나님의 영광과 우리의 유익을 위해 하루 동안 안식하는 날을 의미한다.

하나님이 창조 사역을 마치고 일곱째 날에 안식하셨던 이유를 생각해 본 적이 있는가(창 2:1-3)? 그 이유는 하나님이 수많은 은하계를 만드느라 지치셨기 때문이 아니었다. 하나님은 지치지 않으신다. 그분은 휴식이 필요하지 않다. 그러나 그분은 우리가 휴식이 필요하다는 것을 알고, 자기의 형상으로 창조된 우리를 위해 일정한 형식을 확립하기를 원하셨다. 엿새 동안 힘들게 일한 다음에는 하루 동안 충분한 휴식을 취할 수 있는 날이 있어야 했다. 엿새 동안은 열심히 일에 매진해야 하지만, 하루 동안은 일을 멈추고 쉬어야 한다. 그 날은 마치 적색 신호등처럼 달리던 삶을 잠시 멈추고, 안식일을 지키라고 요구한다.

하나님이 매주 일을 잠시 중단하라고 명하신 이유는 무엇일까?

그 이유는 크게 두 가지다. 첫째, 하나님은 그분의 영광을 위해 일을 멈추라고 명하신다. 이것이 안식일이 '거룩한 날'로 일컬어지는 이유다. 어떤 것이 거룩하다는 것은 하나님을 섬기기 위해 성별되었다는 뜻이다. 안식일을 지키면 처음 세 가지 계명을 다 지키는 셈이 된다. 그 날을 하나님을 예배하는 날로 바치는 것은 첫 번째 계명을 지키는 것이고, 하나님이 명령하신 예배의 방식대로 예배하는 것은 두 번째 계명을 지키는 것이며, 기도와 찬양으로 하나님의 이름을 공경하는 것은 세 번째 계명을 지키는 것이고, 우리의 안식을 통해 하나님을 반영하는 것은 네 번째 계명을 지키는 것이다. 이런 식으로 안식일은 하나님을 영화롭게 한다.

둘째, 하나님은 우리의 유익을 위해 일을 멈추라고 명하신다. 예수님은 안식일이 사람을 섬기고, 축복하기 위해 제정되었다고 말씀하셨다(막 2:27). 만일 이스라엘 백성이 계속해서 바로 밑에 있었다면 매주 칠 일 내내 쉬지 않고 일해야 했을 것이다. 그러나 하나님은 바로와 같은 엄한 주인이 아니시다. 그분은 자기 백성에게 매주 하루의 안식을 주어 육체와 정신을 재충전할 수 있게 하신다. 우리는 네 번째 계명을 어쩔 수 없이 지켜야 할 의무로 여겨 "안식일을 꼭 지켜야 하나요?"라는 식으로 말하지 말고, 오히려 그것을 기쁨으로 여겨 "안식일을 지킬 수 있어서 참 감사하다."라고 말해야 한다.

1) 안식일은 어떻게 지켜야 하는가?

— 일을 멈추고 온종일 교회와 가정과 삶을 통해 하나님을 예

배해야 한다.

2) 안식일은 우리에게 어떤 유익을 주는가?

— 한 주간 동안 고되게 일한 육체를 재충전할 수 있게 하고, 하나님과 그분의 말씀 안에서 영혼을 새롭게 할 수 있게 해준다.

3) 이스라엘 백성은 일곱째 날에 안식일을 지켰는데 우리는 첫째 날에 안식일을 지키는 이유가 무엇인가?

— 그 이유는 예수님이 죽은 자 가운데서 부활하신 날이 한 주간의 첫째 날이기 때문이다. 하나님이 일곱째 날에 안식하신 것은 그분의 창조 사역이 완결되었다는 것을 보여주고, 예수님이 첫째 날에 죽은 자 가운데서 부활하신 것은 구원의 사역이 완결되었다는 것을 보여준다. 이것이 그리스도인들이 1세기부터 계속해서 한 주간의 마지막 날(토요일)이 아닌 첫째 날(일요일)을 '주의 날'로 일컬으며 안식일을 기념해온 이유다(계 1:10).

기도 

가족들이 안식일을 '즐거운 날'(사 58:13)로 일컬을 수 있게 해달라고 기도하라.

36 중한 권위

복습

1) 하나님은 네 번째 계명으로 무엇을 명하셨는가?

— 안식일을 기억해 거룩하게 지키라고 명하셨다.

2) 안식일을 거룩하게 지키려면 어떻게 해야 할까?

— 일을 멈추고, 하나님을 예배해야 한다.

본문 읽기

출 20:12, 엡 6:1-4

1) 하나님은 다섯 번째 계명으로 이스라엘 백성에게 누구를 공경하라고 명하셨는가?

— 그들의 부모.

2) 하나님은 이 계명을 지키는 자에게 어떤 축복을 약속하셨는가?

— 가나안 땅에서 장수할 것을 약속하셨다. 하나님은 새 언약 아래에서는 회개와 믿음으로 자기의 계명들을 지키는 자들에게 훨씬 더 큰 축복(즉 새 하늘과 새 땅에서의 영생)을 약속하셨다.

3) 바울 사도는 다섯 번째 계명을 부모들에게 어떻게 적용했는가?

— 그는 부모들에게 하나님이 주신 권위를 사랑으로 행사해

자녀들의 영혼과 육체를 유익하게 하라고 당부했다.

해설

핵심 내용 : 우리는 우리에 대해 권위를 지닌 자들을 존중하고, 우리에게 주어진 권위를 명예롭게 행사해야 한다.

매우 무거운 것, 너무나도 무거워 들 수조차 없는 것을 한 번 상상해 보라. 안간힘을 다해보지만, 무게가 너무 무거워 꼼짝도 하지 않는다. 성경이 하나님을 '무겁다(weighty)'라고 묘사하고 있다는 사실을 알고 있는가? '영광'이라는 용어가 바로 그런 의미를 지니고 있다. 하나님의 영광이란 곧 그분의 '무거움'을 의미한다. '공경'이라는 용어도 그런 의미를 지닌다. 하나님을 공경하거나 영화롭게 한다는 것은 곧 우리의 말과 마음과 삶으로 그분의 '무거움'에 옳게 반응하는 것을 의미한다.

성경은 하나님만이 아니라 부모, 교사, 장로, 직장 상사, 정부 관리 등, 그분이 우리 위에 권위자로 세우신 자들도 아울러 공경하라고 가르친다. 그들은 중한 직임을 맡고 있다. 하나님은 그들을 공경함으로써 그런 중한 직임에 옳게 반응하라고 명령하신다. 부모를 공경하는지 아닌지는 그들에 관해 말하거나 그들에게 말하는 태도를 비롯해 그들에 대한 순종을 통해 잘 드러난다. 물론, 공경과 순종은 서로 다르다. 우리는 타락한 세상에 살고 있기 때문에 우리를 다스리는 권위자들이 이따금 하나님의 말씀에 순종하지 말라는 요구를 하기도 한다. 그럴 때는 우리의 가장 위대한 권위자이신 하나님께 순종해야 한다(행 5:29 참조). 그러나 세상의 권위자들에게 순종하지 않아야 할 상황이 더러 있다고 하더라도 그들을 공경하는 태도는 변함없이 항상 유지되어야 한다.

하나님이 부모와 목회자와 대통령과 같은 사람들에게 권위를 부여하신 이유는 보좌 위에 앉아 다른 사람들을 쥐고 흔들게 하기 위해서가 아니라 그들의 중한 직임을 통해 다스림을 받는 사람들을 유익하게 하기 위해서다. 하나님이 권위를 어떻게 사용하시는지 생각해 보라. 그분은 그것을 사랑으로 사용해 우리를 유익하게 하신다. 하나님은 이 계명을 통해 우리의 부모들에게도 그와 똑같은 것을 요구하신다. 부모들은 하나님께 부여받은 직임의 중함을 알고, 그것을 자녀들의 영혼과 육체를 유익하게 하는 데 사용해야 한다.

1) 부모를 공경하라는 명령과 하나님을 공경하라는 명령은 어떤 연관성을 지니는가?
— 하나님은 우리의 궁극적인 권위자이시다. 우리는 그분의 무거우심과 우리를 다스리는 권위를 옳게 받아들여 그분을 공경해야 한다. 하나님은 선한 계획에 따라 자기의 권위 가운데 일부를 부모들에게 나눠주어 우리를 이끌게 하셨다. 우리는 그들의 중한 직임 때문에 순종하는 태도로 그들을 공경하고, 존중해야 한다.

2) 우리를 다스리는 권위자들을 항상 공경해야 하는가?

— 그렇다. 우리는 항상 그들을 공경해야 한다. 심지어는 부모가 우리에게 마땅히 베풀어야 할 사랑을 베풀지 못하더라도 하나님이 그들에게 부여하신 직임의 중함을 인정하고, 말과 행위로 그들을 공경해야 한다.

3) 권위자들은 자신의 권위를 어떻게 행사해야 하는가?

— 권위를 자신을 위해서가 아니라 자기 밑에 있는 자들의 유익을 위해 사용해야 한다. 부모들도 하나님처럼 사랑으로 자녀들을 섬기는 일에 자신의 권위를 사용해야 한다.

기도 

부모를 공경하는 자녀들의 마음이 갈수록 커지고, 부모가 주어진 권위를 명예롭게 사용할 수 있게 해달라고 기도하라.

37 생명 존중

복습

1) 하나님은 다섯 번째 계명으로 자녀들에게 무엇을 명하셨는가?

— 부모를 공경하라고 명하셨다.

2) 하나님은 다섯 번째 계명으로 부모들에게 무엇을 명하셨는가?

— 권위를 사랑으로 행사해 자녀들을 유익하게 하라고 명하셨다.

본문 읽기

출 20:13, 마 5:21-23

1) 하나님은 여섯 번째 계명으로 무엇을 금하셨는가?

— 무고한 사람의 생명을 빼앗는 행위를 금하셨다. 사람들의 생명과 건강을 부당하게 해치는 모든 행위가 여기에 포함된다.

2) 예수님은 여섯 번째 계명을 어떻게 적용하셨는가?

— 마음에 적용해 살인이라는 외적 행위가 마음속의 분노나 증오심에서 비롯한다는 것을 일깨워주셨다.

해설

핵심 내용 : 우리는 그리스도를 통해 인간의 생명을 보호하고, 증진해야 한다.

'프로-라이프(pro-life)'라는 용어를 들어본 적이 있는가? 이 용어는 낙태, 곧 임산부의 배 안에 있는 태아를 살해하는 행위를 반대한다는 뜻이다. 하나님의 백성은 당연히 낙태를 반대해야 하지만, 여섯 번째 계명은 단지 낙태만이 아닌 생명을 부당하게 해치는 모든 행위를 금지한다. 이 계명은 우리가 해서는 안 될 일을 가르친다. 그러나 이런 금지 명령에는 우리가 적극적으로 해야 할 일을 가르치는 의미가 아울러 포함되어 있다. 예를 들어, 비열하게 굴지 말라는 말은 곧 친절을 베풀라는 뜻이다. 그와 마찬가지로 인간의 생명을 해치지 말라는 하나님의 명령은 그것을 보호하고, 증진하라는 의미를 담고 있다.

하나님은 우리에게 육체를 주셨고, 그것을 잘 돌보기를 바라신다. 식사 때마다 도넛을 먹으면 입은 즐거울지 몰라도 육체의 건강에는 해롭다. 밤에 잠을 자지 않고 항상 깨어 있으면 재미있을 것 같지만 결과적으로는 생명을 유지하기가 어렵다. 다른 사람들을 사랑하라는 하나님의 명령은 그들의 건강과 행복을 추구하라는 뜻이다. 마음의 상처가 깊어 삶이 어서 끝나기만을 바라는 사람들을 보면 용기를 북돋아 주어야 하고, 지쳐 기진맥진한 사람을 보면 휴식을 통해 새로운 활력을 얻도록 도와주어야 하며, 서로를 증오하는 사람들을 보면 화해를 주선해야 한다. 마음속의 분노를 경계해야 하는 이유는 예수님이 가르치신 대로 거기에서부터 살인이 시작되기 때문이다(마 5:21, 22).

예수님은 마음속에 증오심을 품은 적이 전혀 없었지만, 미움을 받는다는 것이 무엇을 의미하는지 잘 알고 계셨다. 그분은 자기를 미워하는 제자에게 배신당하셨고, 분노한 유대의 지도자들 때문에 부당하게 체포되셨으며, 증오심이 가득 찬 군인들에게 조롱과 채찍질과 침 뱉음을 당하셨다. 그분이 십자가에서 죽으신 것도 그런 사람들의 증오심과 분노 때문이었다. 그러나 그분의 십자가와 관련된 최악의 현실은 사람들의 부당한 분노가 아닌 우리의 죄를 징벌하시려는 하나님의 정당한 분노였다. 우리의 증오심 가득 찬 마음과 행위는 하나님의 진노를 받아야 마땅하다. 그러나 예수님이 십자가에서 하나님의 분노를 대신 감당하신 덕분에 우리의 목숨을 부지할 수 있는 길이 열렸다. 회개와 믿음을 통해 하나님이 주시는 생명을 받아들이면 어느 곳에서든 항상 인간의 생명을 보호하고, 증진하려는 용기와 힘을 얻을 수 있다.

1) 인간의 생명을 해치지 말라는 하나님의 여섯 번째 계명은 무엇을 하라는 뜻인가?

— 우리와 다른 사람들의 생명을 보호하고, 증진하라는 뜻이다.

2) 무엇이 다른 사람을 해치도록 만드는가?

— 증오심과 분노가 가득한 마음이다. 사람들이 우리에게 인색하게 굴거나 우리가 원하는 것을 주지 않을 때 우리는 종종 그들에 대해 분노를 느낀다. 따라서 우리는 마음을 주의 깊게 살펴 그곳에 분노가 있는 것을 발견하거든 즉시 예수님께 고백하고 도움을 구해야 한다.

3) 분노를 예수님께 고백하면 우리를 해하려는 사람들을 사랑하고, 유익하게 하려는 마음을 가질 수 있다. 왜 그런가?

— 예수님이 부당한 대우를 받아 살해당하기까지 했지만, 원수들을 사랑하는 마음을 잃지 않으셨다는 사실을 상기할 수 있기 때문이다. 예수님은 그것 외에도 하나님의 정당한 분노까지 온전히 감당함으로써 우리가 구원받을 수 있는 길을 열어놓으셨다. 예수님이 우리에게 그런 사랑을 보여주셨는데 어떻게 우리의 원수들을 사랑하지 않을 수 있겠는가?

기도

가족들이 인간의 생명을 귀중하게 여겨 보호하고, 증진하려고 노력할 수 있게 해달라고 기도하라.

38 결혼 생활의 보호

복습

1) 하나님은 여섯 번째 계명으로 무엇을 금하셨는가?

— 다른 사람을 부당하게 살해하는 행위를 금하셨다.

2) 살인은 어디에서 비롯하는가?

— 분노와 증오심이 가득한 마음에서 비롯한다.

본문 읽기

출 20:14, 마 5:27-29

1) 하나님은 일곱 번째 계명으로 무엇을 금하셨는가?

— 간음을 금하셨다. 간음이란 남편이 아내가 아닌 여자에게 몸과 마음을 주거나 아내가 남편이 아닌 남자에게 몸과 마음을 주는 것을 가리킨다.

2) 예수님은 일곱 번째 계명을 어떻게 적용하셨는가?

— 마음에 적용해 간음이라는 외적 행위가 정욕이 가득한 마음에서 비롯한다는 것을 보여주셨다. 정욕이란 우리에게 속하지 않은 사람이나 물건을 강렬하게 원하는 욕망을 가리킨다.

3) 예수님이 그런 악한 욕망이 마음속에서 일어날 때 즉시 죽여 없

애라고 말씀하신 이유는 무엇인가?

— 그런 욕망을 죽이지 않으면 지옥에 갈 것이기 때문이다. 성경은 간음하는 자들과 성적으로 부도덕한 사람들은 하나님의 나라를 유업으로 받지 못할 것이라고 가르친다(고전 6:9, 10).

해설

핵심 내용 : 결혼 생활을 보호해야 하는 이유는 그것이 인간관계 가운데서 가장 특별한 관계이기 때문이다.

여섯 번째 계명이 인간의 생명을 보호하기 위한 것이라면, 일곱 번째 계명은 인간의 결혼 생활을 보호하기 위한 것이다. 피조 세계에서 인간보다 더 특별한 피조물은 없다. 남자와 여자가 결혼한다는 것은 곧 언약을 통해 서로에게 자신을 내주는 것을 의미한다. 다시 말해, 남편의 몸과 마음은 아내의 것이고, 아내의 몸과 마음은 남편의 것이다.

남편이나 아내에게 충실하려면 다른 사람에게 몸과 마음을 내주어서는 안 된다. 이것이 하나님이 간음을 금하신 이유다. 간음한다는 것이 무슨 의미인지를 구체적인 예를 들어 설명하면 다음과 같다. 무더운 날 밖에서 놀고 나면 신선하고, 시원한 물을 찾기 마련이다. 그런데 물을 마시려고 하는 순간에 크고 흉측한 벌레가 물잔에 날아들어 빠져죽었다. 그런데도 그 물을 마시겠는가? 마시지 않을 것이 틀림없다. 벌레가 물을 더럽혔다. 즉 순수하고, 좋은 것이 그것과 아무런 관계가 없는 것과 혼합된 것이다. 간음이 결혼 생활에 미치는 영향이 이와 같다. 하나님은 한 남자와 한 여자 사이에서만 결혼 관계가 이루어지도록 계획하셨다. 남편이 아내가 아닌 여자에게 몸과 마음을 주는 것은 결혼 관계에 제삼자를 개입시키는 것과 같다. 간음은 벌레가 시원한 물잔에 빠진 것보다 훨씬 더 나쁜 일이다. 간음은 한 남자와 한 여자의 결혼 관계를 파괴한다.

하나님이 일곱 번째 계명을 명령하신 이유는 건강한 결혼 관계가 없으면 건강한 교회와 공동체가 성립할 수 없다는 것을 알고 계시기 때문이다. 더욱이 건강한 결혼 관계는 하나님과 그분의 백성 간의 언약 관계를 반영한다(엡 5:22-33). 남편과 아내가 서로에게 충실하지 않고, 결혼의 언약을 파기하는 것은 곧 하나님의 선하신 계획을 망치고, 그분의 이름을 욕되게 하는 것이다.

1) 간음이란 무엇인가?

— 남편이나 아내가 배우자 외에 다른 사람에게 몸과 마음을 내주고, 배우자가 아닌 사람의 몸과 마음을 원하는 행위를 가리킨다.

2) 간음이 그토록 나쁜 것인 이유는 무엇인가?

— 간음이 나쁜 이유는 결혼의 언약을 파기하기 때문이다. 하나님은 한 남자와 한 여자 사이에서만 결혼 관계가 성립하도록 계획하셨다. 간음은 제삼자를 개입시켜 그 관계를 깨뜨린다.

3) 아직 결혼하지 않은 사람들은 일곱 번째 계명을 어떻게 지켜야 할까?

— 미혼자들은 그리스도를 믿는 믿음을 통해 자신의 몸과 마음을 순수하게 보존하고, 부모가 서로에게 충실하게 해달라고 기도해야 한다.

기도 

자녀들과 그들의 배우자가 될 사람들이 나중에 하나님의 뜻에 따라 결혼하게 되었을 때 서로에게 충실한 남편과 아내가 될 수 있도록 그들의 마음을 정결하게 유지시켜 달라고 기도하라.

39 도적질하지 말고 나누라는 명령

복습 

1) 하나님은 일곱 번째 계명으로 무엇을 금하셨는가?

— 간음을 금하셨다. 간음은 남편이나 아내가 배우자 외에 다른 사람에게 몸과 마음을 내주는 행위를 가리킨다.

2) 하나님이 간음을 금하신 이유는 무엇인가?

— 그 이유는 간음이 결혼의 언약을 파기하는 것이기 때문이다.

본문 읽기 

출 20:15, 엡 4:28

1) 하나님은 여덟 번째 계명으로 무엇을 금하셨는가?

— 다른 사람에게 속한 것을 훔치거나 빼앗는 행위를 금하셨다.

2) 바울은 여덟 번째 계명을 어떻게 이해했는가?

— 그는 도적질하지 말라는 하나님의 계명을 다른 사람들에게 나눠줄 수 있도록 열심히 일해야 한다는 의미로 이해했다.

해설

핵심 내용 : 우리는 훔치지 말고, 나눔으로써 다른 사람들을 사랑해야 한다.

너희가 자고 있을 때 다른 사람이 방에 들어와서 너희의 장난감과 책들을 가져간다면 기분이 어떨까? "이것들은 내 것인데."라고 생각하며 슬픔과 분노를 느낄 것이 틀림없다. 장난감을 선물로 받거나 직접 샀다면 그것은 곧 우리의 재산이다.

하나님은 여덟 번째 계명으로 사람들의 재산을 보호하신다. 그분은 사람들이 다른 사람의 재산을 부당하게 탈취하는 행위를 막아 각 사람이 소유한 재산을 지켜주신다. 다른 사람의 물건을 훔쳐 그것을 마치 내 것처럼 취급하는 것은 사랑의 행위와는 거리가 멀다. 남의 것을 도둑질한다는 것은 곧 그런 그릇된 행위를 저지르는 것이다. 사람이 도둑질하는 이유는 다양하다. 다른 사람이 소유하고 있는 것을 갖고 싶어서 도둑질할 때도 있고, 다른 사람을 해치고 싶은 마음 때문에 도둑질할 때도 있다. 그러나 어떤 경우든 도둑질하는 것은 다른 사람을 사랑하지 않기 때문이다.

단지 전문적인 은행 강도가 아니라는 이유로 여덟 번째 계명을 상당히 잘 지키고 있다고 생각하는 사람들이 많다. 그러나 하나님은 단지 강도가 되지 말라고 명하지 않으셨다. 그분은 우리에게 허락하신 것들을 충실하게 사용하기를 원하신다. 우리는 도둑질하거나 게으름을 피우지 말고 하나님이 허락하신 직업을 통해 열심히 일해야 한다. 그러면 하나님의 축복으로 양식과 재물이 풍족해져 어려운 사람들에게 나눠줄 수 있다. 다른 사람의 소유를 도둑질하는 것과 우리의 소유를 다른 사람들에게 나눠주는 것은 서로 정반대다. 후자는 사랑의 행위에 해당한다. 하나님이 예수 그리스도 안에서 우리에게 얼마나 많은 것을 주셨는지를 생각하면 탐욕을 버리고 우리의 소유를 관대하게 나눠줄 수 있다. 우리는 영원히 쇠하지 않는 하늘의 보화를 받았기 때문에 땅의 보화를 자유롭게 나눠주어 다른 사람들을 복되게 할 수 있다.

1) 하나님은 우리가 재산을 소유하는 것을 금하시는가?
— 그렇지 않다. 여덟 번째 계명은 하나님이 개인적인 소유물과 재산을 매우 중요하게 생각하신다고 가르친다. 그러나 그분은 또한 우리에게 속한 것들을 사랑으로 다른 사람들에게 나눠주기를 바라신다.

2) 나눠주는 것이 그토록 어려운 이유는 무엇인가?
— 나눠주는 것이 어려운 이유는 우리의 이기적이고, 탐욕스러운 마음의 성향 때문이다. 우리는 죄 때문에 우리의 장난감과 재물을 우상으로 만드는 경향이 있다. 그것들을 포기한다는 것은 우리로서는 상상도 하기 어려운 일이다.

3) 누가복음 23장 39-43절을 읽고 예수님이 십자가에 매달리셨을 때 어떤 일이 있었는지 살펴보라. 그 일은 나눠주기를 싫어하고 훔치기를 좋아하는 우리와 같은 죄인들에게 어떤 희망을

주는가?

— 다른 복음서를 살펴보면, 예수님과 나란히 십자가에 못 박힌 두 사람이 강도였다는 것을 알 수 있다(막 15:27). 누가는 그들 가운데 한 사람이 십자가에 못 박히신 예수님을 믿는 믿음으로 영생을 얻게 된 경위를 기록했다. 우리의 죄는 죽음의 형벌을 받아야 마땅하지만, 죄에서 돌이켜 우리 대신 죽임을 당하신 그리스도를 믿으면 구원받을 수 있다.

기도 

가족들이 복음을 통해 나타난 하나님의 관대하심을 깨닫고, 자신의 소유를 너그럽게 나눠줄 수 있게 해달라고 기도하라.

40 진실을 말하라는 명령

복습

1) 하나님은 여덟 번째 계명으로 무엇을 금하셨는가?

— 우리에게 속하지 않은 물건을 훔치거나 빼앗는 행위를 금하셨다.

2) 다른 사람들의 것을 훔치는 행위와 정반대되는 행위는 무엇인가?

— 우리의 소유를 사랑으로 다른 사람들에게 나눠주는 행위.

본문 읽기

출 20:16, 엡 4:25

1) 하나님은 아홉 번째 계명으로 무엇을 금하셨는가?

— 다른 사람들에게 거짓말하는 행위를 금하셨다. 거짓말은 진실을 말하지 않는 것을 가리킨다. 하나님은 거짓말하는 사람을 미워하신다(잠 6:16, 17).

2) 바울은 신자들에게 거짓말하지 말고 무엇을 하라고 권고했는가?

— 항상 진실을 말하라고 권고했다.

3) 바울이 진실을 말하라고 권고한 이유는 무엇인가?

— 그는 에베소 신자들에게 그들이 같은 몸에 속한 지체들이라는 사실을 상기시켜주었다. 교회의 지체들이 서로를 신뢰하지 않으면 함께 사랑 안에서 살아갈 수 없다.

해설

핵심 내용 : 진리의 하나님이신 여호와께서는 오직 진리만을 말해 자기를 반영하라고 명령하신다.

누가 최초의 거짓말을 말했는지 아는가? 바로 에덴동산에 모습을 드러낸 사탄이었다. 그는 인류의 첫 조상을 속여 하나님을 신뢰할 수 없는 거짓말쟁이로 믿게 하려고 시도했다(창 3:4, 5). 아담과 하와는 그의 거짓말을 받아들여 거짓말쟁이가 되었다. 그로 인해 우리도 모두 거짓된 입술을 가지고 태어나는 결과가 초래되었다.

거짓말을 한 번도 하지 않은 사람은 세상에 없다. 우리는 우리가 저지른 나쁜 일을 숨기거나 우리를 실제보다 더 좋게 보이게 하려거나 우리가 원하는 것을 얻기 위해 거짓말을 한다. 거짓말은 심각한 죄다. 그것이 심각한 죄인 이유는 우리를 창조하신 하나님이 진리의 하나님이시기 때문이다. 성경은 하나님이 거짓말을 하지 않을 뿐 아니라 거짓말을 할 수조차 없으시다고 말씀한다(민 23:19, 히 6:18). 하나님은 무엇을 말씀하든 오직 진실만을 말씀하신다. 따라서 그분은 기꺼이 신뢰할 수 있는 분이시다.

하나님은 자기를 반영하게 하려고 우리를 창조하셨다. 그분이 우리에게 입을 허락하신 이유는 온전한 진리만을 말하게 하시기 위해서다. 그러나 그렇게 하려면 먼저 성경과 예수 그리스도를 통해 나타난 하나님의 진리를 믿고, 받아들여야 한다. 우리의 죄를 숨기기보다 정직하게 고백하고, 하나님에 관한 뱀의 거짓말을 믿기보다 하나님의 진리와 복음의 사랑을 받아들여야 한다. 오직 예수님 안에 나타난 하나님의 구원을 통해서만 우리의 거짓된 입술이 진실한 입술로 바뀔 수 있다. 하나님은 우리가 사랑의 마음으로 자기처럼 진리를 말하기를 원하신다(엡 4:15). 마귀에게서 돌이켜 주 예수 그리스도를 바라봐야만 진실만을 말하는 신뢰할 수 있는 사람이 될 수 있다.

1) 하나님은 거짓말을 하실 수 있을까?

— 그러실 수 없다. 하나님은 거짓말을 하실 수 없다. 따라서 그분의 말씀은 온전히 신뢰할 수 있다. 그러나 성경에 기록된 하나님의 말씀을 믿지 못하는 사람들이 많다. 그 이유는 마귀가 항상 하나님이 하시는 말씀의 신빙성을 의문시하도록 부추기기 때문이다.

2) 거짓말이 중대한 죄인 이유는 무엇인가?

— 거짓말을 하면 우리를 창조하신 하나님을 옳게 반영할 수 없을 뿐 아니라 다른 사람들을 해롭게 할 수밖에 없다. 거짓말

은 항상 심각한 죄이지만, 특히 하나님의 백성이 하는 거짓말은 훨씬 더 심각한 죄에 해당한다. 그 이유는 하나님이 진리를 믿고 받아들여 말하도록 우리에게 말씀을 허락하셨기 때문이다.

3) 예수님이 거짓된 입술을 진실한 입술로 바꾸어주실 수 있는 이유는 무엇인가?

— 오직 예수님만이 거짓된 입술을 없애줄 수 있는 이유는 세상에 계실 때 항상 진실만을 말하셨고, 우리와 같은 거짓말쟁이들을 대신해 죽음의 형벌을 당하셨기 때문이다. 예수님은 죽음과 부활을 통해 마귀를 정복하셨기 때문에 우리를 거짓말에서 건져내 진리를 알고, 사랑하고, 말하는 사람들로 만드실 수 있다.

기도 

자녀들이 하나님의 입술을 반영하는 입술을 가지고, 항상 예수 그리스도의 은혜를 통해 진리만을 말할 수 있게 해달라고 기도하라.

41 그리스도 안에서 만족하는 삶

복습

1) 하나님은 여덟 번째 계명으로 무엇을 금하셨는가?

— 다른 사람들이 소유한 것을 훔치는 행위를 금하셨다.

2) 하나님은 아홉 번째 계명으로 무엇을 금하셨는가?

— 거짓말, 곧 사실이 아닌 것을 말하는 행위를 금하셨다.

본문 읽기

출 20:17, 딤전 6:6, 7

1) 하나님은 열 번째 계명으로 무엇을 금하셨는가?

— 다른 사람에게 속한 물건이나 사람을 탐하는 것을 금하셨다. 탐심이란 다른 사람의 소유를 시기하며 탐내는 마음을 가리킨다.

2) 바울은 무엇이 큰 이익이 있다고 말했는가?

— 자족하는 마음과 결합된 경건. 자족하는 마음은 하나님이 우리에게 주신 것에 만족할 때 생겨나고, 탐심은 감사할 줄 모르고 더 많은 것을 원할 때 생겨난다. 그러나 참된 유익은 감사하며 가진 것에 만족할 때 주어진다.

해설

핵심 내용 : 시기심과 불만족은 하나님과 사람들을 사랑하지 못하게 가로막는다.

하나님은 우리를 욕망을 지닌 피조물로 창조하셨다. 문제는 욕망 자체가 아니라 죄로 인해 그릇된 것을 바라는 마음을 지니게 되었다는 데에 있다. 성경은 이를 '탐심'으로 일컫는다. 우리는 탐심을 느낄 때 "저 사람이 나보다 더 많은 선물을 받는 것은 부당해."라고 말하거나 "왜 나는 저 사람만큼 인기가 없고, 똑똑하지 못할까?"라고 생각하거나 "내가 저들의 집과 같은 집을 소유하고 있다면 진정으로 행복할 거야."라고 믿곤 한다. 탐심은 다른 사람이 가진 것을 시기하며 탐내는 마음을 가리킨다. 탐심은 다른 사람들을 증오하게 만들어 살인과 간음과 도둑질을 저지르도록 유도한다(사무엘하 11장에 묘사된 다윗 왕의 슬픈 이야기를 읽어 보라). 다른 사람들을 시기하며 그들이 가진 것을 탐하면 그들을 사랑할 수 없다. 이것이 하나님이 탐심을 금하는 계명으로 십계명을 마무리하신 이유 가운데 하나다.

또 한 가지 이유는 탐심이 있으면 하나님을 사랑할 수 없기 때문이다. 탐심에는 우리가 하나님보다 더 잘 알고 있다는 의미가 담겨 있다. "저 사람만큼 내가 돈이 많았으면 좋겠어."라고 말하는 것은 "하나님이 내게 충분한 돈을 주지 않으셨어."라거나 "하나님만으로는 충분하지 않아."라고 말하는 것과 다름없다. 불만족을 느낀다는 것은 우리의 삶을 위한 하나님의 뜻을 신뢰하지 않고, 그분을 우리의 가장 큰 보화이자 기쁨으로 생각하지 않는다는 증거다(시 73:25, 26). 우리가 그릇된 욕망을 느끼는 이유는 하나님을 우리의 가장 큰 기쁨으로 여기지 않고, 피조물을 우상으로 바꾸어 숭배하기 때문이다. 다른 사람들이 가진 것을 차지하면 삶의 의미와 만족을 찾을 수 있다고 생각한다면 하나님을 사랑할 수 없다.

오직 하나님만이 우리를 만족하게 하고, 삶의 목적을 부여하실 수 있다. 중보자이신 예수 그리스도를 통해 하나님을 알게 되면, 최신식 장난감이나 멋진 옷이나 가장 인기 있는 친구가 없어도 만족하는 법을 배울 수 있다(빌 4:11-13). 하나님을 우리의 가장 큰 보화로 여기면 그분이 우리에게 주지 않기로 결정하신 것들에 불만을 느끼지 않고, 우리에게 선물로 주신 것에만 만족하며 살아갈 수 있다.

1) 하나님은 무언가를 가지려는 욕망을 정죄하시는가?

— 그렇지 않다. 무언가를 가지려고 하는 것 자체가 나쁜 것이 아니다. 그러나 시기심에 사로잡혀 다른 사람들의 소유물을 탐하고, 그것을 가지면 진정으로 행복할 것으로 생각한다면, 그것은 큰 잘못에 해당한다.

2) 탐심이 있으면 다른 사람들과 하나님을 사랑할 수 없다. 왜 그럴까?

— 다른 사람들의 소유물을 탐하면 그들을 시기할 수밖에 없

고, 우리의 삶을 위한 하나님의 뜻에 불만을 느낄 수밖에 없기 때문이다.

3) 빌립보서 4장 11-13절을 읽어 보라. 바울이 감옥에서 고통을 받거나 굶주릴 때도 만족할 수 있었던 이유는 무엇인가?

— 그리스도께서 그의 마음속에 성령을 통해 역사하고 계셨다. 오직 성령만이 예수님을 가장 큰 보화로 여기고, 우리를 위한 하나님의 뜻을 따르도록 가르치실 수 있다. 따라서 우리는 성령님께서 능력 주시길 구해야 한다.

기도 

가족들이 하나님을 사모하고, 가장 큰 기쁨으로 여겨 모든 상황에서 만족할 수 있게 해달라고 기도하라.

42 언약의 확증

복습 

1) 하나님은 열 번째 계명으로 무엇을 금하셨는가?

— 사람들을 시기하여 그들의 소유물을 탐하는 행위를 금하셨다.

2) 탐심의 반대는 무엇인가?

— 하나님 안에서 만족하며, 우리의 삶을 위한 그분의 뜻을 기꺼이 받아들이는 것이다.

본문 읽기

출 24:1-11

1) 모세는 시내산 기슭에서 이스라엘 백성에게 무엇을 말했는가?

— 그는 하나님의 말씀을 전했다. 그는 십계명을 비롯해 하나님이 주신 다른 율법들을 선포했고(3절), 그것들을 성령의 도우심을 받아 글로 기록했으며(4절), 희생 제사를 드리고 나서 다시 그것들을 읽어주었다(7절).

2) 이스라엘 백성은 하나님의 율법에 어떻게 반응했는가?

— 모든 율법을 준행하겠다고 약속했다.

3) 모세는 제단과 백성들에게 무엇을 뿌렸는가?

— 황소의 피를 뿌렸다. 죄인들은 죄를 속량해 하나님의 분노를 누그러뜨리지 않으면 그분 앞에 나와 예배를 드릴 수 없다. 황소의 피는 그런 효력이 없었지만, 예수님과 그분의 피를 가리켰다.

해설 

핵심 내용 : 하나님은 피의 언약을 통해 죄인들을 자기에게 가까이 나오게 하신다.

결혼이란 결혼식을 통해 언약 관계를 맺는 것을 의미한다. 신랑과 신부는 결혼식에서 서로 서약을 한다. 본문을 살펴보면, 하나님과 이스라엘 백성도 그런 의식을 치른 것을 알 수 있다. 하나님은 이미 율법을 통해 그들과 언약을 맺으셨지만(출 20-23장), 이제는 중보자인 모세를 통해 이스라엘 백성과의 은혜로운 관계를 확증하는 의식을 거행하셨다.

모세는 이스라엘 백성에게 하나님의 율법을 전해 이 관계와 관련해 그들이 짊어져야 할 책임이 무엇인지를 상기시켜주었다. 아내가 죽을 때까지 남편을 섬기며 복되게 하겠다고 서약하는 것처럼, 이스라엘 백성도 범사에 하나님을 섬기며 복되게 하겠다고 서약했다. 그러나 그들은 진심으로 그렇게 서약하기는 했지만, 죄인들이었기 때문에 죽음의 형벌을 면할 수 없었다. 따라서 이스라엘 백성이 하나님과 함께 거하려면 다른 누군가가 그들을 대신해 죽어야 했다. 하나님은 그런 그들을 위해 언약과 함께 언약의 피를 제공하셨다. 피를 먼저 제단에 뿌린 것은 하나님이 자신의 분노를 누그러뜨릴 길을 여셨다는 것을 보여주고, 그 후에 백성들에게 뿌렸다는 것은 하나님이 그들의 죄를 속량할 길을 여셨다는 것을 보여준다. 물론, 황소의 피는 죄를 없애거나 죄에 대한 하나님의 의로운 분노를 진정시킬 수 없다. 그러나 하나님은 장차 그런 일을 할 수 있는 구원자를 보내주실 예정이었다. 희생 제사는 이스라엘 백성에게 구원자를 예고하는 의미를 지녔다.

백악관에 초대를 받아 미국 대통령과 만찬을 나누게 되었다고 가정해 보자. 그것은 매우 특별한 영예가 아닐 수 없지만, 본문에서 모세와 장로들에게 주어진 영예에 비하면 그야말로 아무것도 아니다. 그들은 피의 희생 제사를 통해 우주의 창조주이신 하나님 앞에서 먹고, 마시는 특권을 누렸다. 그것이 바로 하나님의 은혜로운 언약의 목적이었다. 하나님은 우리를 자신에게로 가까이 이끌어 자신을 알고, 즐거워하게 하신다. 오직 그리스도의 피를 통해서만 하나님께 가까이 나갈 수 있다. 그리스도의 피가 우리의 마음에 뿌려지면 모든 죄가 깨끗하게 사라져 하나님과 사랑의 교제를 나눌 수 있다. 세상에서 이보다 더 큰 축복은 없다.

1) 하나님이 이스라엘 백성이나 우리와 언약을 맺으실 때 피가 필

요한 이유는 무엇인가?

— 피가 필요한 이유는 죄 때문이다. 우리를 대신해 다른 누군가가 죽음의 징벌을 받지 않으면 하나님과 사랑의 관계(즉 언약)를 맺고 살아갈 수 없다.

2) 황소의 피가 이스라엘 백성을 죄에서 구원할 수 있었는가?

— 그럴 수 없었다. 희생 제사는 이스라엘 백성에게 예수님을 가리키는 예표였다. 구약 시대의 신자도 모두 그리스도의 피에 근거해 구원받았다.

3) 우리가 그리스도의 희생을 통해 하나님과 언약 관계를 유지할 수 있는 이유는 무엇인가?

— 그리스도의 피가 우리의 영혼에 뿌려지면 죄 사함을 받아 하나님과 올바른 관계를 회복해 사랑으로 그분께 순종할 능력을 얻을 수 있기 때문이다.

기도 

가족들의 마음속에서 성령의 은혜로운 사역이 이루어져 예수 그리스도의 피를 통해 하나님을 알고, 사랑할 수 있게 해달라고 기도하라.

43 언약의 파기

복습 

1) 하나님은 이스라엘 백성과의 언약을 어떻게 확증하셨는가?

— 율법을 낭독하고, 황소를 희생 제물로 드리고, 잔치를 즐기며 교제하는 의식을 거행하게 하셨다.

2) 모세와 장로들이 하나님 앞에서 먹고 마시도록 초대된 이유는 무엇인가?

— 그 이유는 언약이란 하나님과 사랑의 교제를 나누는 것을 그 본질로 하기 때문이다.

본문 읽기 

출 32:1-6

1) 본문의 사건이 발생했을 때 모세는 어디에 있었는가?

— 시내산 꼭대기에서 하나님으로부터 성막과 제사장들과 희생 제사에 관한 상세한 지침을 하달받고 있었다.

2) 모세가 자리를 비운 사이 이스라엘 백성은 무엇을 했는가?

— 그들은 아론에게 금송아지를 만들라고 요구했고, 그것을 예배함으로써 십계명의 첫 번째 계명과 두 번째 계명을 어겼다.

3) 아론은 금송아지를 어떻게 만들었는가?

— 백성들로부터 금을 모아 그것으로 우상을 주조했다.

해설

핵심 내용 : 하나님과 언약을 맺는 것만으로는 충분하지 않다. 우리는 하나님과의 언약을 충실하게 지켜야 한다.

이스라엘 백성이 언약을 지키겠다고 서약한 이후로 고작 몇 주가 지났을 뿐이었다(출 24:3, 7). 그들은 모세에게 "우리가 모든 율법을 준행하겠습니다."라고 장담했다. 그러나 모세가 하나님으로부터 율법에 관한 상세한 지침을 하달받는 동안, 이스라엘 백성은 조급해하며 자기들 멋대로 예배를 드리려고 했다. 그들이 지키겠다고 서약한 율법은 다른 신들을 예배하거나(첫 번째 계명), 형상을 만드는 행위(두 번째 계명)를 금지했지만, 그들은 자기들이 하지 않겠다고 약속한 행위를 저지르고 말았다. 그들은 아론에게 금송아지를 만들라고 요구했고, 하나님과 언약식을 치를 때 했던 대로 그것에 희생 제물을 바치고, 그 앞에서 먹고 마셨다. 이스라엘 백성은 언약이 확증된지 얼마 되지 않아 그것을 파기하고 말았다.

어떻게 그런 일이 일어날 수 있었을까? 하나님이 그들을 애굽에서 구원하고, 그들에게 자기를 온전히 내어주시기까지 했는데 어떻게 그렇게 신속하게 우상 숭배의 죄를 저지를 수 있었을까? 이스라엘 백성은 육체로는 더 이상 애굽에 머물지 않았지만, 마음으로는 여전히 애굽에서 살고 있었던 셈이다. 그들은 애굽인들에게서 받은 금으로 애굽인들의 우상과 같은 송아지 형상을 만들었다. 하나님이 세상에서 불러내신 백성이 세상처럼 보이고, 행동하는 잘못을 저질렀다.

본문의 사건은 우리의 부패한 본성을 엿볼 수 있게 해준다. 우리는 하나님 대신에 이 세상의 우상들을 섬기려고 하는 경향이 있다. 행위로 구원받는 것은 아니지만, 우리의 행위는 매우 중요한 의미를 지닌다. 하나님을 사랑하려면 반드시 그분과의 언약을 지켜야 한다. 그 이유는 우리가 행위로 구원받기 때문이 아니라 예수님을 믿어 구원 받는다는 사실을 진정으로 믿고 있는지가 사랑의 순종을 통해 드러나기 때문이다(갈 5:6, 약 2:17). 그리스도를 믿는 믿음은 그분에 대한 순종의 열매를 맺어야 한다. 그러려면 언약을 지켜야 한다. 하나님의 언약 아래 있다고 하더라도 믿음이 사랑으로 역사하지 않으면 애굽을 따를 수밖에 없고, 하나님과의 언약을 파기해 그분의 심판을 받을 수밖에 없다.

1) 금송아지 사건이 충격적인 이유는 무엇인가?

— 이스라엘 백성의 우상 숭배가 충격적인 이유는 하나님의 놀라운 은혜를 받고, 그분의 강력한 구원을 경험하고, 그분의 말씀을 들었는데도 그런 일이 벌어졌기 때문이다.

2) 언약을 준행하는 것이 필요한 이유는 그것을 통해 구원이 이루

어지기 때문인가?

— 그렇지 않다. 오직 그리스도만이 우리를 구원하실 수 있다. 그러나 참된 믿음으로 그리스도를 바라보는 자는 하나님을 기쁘시게 하려는 삶을 살기 마련이다. 이스라엘 백성은 순종의 행위로 구원받지 않았다. 순종의 행위는 그들이 유일한 구원자이신 메시아의 강림을 진정으로 믿고 있는지를 보여주는 증거였을 뿐이다.

3) 고린도전서 10장 6, 7절을 읽어 보라. 금송아지와 같은 사건들을 기억하는 것이 중요한 이유는 무엇인가?

— 그런 사건들이 우리가 때로 하나님을 떠나 그릇 치우칠 수 있다는 것과 사랑의 순종을 통해 행위의 열매를 맺으려면 그리스도를 믿는 참된 믿음과 성령의 은혜가 필요하다는 사실을 상기시켜주기 때문이다.

기도 

그리스도의 영을 통해 자녀들의 마음속에 구원 신앙이 싹트고, 언약을 지키는 순종이 이루어질 수 있게 해달라고 기도하라.

44 언약의 긍휼

복습

1) 이스라엘 백성이 조급해졌던 이유는 무엇인가?

— 모세가 시내산에서 여러 주 동안 내려오지 않았기 때문이었다.

2) 조급해진 이스라엘 백성은 어떤 일을 했는가?

— 아론에게 금송아지를 만들라고 요구했고, 그것을 예배했다.

본문 읽기

출 32:7-14

1) 하나님은 이스라엘 백성의 우상 숭배에 어떻게 반응하셨는가?

— 거룩한 분노를 강하게 드러내며 모세에게 이스라엘 백성을 진멸해 그들의 죄를 징벌하라고 명령하셨다.

2) 모세는 이스라엘 백성의 죄에 대한 하나님의 의로운 분노에 어떻게 반응했는가?

— 그는 언약을 기억해 달라고 하나님께 기도했다.

3) 하나님은 모세의 기도에 어떻게 반응하셨는가?

— 분노를 거두고 이스라엘 백성을 진멸하지 않으셨다.

해설

핵심 내용 : 죄를 지은 하나님의 백성은 심판을 받아야 마땅하지만, 하나님은 중보자를 통해 그들에게 긍휼을 베푸신다.

모세는 여러 주 동안 산 위에 머물면서 하나님으로부터 성막(하나님이 임재해 예배를 받으시는 특별한 장막)에 관한 상세한 지침을 하달받았다. 그는 그런 지침을 하달받는 동안 이스라엘 백성이 아론에게 금송아지를 만들어 예배하게 해달라고 요구했던 사실을 전혀 알지 못했다. 그는 아무것도 알지 못했지만 하나님은 그렇지 않으셨다. 하나님은 모든 것을 알고 지켜보신다. 모세가 산에서 내려가려고 채비할 때 하나님은 그에게 이스라엘의 반역 행위를 알려주셨다. 이스라엘 백성은 모세가 산에서 더디 내려온다고 불평했지만, 하나님은 그들이 자기에게 신속하게 등을 돌렸다고 꾸짖으셨다. 그들의 목은 우상 숭배로 인해 뻣뻣해져 있었다. 그 당시에 농부들은 소를 다루기 위해 목에 나무 멍에를 매달곤 했다. 목이 뻣뻣한 소는 주인의 멍에를 매기를 거부했다. 이스라엘 백성은 그런 소를 빼닮았다. 하나님은 율법을 통해 그들에게 언약의 멍에를 지우셨다. 그것은 생명과 행복으로 인도하는 좋은 멍에였지만, 이스라엘 백성은 그것을 매기를 거부했다. 그들은 하나님과의 언약을 깨뜨리는 반역을 저질렀다.

하나님은 거룩한 심판으로 그들을 진멸하려고 하셨다. 모세가 이스라엘의 중보자가 되어 개입하지 않았다면 그렇게 하셨을 것이 분명하다. 중보자의 역할이 무엇인지 기억하는가? 중보자는 서로 분쟁하는 양측 사이에서 화해를 주선하는 역할을 한다. 모세는 이스라엘 백성이 진멸되도록 놔두지 않고, 그들과 하나님 사이에 서서 하나님께 기도하며 변론을 펼쳤다. 하나님이 우상을 숭배한 이스라엘 백성에게 은혜를 베푸셔야 하는 이유는 무엇일까? 모세는 크게 세 가지 이유를 제시했다. 첫째, 이스라엘은 하나님이 사랑으로 구원하신 그분의 백성이었다. 둘째, 하나님이 이스라엘 백성을 진멸하시면 그분을 섬기지 않는 이방 민족들이 그분의 선하심을 의심할 것이다. 셋째, 이스라엘 백성이 진멸되면 아브라함에게 주어진 하나님의 약속이 이루어질 수 없다. 모세는 하나님의 명예를 지키려는 마음으로 그분의 사역과 말씀에 근거해 간청했다. 이스라엘 백성은 그의 충실한 중재 덕분에 하나님의 심판을 면할 수 있었다.

1) 시편 106편 19-23절을 읽어 보라. 시편 저자는 모세의 역할에 관해 어떻게 말했는가?
— 그는 모세가 우상을 숭배한 이스라엘 백성과 하나님 사이에서 중보자 역할을 한 덕분에 그들이 마땅히 받아야 할 심판을 면할 수 있었다고 말했다.

2) 모세를 통해 배울 수 있는 기도의 교훈은 무엇인가?
— 첫째, 참된 기도는 하나님께 무엇을 해달라고 그저 요구만 하는 것이 아니라 그분이 어떤 일을 해주셔야만 하는 이유를 제

시한다. 둘째, 참된 기도는 하나님의 성품과 그분의 약속을 옳게 이해할 때 이루어진다. 셋째, 참된 기도는 하나님의 영광을 드높이려는 열정에서 우러나온다.

3) 하나님의 축복을 받으려면 중보자가 필요하다. 왜일까? 새 언약의 중보자는 누구인가?

— 우리는 모두 중보자를 필요로 한다. 그 이유는 우리가 이스라엘 백성처럼 참 하나님 대신 우상들을 숭배하는 죄인들이기 때문이다. 모세는 한정된 기간에만 역할을 감당했던 불완전한 중보자였다. 그는 영원하고, 완전한 중보자이신 예수 그리스도를 가리키는 예표였다. 성경은 예수님이 항상 하늘에서 자기 백성을 위해 중보하시기 때문에 그 무엇도 그들을 하나님의 사랑과 긍휼로부터 멀어지게 만들 수 없다고 가르친다(롬 8:31-39).

기도 

모든 가족이 그리스도의 중보 사역을 통해 점점 더 큰 은혜를 입고, 또 다른 사람들을 위해 중보 기도를 드리는 일을 더욱 열심히 할 수 있게 해달라고 기도하라.

45 언약의 속죄

복습 

1) 하나님은 금송아지를 예배한 이스라엘 백성에게 어떻게 반응하셨는가?

— 크게 분노하며 그들을 진멸하려고 하셨다.

2) 하나님은 모세의 기도에 어떻게 반응하셨는가?

— 분노를 거두고, 이스라엘 백성을 진멸하지 않으셨다.

본문 읽기 

출 32:15-20, 30-35

1) 모세는 이스라엘 백성이 죄를 짓는 것을 보고 증거판을 어떻게 했는가?

— 그는 거룩한 분노를 드러내며 그것들을 던져 깨뜨렸다.

2) 모세는 금송아지를 어떻게 처리했는가?

— 그것을 불태워 가루로 만들어 물에 타 이스라엘 백성에게 마시게 했다.

3) 모세가 다시 하나님께로 올라간 이유는 무엇인가?

— 중보자와 제사장으로서 백성들의 죄를 속하기 위해서였다.

속죄는 죄인들이 하나님과 올바른 관계를 회복할 수 있도록 죄책을 제거하는 것을 의미한다.

해설

핵심 내용 : 죄인은 누구든, 심지어 모세조차도 죄를 속량할 수 없다.

진영에 가까이 다가온 모세의 귀에 요란한 잔치를 즐기는 듯한 소리가 들려왔다. 그것은 이스라엘 백성이 죄를 짓는 소리였다. 그 소리는 모세가 홍해를 건넌 뒤에 불렀던 찬양의 소리와는 전혀 달랐다(출 15:1-21). 이스라엘 백성은 여호와가 아닌 생명이 없는 금송아지를 찬양하고 있었다. 하나님이 미리 모세에게 경고하셨지만, 자기 눈으로 직접 그 광경을 본 그는 큰 충격에 휩싸이고 말았다. 증거판을 손에 들고서 백성들 앞에 선 그의 마음속에서는 하나님의 분노와 같은 분노가 이글거리기 시작했다(출 32:10).

물잔이나 그릇을 바닥에 떨어뜨려 산산조각이 나는 것을 본 적이 있는가? 모세는 의로운 분노에 사로잡혀 증거판을 땅에 던져 깨뜨렸다. 그의 행동에는 “하나님이 율법을 기록하시자마자 너희가 그것을 어기고 말았구나!”라는 의미가 담겨 있었다. 그러고 나서 모세는 금송아지를 파괴했다. 그는 그것을 불태워 가루로 만든 다음, 물에 뿌려 이스라엘 백성에게 마시게 했다.

우상은 제거되었지만, 우상 숭배를 저지른 이스라엘 백성의 죄에 대한 형벌은 제거되지 않았다. 그 형벌은 죽음이었다. 이스라엘 백성의 죄책과 형벌이 없어지지 않으면 그들은 약속의 땅에서 하나님과 함께 살아갈 수 없었다. 따라서 모세는 그들의 죄를 속량하기 위해 하나님께 다시 올라갔다. 그렇다면 그는 어떻게 하려고 했을까? 그는 하나님의 백성이 오랫동안 동물로 희생 제사를 드린 일을 떠올리며 죄를 지은 이스라엘 백성을 대신해 자신을 제물로 드리려고 했다. 그는 "피를 흘려야 한다면 제 피를 취하소서."라고 용기 있게 말했다. 그러나 하나님은 그의 제안을 거절하셨다. 죄인은 죄인들의 죄를 속량할 수 없다. 이스라엘 백성에게는 그들을 대신해 죽을 무죄한 중보자가 필요했다. 하나님이 모세의 제안을 거절하신 이유는 오직 무죄한 예수님만이 죗값을 치르실 수 있기 때문이다. 훗날 예수님은 십자가에서 실제로 그렇게 하셨다.

1) 모세가 증거판을 깨뜨리고, 금송아지를 부순 이유는 무엇인가?
— 그가 증거판을 깨뜨린 이유는 이스라엘 백성이 하나님의 언약을 어겼다는 것을 보여주기 위해서였고, 금송아지를 부순 이유는 하나님의 백성은 절대로 우상을 숭배해서는 안 되었기 때문이다.

2) 분노하는 것이 옳을 때가 있는가?
— 그렇다. 본문의 이야기는 하나님을 거스르는 것을 증오하는 마음에서 비롯하는 의로운 분노가 존재한다는 것을 보여준다. 그러나 우리는 분노로 인해 죄를 짓는 일이 없도록 주의해

야 한다(엡 4:26).

3) 하나님이 죄를 지은 이스라엘 백성을 대신해 죽겠다는 모세의 제안을 거절하신 이유는 무엇인가?

— 그 이유는 모세도 이스라엘 백성과 마찬가지로 자신을 대신해 죽어줄 구원자가 필요한 상태였기 때문이다. 하나님은 그리스도를 통해 그런 구원자를 제공하실 계획을 갖고 계셨다.

기도 

무죄한 중보자를 보내 우리를 대신해 죽게 하신 하나님께 감사하고, 자녀들이 그분의 십자가를 전심으로 의지해 그분 안에서 구원을 발견하게 해달라고 기도하라.

46 가장 큰 축복인 하나님의 임재

복습

1) 모세는 우상 숭배의 죄를 저지른 이스라엘 백성을 위해 하나님께 어떻게 용서를 구했는가?

— 그는 하나님께 기도하며 이스라엘 백성을 대신해 죽겠다고 나섰다.

2) 하나님이 이스라엘 백성을 대신해 죽겠다는 모세의 제안을 거절하신 이유는 무엇인가?

— 모세도 똑같은 죄인이었기 때문이다. 이스라엘 백성에게는 그들을 대신해 죽어줄 무죄한 구원자가 필요했다.

본문 읽기

출 33:12-23

1) 모세는 그 중요한 순간에 하나님께 무엇을 구했는가?

— 그는 가나안을 향해 가는 동안 하나님이 자신과 이스라엘 백성과 함께하여 주시고 더 많은 영광을 보여주시기를 간구했다.

2) 하나님은 모세의 기도에 어떻게 반응하셨는가?

— 하나님은 은혜롭게도 모세와 이스라엘 백성과 함께 가겠다

고 약속하셨고, 모세가 감당할 수 있는 한도 내에서 자신의 영광을 보여주겠다고 말씀하셨다.

3) 하나님은 모세에게 자신의 영광을 보여주시면서 그를 어디에 두셨는가?

— 그분은 모세를 반석 틈에 두셨다. 모세는 하나님의 온전한 영광을 보는 것이 불가능했다. 하나님을 보고서 살아남을 수 있는 죄인은 아무도 없다.

해설

핵심 내용 : 중보자를 통해 주어지는 하나님의 임재는 모든 축복 가운데 가장 큰 축복이다.

하나님은 이스라엘 백성을 위한 모세의 기도를 듣고서 우상 숭배의 죄를 저지른 그들을 진멸하지 않으셨다. 그분은 이스라엘 백성을 큰 민족으로 만들어 가나안 땅으로 인도하겠다는 약속을 충실하게 지킬 생각이셨다. 그러나 하나님은 금송아지를 섬긴 그들을 기뻐하지 않으셔서 모세에게 그들과 함께 가지 않겠다고 말씀하셨다(출 33:1, 2). 이스라엘 백성은 하나님 없이 가나안 땅에 들어가는 축복만을 누리게 될 상황에 직면했다.

모세는 좋으신 하나님 없이 그분의 좋은 선물만을 받는 것을 전혀 탐탁하게 생각하지 않았다. 따라서 그는 하나님 앞에 나가 이스라엘의 지도자인 자신과 함께해주시기를 간구했고, 하나님은 그의 기도를 들어주셨다(12-14절). 그러나 모세는 그것으로 만족하지 않았다. 지도자만이 아닌 이스라엘 백성 전체가 하나님의 임재를 필요로 했다. 그는 다시 하나님께 이스라엘 백성과 함께해주시기를 간구했다(15, 16절). 하나님은 이스라엘 백성이 못마땅했지만, 중보자인 모세를 기쁘게 여겨 그들과 함께하겠다고 허락하셨다(17절). 우리는 대부분 그 정도면 충분하다고 생각할 테지만 모세는 그렇지가 않았다. 그는 하나님을 더욱 깊이 알기를 원했다.

모세는 가나안 땅이 아닌 가나안의 하나님이 모든 축복 가운데 가장 큰 축복이라는 사실을 옳게 이해했다. 하나님이 자기 백성에게 허락하시는 축복은 그분 자신과 비교하면 그야말로 아무것도 아니다. 하나님은 모세를 비롯해 이스라엘 백성과 함께 가겠다고 허락했을 뿐 아니라 모세에게 특별한 방식으로 자기를 보여주기까지 하셨다(19-23절).

하나님을 알고, 그분과 동행하는 것이야말로 가장 큰 축복이 아닐 수 없다. 하나님이 이스라엘 백성과 함께하겠다고 말씀하신 이유는 그들의 중보자를 기뻐하셨기 때문이다. 하나님이 세상 끝날까지 자기 교회 안에 거하며, 가르치고, 인도하고, 보호하시는 이유는 하나님과 죄인들 사이에 선 참된 중보자이신 성자 예수님을 기뻐하시기 때문이다. 하나님은 자기 백성과 함께하신다. 우리가 그리스도 안에서 하나님을 소유했다면, 우리가 필요로 하는 모든 것을 소유한 것이다.

1) 하나님이 이스라엘 백성을 벌하지 않고, 가나안 땅을 주겠다고 말씀하셨는데도 모세가 기뻐하지 않았던 이유는 무엇인가?

— 하나님이 이스라엘 백성을 그렇게 축복하신다고 해도 가장 큰 축복(하나님의 은혜롭고, 사랑을 주시는 임재)은 누리지 못할 것이기 때문이었다.

2) 하나님이 이스라엘 백성과 함께하겠다고 동의하신 이유는 무엇인가?

— 하나님은 우상 숭배의 죄를 저지른 이스라엘 백성을 기뻐하시지 않았지만, 그들의 중보자인 모세를 기뻐했기 때문에 그들과 함께 가겠다고 약속하셨다.

3) 본문의 이야기는 오늘날 우리에게 하나님의 임재에 관해 무엇을 가르치는가?

— 이스라엘 백성의 우상 숭배가 하나님과 그들 사이를 갈라놓은 것처럼, 우리의 죄도 우리와 하나님 사이를 갈라놓는다. 그러나 하나님은 참된 중보자이신 성자 예수님을 기뻐하시기 때문에 성령께서 허락하신 믿음을 통해 그분의 사랑을 만끽하는 임재를 누릴 수 있다.

기도 

가족들이 그리스도를 통해 주어지는 하나님의 임재라는 축복을 다른 어떤 것보다 더 귀하게 여길 수 있게 해달라고 기도하라.

47 들음으로 본다

복습

1) 하나님이 죄지은 이스라엘 백성이 가나안을 향해 나아갈 때 함께하겠다고 동의하신 이유는 무엇인가?

— 그들의 중보자인 모세와 그의 기도를 기뻐하셨기 때문이다.

2) 세상에서 가장 큰 축복은 무엇인가?

— 예수님을 믿는 믿음을 통해 하나님을 알고 즐거워하는 것.

본문 읽기

출 34:1-9

1) 하나님은 모세에게 산에 올라올 때 무엇을 가져오라고 말씀하셨는가?

— 십계명을 다시 적을 돌판 두 개를 가져오라고 말씀하셨다.

2) 모세가 산 위에 오르자 어떤 일이 일어났는가?

— 하나님이 강림해 모세에게 자기 영광을 드러내셨다.

3) 모세는 하나님의 계시에 어떻게 반응했는가?

— 그는 하나님 앞에 엎드려 경배하며 죄지은 이스라엘 백성

에게 은혜를 베풀어달라고 기도했다.

해설

핵심 내용 : 여호와는 의로운 사랑과 자애로운 정의를 베푸는 하나님이시다.

먼동이 틀 무렵, 모세는 돌판 두 개를 손에 들고 산 위로 올라갔다. 그곳은 하나님의 산, 곧 여러 차례 여호와 하나님을 만났던 장소였다. 그러나 이번의 만남은 이전과는 달랐다. 하나님은 모세의 기도에 대한 응답으로 그에게 특별한 방식으로 자신의 아름다움을 보여줄 생각이셨다.

옛 언약의 중보자인 모세가 시내산 꼭대기에 오르자 하나님이 영광의 구름 가운데 강림하셨다. 그분은 모세에게 자신을 보여주셨다. 그러나 흥미롭게도 모세는 눈이 아닌 귀로 하나님을 더 많이 보았다. 재능 있는 이야기꾼이 들려주는 이야기를 들으면 마치 듣는 것을 만지고, 맛보고, 보는 것처럼 말을 통해 이야기 속으로 빠져들기 마련이다. 하나님의 말씀도 그와 마찬가지로 진리로 그분을 경험할 수 있게 만들었다.

하나님은 모세에게 말씀을 선포하셨다. 그것은 하나님 자신에 관한 말씀이었다. 하나님은 자신의 속성 가운데 일곱 가지를 열거하셨다. 그 속성들은 복음적 사랑과 거룩한 정의라는 두 가지로 요약할 수 있다. 이스라엘 백성이나 우리 같은 죄인들은 하나님이 은혜롭고, 자비롭고, 오래 참고, 용서를 즐겨 베푸는 분이 아니시라면, 그분을 우리의 하나님으로 섬길 수 없다. 모세가 봐야 할 첫 번째 사실은 하나님이 진노밖에는 달리 받을 것이 없는 죄인들에게 사랑을 베푸신다는 것이었다. 그러나 그것이 전부는 아니다. 어떤 사람들은 하나님을 손자들의 그릇된 행위를 묵인하는 너그러운 할아버지와 같은 식으로 묘사하지만, 그것은 하나님의 참모습이 아니다. 그분의 사랑은 정의로운 사랑이다. 하나님은 죄를 벌하신다. 그러나 그분은 또한 죄를 용서하신다. 어떻게 그럴 수가 있을까? 용서를 베풀면서도 죄를 반드시 징벌해야 하는 하나님의 두 속성이 시내산에서 극명하게 대조되어 나타났다. 이 점을 이해하는 것이 중요한 이유는 그것을 통해 하나님의 사랑과 정의가 서로 입을 맞추게 될 또 하나의 산을 바라볼 수 있기 때문이다. 하나님이 죄인들에게 은혜를 베풀 수 있는 이유는 죄를 간과하기 때문이 아니라 갈보리산의 성자 예수님을 통해 그들의 죄를 심판하시기 때문이다. 모세에게 자기를 보여주신 하나님은 우리의 하나님이시다. 그분은 정의로운 사랑과 자애로운 정의를 베푸는 하나님이시다.

1) 모세는 하나님의 영광을 보았는데도 가장 중요한 것은 귀로 들었다. 그 이유는 무엇인가?
— 하나님은 모세가 볼 수 있는 방식으로 자기를 계시하셨지만, 계시의 방식은 주로 자신의 속성들을 말로 열거하는 것이었다. 하나님은 오늘날 우리에게도 말씀을 읽고, 전하는 방식을

통해 자신을 보여주신다.

2) 하나님은 모세에게 선포한 말씀을 통해 자기를 어떻게 계시하셨는가?

— 그분은 자신이 우리의 죄를 원칙대로 처리하지 않는 복음적 사랑을 지닌 하나님이자 우리의 죄를 원칙대로 처리해야만 하는 거룩한 정의를 지닌 하나님으로 계시하셨다.

3) 하나님은 우리의 죄를 용서하고, 심판하는 일을 어떻게 동시에 이행하실 수 있는가?

— 하나님은 십자가에 못 박히신 그리스도를 통해 죄를 심판함으로써 죄인들을 용서하신다. 예수님은 자기 백성의 죄를 대신 짊어지고, 하나님의 진노와 죄로 인한 죽음의 형벌을 감당함으로써 자기 백성이 죄 사함을 받을 수 있는 길을 열어주셨다.

기도 

가족들이 마음의 눈이 열려 복음 안에 나타나신 하나님을 볼 수 있게 해달라고 기도하라.

48 영광으로 빛나는 얼굴

복습 

1) 하나님은 모세에게 자신의 영광을 어떻게 보여주셨는가?

— 자신의 속성들을 열거한 말씀으로 보여주셨다.

2) 하나님은 그 말씀을 통해 자신을 어떻게 계시하셨는가?

— 그분은 자신을 사랑의 하나님이자 정의의 하나님으로 계시하셨다.

본문 읽기 

출 34:27-35

1) 누가 새 돌판에 십계명을 기록했는가?

— 모세가 하나님이 불러주시는 대로 받아 적었다. 처음에는 하나님이 친히 기록할 것이라고 말씀하셨지만(출 34:1 참조), 여기에서는 모세를 통해 기록하신 것을 알 수 있다. 이것이 하나님이 흔히 사용하시는 방식이다. 그분은 성령의 영감을 받은 사람들을 통해 자신의 말씀을 기록하게 하신다.

2) 모세가 산에서 내려왔을 때 백성들이 그를 두려워했던 이유는 무엇인가?

— 모세의 얼굴에서 광채가 났기 때문이다.

3) 모세는 백성들이 광채가 나는 얼굴을 두려워하지 않도록 무엇으로 얼굴을 가렸는가?

— 수건으로 가렸다. 모세는 하나님을 만날 때는 수건을 벗고, 백성들과 만날 때는 다시 수건을 썼다.

해설 

핵심 내용 : 하나님은 영광의 광채가 나는 중보자를 통해 죄를 지은 자기 백성과 언약을 갱신하셨다.

모세는 새 증거판을 들고 산에서 내려오면서 산 아래에서 어떤 일이 벌어지고 있을지 궁금했을 것이다. 그는 산 위에 40일 동안 머물렀다. 그것은 이스라엘 백성이 죄를 지을 만한 충분한 시간이었다. 그러나 모세를 맞이한 것은 난잡한 잔치의 소음이 아닌 두려운 침묵이었다. 그는 이스라엘 진영에 들어가서 새 증거판을 보여주며 하나님이 그들과 언약을 갱신하신 과정에 대해 말했다. 그는 하나님과 함께 있는 동안 자신의 얼굴에 어떤 변화가 있었는지 알지 못했다. 그 광채는 기름을 바른 피부가 햇빛 아래에서 반짝이는 것과는 질적으로 달랐다. 그것은 태양처럼 밝은 광채였다. 이스라엘 백성은 중보자의 얼굴에서 빛나는 광채를 보자 자동차 전조등에 놀란 사슴처럼 공포에 질린 채 꼼짝도 할 수가 없었다.

이 기적도 성경의 다른 기적들처럼 모세의 말이 곧 하나님의 말씀이라는 것을 보여준다. 이스라엘은 모세가 전하는 율법이 그가 제정한 것이 아닌 여호와 하나님이 수여하신 것이라는 사실을 알아야 했다. 이 기적은 모세의 얼굴을 보기를 주저하는 이스라엘 백성에게 그들이 죄인이라는 사실을 일깨워주었다. 하나님의 거룩한 영광이 희미하게 반영된 것조차도 그들로서는 감당하기 어려웠다. 따라서 모세는 그들의 두려움을 달래주기 위해 수건으로 얼굴을 가렸다.

하나님은 그것을 통해 자기 백성을 준비시켜 영광으로 빛나게 될 또 다른 한 사람의 얼굴을 볼 수 있게 할 계획이셨다. 그 사람의 얼굴은 모세의 얼굴과는 달리 영광을 희미하게 반영하는 데 그치지 않을 것이었다. 그의 영광은 영원히 사라지지 않을 예정이었다. 영광으로 빛나게 될 사람은 다름 아닌 여호와 하나님 자신이었다. 참된 중보자이신 예수님의 얼굴은 모세의 광채보다 훨씬 더 밝은 광채를 발산한다. 복음을 통해 그분의 얼굴을 보면, 우리도 모세처럼 교회와 세상 안에서 그분의 영광을 비출 수 있다(고후 3:18, 4:6).

1) 하나님은 모세의 얼굴이 빛난 기적을 통해 이스라엘 백성에게 무엇을 가르치셨는가?

— 모세의 말이 곧 자신의 말씀이라는 것을 가르쳤고, 죄 가운데 있는 한 하나님 앞에 나올 수 없다는 것을 일깨워주셨다.

2) 우리는 오늘날 누구의 얼굴을 통해 하나님의 영광을 볼 수 있는

가?

— 오늘날, 하나님의 영광은 새 언약의 중보자이신 예수 그리스도의 얼굴을 통해 빛난다. 우리는 복음을 듣고, 믿음으로써 그것을 볼 수 있다(고후 4:1-6 참조).

3) 고린도후서 4장을 읽어 보라. 성령의 능력을 통해 예수님의 얼굴을 보면 우리에게 어떤 일이 일어나는가?

— 그분의 영광을 비출 수 있게 된다. 이는 물리적인 광채가 빛난다는 뜻이 아니라 예수 그리스도를 통해 하나님을 알면 우리의 삶을 통해 그분의 성품이 반영된다는 뜻이다.

기도 

가족들이 성령의 도우심을 통해 예수님의 얼굴 안에서 하나님의 영광의 빛을 볼 수 있게 해달라고 기도하라.

49 하나님의 성막

복습

1) 옛 언약의 중보자는 누구인가?

— 모세. 그는 죄 있는 이스라엘 백성을 대신해 하나님 앞에 섰다.

2) 모세는 하나님의 율법을 받기 위해 어디로 갔는가?

— 시내산 꼭대기로 올라갔다. 그는 그곳에서 십계명을 비롯해 이스라엘의 통치와 예배에 관한 다양한 율법을 받았다.

본문 읽기

출 25:1-9

1) 하나님이 모세에게 이스라엘 백성에게서 예물을 받으라고 지시하신 이유는 무엇인가?

— 성막을 짓는 데 필요한 물품을 모으게 하신 것이다.

2) 성막의 용도는 무엇이었는가?

— 성막은 이스라엘 백성이 광야를 여행하는 동안 하나님이 그들과 함께 거하실 거처였다.

3) 성막의 형태와 그 안에 비치할 물건들은 누가 설계했는가?

— 하나님이 하셨다. 하나님은 성막과 그 안에 둘 물품들을 만드는 법을 상세하게 지시하셨다.

해설

핵심 내용 : 성막은 하나님이 은혜롭게 자기 백성과 가까이하심과 그들과 분리되어 계신 그분의 거룩하심을 동시에 보여준다.

성경은 하늘에서 내려와 자기 백성과 함께 거하시는 하나님에 관한 이야기를 전한다. 하나님은 에덴동산에서 아담과 하와와 함께 사셨다. 그러나 그들이 죄를 짓자 하나님은 그들을 동산에서 쫓아내셨다. 그런 가운데서도 그분은 그들이 다시 돌아올 수 있는 길을 만들기로 결심하셨다. 이것이 하나님이 성막을 만드신 이유였다.

이스라엘 백성은 애굽에서 나와 가나안으로 가는 동안 장막에서 생활했다. 하나님도 그들 가운데 거하실 때 장막을 거처로 삼을 생각이셨다. 물론, 하나님의 장막, 곧 성막은 가장 부유한 이스라엘 백성들의 장막보다도 훨씬 더 영광스러웠다. 그분의 장막은 보석과 최고급 직물과 가장 견고한 나무로 제작되었다. 나무와 과실을 정교하게 새겨넣은 황금 기구는 이스라엘 백성에게 하나님의 성막이 새로운 종류의 에덴동산이라는 것을 상기시켜주는 기능을 했다. 하나님은 본래의 에덴동산에서처럼 그곳에 내려와 자기 백성과 함께 거하실 예정이었다. 그분은 그들을 가까이하실 생각이셨다.

성막은 하나님의 가까우심은 물론, 그분과 이스라엘 백성의 분리를 나타내는 의미를 지녔다. 이스라엘 백성은 죄인들이었다. 그들은 에덴동산의 아담과 하와와는 달리 하나님 앞에 직접 나아갈 수 없었다. 오직 제사장들만 하나님의 성막에 들어갈 수 있었다. 더욱이 하나님이 거하시는 지성소에는 대제사장 한 사람만 들어갈 수 있었다. 그조차도 동물의 피로 속죄 의식을 거행하지 않고서는 감히 그곳에 들어갈 수 없었다.

성막은 참된 생명은 하나님의 임재 안에서만 찾을 수 있고, 오직 그분만이 죄인들이 자기 앞에서 목숨을 보전할 수 있는 길을 열어주실 수 있다는 사실을 상기시켜주었다. 하나님은 상세한 지침을 하달하셨다. 그분은 이스라엘 백성을 부유하게 해주셨고, 그들의 마음을 움직여 예물을 바치게 하셨다. 그분은 제사장들을 세우고, 희생 제물까지 공급하셨다. 하나님은 자기 백성이 다시금 에덴동산에서 자기와 함께 살 수 있는 길을 열어주셨다. 그러나 성막은 단지 그리스도를 가리키는 예표에 지나지 않았다. 그리스도께서는 육신으로 우리 안에 거하시는 하나님이다. 그분은 하나님의 백성이 그분과 함께 완전한 에덴동산에서 영원히 살 수 있도록 자기를 희생 제물로 드리셨다(계 5:9, 10).

1) 성막이란 무엇인가?

— 성막은 이스라엘 백성이 제작한 하나님의 거처였다.

2) 성막을 통해 알 수 있는 하나님에 관한 두 가지 진리는 무엇인

가?

— 성막은 하나님이 은혜로 자기 백성을 가까이하시고, 또 거룩함으로 그들과 분리되신다는 진리를 일깨워준다. 이 두 가지 진리는 예수님을 가리킨다. 그분은 하나님을 죄인들에게 가까이하시게 하고, 죄인들을 하나님께 가까이하도록 이끄신다.

3) 출애굽기와 레위기가 성막을 상세하게 묘사하고 있는 이유는 무엇인가?

— 성경이 성막과 그곳의 기구들과 예배를 길고, 상세하게 묘사하는 이유는 성막이 얼마나 중요한지를 일깨워주기 위해서다. 우리는 때로 이런 내용을 지루하게 생각하는 경향이 있지만, 하나님의 의도가 무엇인지를 이해하면 실제로는 매우 흥미로운 내용이라는 것을 알게 될 것이다.

기도 

하나님은 죄인들이 그리스도를 통해 자기와 함께 살 수 있는 길을 열어주셨다. 자녀들이 이 사실을 깨닫고, 감사하게 해달라고 기도하라.

50 하나님의 증거궤

복습 

1) 성막은 무엇인가?

— 이스라엘 백성이 가나안을 향해 가는 동안, 하나님이 그들과 함께하기 위해 거하셨던 장막.

2) 이스라엘 백성이라고 해서 아무나 다 성막에 들어갈 수 없었던 이유는 무엇인가?

— 이스라엘 백성은 죄가 있었기 때문에 제사장들을 통해서만 하나님 앞에 나갈 수 있었다. 제사장들은 백성들을 위해 희생제물로 드린 짐승의 피를 바쳐야 했다.

본문 읽기

출 25:10-22

1) 증거궤는 무엇으로 만들었는가?

— 그것은 나무로 만들어 순금을 입힌 상자였다.

2) 증거궤 안에 무엇을 넣었는가?

— 십계명을 기록한 두 개의 돌판을 넣었다.

3) 증거궤의 위에는 무엇이 있었는가?

— 속죄소로 불린 금판이 있었다. 그 금판에는 날개를 펼쳐 증거궤를 덮고 있는 ('그룹'으로 불리는) 두 명의 천사가 조각되어 있었다.

해설 

핵심 내용 : 하나님은 우리와 같은 죄인들이 피 없이는 그 앞에 나아갈 수 없는 거룩한 왕이시다.

건축가들은 집을 설계할 때 대개는 먼저 건물의 구조에 초점을 맞춰 밖에서부터 시작해서 안을 마무리하는 방식을 취한다. 그러나 하나님은 성막을 설계할 때 안에서부터 시작해서 밖을 마무리하는 방식을 취하셨다. 다시 말해, 그분의 설계는 성막의 가장 안쪽에 비치할 기구를 제작하는 데서부터 시작했다. 그것은 증거궤라고 불린 기구였다. 증거궤는 나무로 만든 상자였다. 이 상자는 금은보석이 가득 채워진 보물 상자와는 달리 두꺼운 금으로 겉을 감싼 형태였다.

하나님이 금박을 입힌 상자에서부터 성막의 상세한 제작법을 지시하기 시작하신 이유는 무엇일까? 그 이유는 증거궤 위가 곧 하나님이 앉으실 보좌였기 때문이다. 그분은 영광의 구름에서 상자 위에 있는 두 천사(그룹) 사이의 공간으로 내려오실 예정이었다. 두 천사는 고개를 들어 하나님을 올려다보는 형태가 아니라 증거궤 위를 덮고 있는 금판을 내려다보는 형태였다. 증거궤 안에는 하나님의 율법이 기록된 두 개의 돌판이 놓여 있었고, 금판은 그것들을 덮고 있었다. 이스라엘 백성은 돌판에 기록된 율법을 이미 어겼고, 또 앞으로도 계속해서 어길 것이었다. 이것이 돌판을 덮고 있는 금판, 곧 속죄소가 그토록 중요한 이유였다. 대제사장은 하나님의 명령에 따라(레 16장 참조) 일 년에 한 차례 그 위에 희생 제물의 피를 뿌렸다. 하나님은 보좌에서 이스라엘 백성이 어긴 율법이 아니라 그들이 어긴 율법을 덮고 있는 피를 보셨다.

여기에서 성막이 주는 가장 중요한 교훈이 발견된다. 죄인들은 은혜롭게 죄를 가려줄 희생 제물의 피가 없이는 천사들이 시립해 있는 하나님의 거룩한 보좌에 다가갈 수 없었다. 이것이 이스라엘 백성이 배워야 했던 가장 큰 교훈이었다. 오늘날, 우리도 이 큰 교훈을 꼭 명심해야 할 필요가 있다.

1) 하나님이 증거궤를 제작하는 데서부터 성막의 설계를 시작하신 이유는 무엇인가?

— 그 이유는 증거궤가 성막의 기구들 가운데서 가장 중요했을 뿐 아니라 성막에 관한 가장 중요한 교훈을 가르치기 때문이다. 하나님은 증거궤 위에서 자기 백성과 만나 그들의 죄를 덮어주실 것이었다.

2) 증거궤는 어떤 모양이었는가?

— 그것은 금박을 입힌 작은 나무 상자였다. 맨 위에는 두 명의

그룹을 조각한 금판이 덮여 있었고, 안에는 율법이 기록된 두 개의 돌판이 놓여 있었다.

3) 증거궤가 예수님을 가리키는 예표인 이유는 무엇인가?

— 증거궤 위에 뿌려진 피는 실제로 죄를 없앨 수 없다. 그것은 죄를 없앨 수 있는 유일한 피, 곧 예수님의 피를 예표한다. 예수님은 우리의 대제사장으로서 자기의 피를 흘려 하늘에 계시는 하나님 앞에 바치셨다. 그로 인해 우리의 죄가 가려지고, 하나님과 화목할 수 있는 길이 열렸다(히 9:11-14).

기도 

가족들이 오직 예수 그리스도의 피를 통해서만 죄인들이 하나님께 나아갈 수 있다는 진리를 깨닫게 해달라고 기도하라.

51 하나님의 상(床)

복습

1) 하나님은 성막 제작법을 지시하면서 무엇부터 시작하셨는가?

— 성막의 가장 중요한 기구인 증거궤에서부터 시작하셨다.

2) 증거궤가 그토록 중요했던 이유는 무엇인가?

— 증거궤 위는 하나님이 좌정하시는 보좌였고, 그곳에 이스라엘의 죄를 가려줄 피를 뿌렸기 때문이다.

본문 읽기

출 25:23-30

1) 상은 무엇으로 만들었는가?

— 증거궤처럼 단단한 나무로 만들어 금박을 입혔다.

2) 상은 어떻게 운반했는가?

— 증거궤처럼 채를 양쪽에 걸어 운반했다. 이 상은 거룩했기 때문에 일반적인 상처럼 운반해서는 안 되었다.

3) 상에는 무엇을 올려놓았는가?

— 진설병. 안식일마다 갓 구운 열두 개의 납작한 떡을 두 줄로 진설했다(레 24:5).

해설

핵심 내용 : 하나님은 자기 백성을 은혜롭게 보살피고, 자신의 상에 참여하도록 부르신다.

이스라엘의 왕이신 하나님은 지성소에서 그룹 사이에 좌정하셨다. 지성소 바로 바깥쪽에는 두꺼운 휘장에 의해 지성소와 분리된 성소가 있었다. 왕의 상은 그곳에 놓여 있었다. 이 상도 증거궤처럼 금박을 입힌 나무로 만들어졌다. 이 상이 특별했던 이유는 크기나 형태나 재료 때문이 아니었다. 이 상이 특별했던 이유는 그 위에 놓인 떡들 때문이었다. 안식일 아침 일찍 성전 뜰에 들어가면 갓 구운 떡 냄새가 바람에 실려 날아왔을 것이다. 그 시간에 제사장들은 열두 개의 납작한 떡을 들고 성막 안으로 들어가서 상 위에 여섯 개씩 두 줄로 진설했다(레 24:6). 그들은 메이플 시럽이 아닌 달콤한 냄새가 나는 유향을 떡에 부었다(레 24:7). 이것은 하나님의 떡이었다. 그 떡은 다음번 안식일이 돌아올 때까지 하나님 앞에 항상 놓여 있었다.

열두 개의 떡은 이스라엘의 열두 지파를 상징할 뿐 아니라 하나님이 그들을 은혜롭게 보살피신다는 것을 나타내는 의미를 지녔다. 하나님은 하늘에서 만나를 비처럼 내려 이스라엘 백성에게 일용할 양식을 공급하셨다. 떡을 진설한 상은 또한 자기 백성과의 교제를 원하시는 하나님의 마음을 나타내기도 한다. 우리는 상을 마주하고 다른 사람들과 교제를 나눈다. 제사장들은 안식일마다 상 위에 갓 구운 떡을 진설하고 나서는 앞서 진설한 떡을 먹는 특권을 누렸다. 그것은 참으로 황송하고도 감격스러운 경험이었다.

하나님은 레위 지파에서 제사장들을 선택했을 뿐 아니라 자기 백성이 모두 제사장이 되어 자신의 상에 참여하게 될 날을 예비해 두셨다. 예수님은 하나님이 우리에게 허락하신 떡, 곧 하늘에서 내린 참된 떡이시다(요 6:32-35). 우리는 믿음으로 예수님을 받아들임으로써 하나님의 임재를 즐거워하고, 하늘의 성막에서 그분과 함께 잔치를 즐길 날을 고대한다(계 19:9).

1) 성막에 비치된 상이 그토록 특별했던 이유는 무엇인가?

— 기름을 바른 납작한 떡 열두 개가 그 위에 놓여 있었기 때문이다. 이 떡들은 하나님이 이스라엘 열두 지파를 보살피고, 그들과의 교제를 원하신다는 것을 나타내는 역할을 했다.

2) 제사장들은 새로운 떡을 진설하고 나서 그 전에 진설한 떡을 어떻게 처리했는가?

— 그들은 하나님 앞에서 그것들을 먹었다. 하나님은 그들을 자기의 상에 초대해 자기 앞에서 자신의 특별한 떡을 먹게 하셨다.

3) 요한복음 6장 32-35절을 읽어 보라. 예수님은 성막에 진설된 떡의 의미를 어떻게 성취하셨는가?

— 예수님은 하늘의 성전에서 내려온 하나님의 특별한 떡이시다. 예수님은 제사장들만 먹었던 옛 언약의 떡과는 달리 모든

사람을 초청해 믿음으로 참된 떡인 자신을 먹고, 하나님과 교제를 나누게 하신다.

기도 

가족들이 생명의 떡이신 그리스도를 통해 하나님과 참된 교제를 나누게 해달라고 기도하라.

52 하나님의 등잔대

복습

1) 성막에 있는 두 개의 방을 각각 어떻게 일컬었는가?

— 성소와 지성소로 일컬었다.

2) 이 두 개의 방에는 어떤 기구들이 비치되었는가?

— 지성소에는 하나님의 증거궤가, 성소에는 하나님의 상이 각각 비치되었다.

본문 읽기

출 25:31-40

1) 등잔대는 무엇으로 만들었는가?

— 순금을 쳐서 만들었다.

2) 등잔대 위에는 몇 개의 등불이 있었는가?

— 중앙에 하나, 여섯 개의 가지 위에 각각 하나씩 모두 일곱 개였다.

3) 등잔대의 용도는 무엇이었는가?

— 등잔대는 성소를 비추는 기능을 했다. 제사장들은 등불이 하나님 앞에서 항상 타오르게 해야 했다(출 27:20, 21).

해설

핵심 내용 : 하나님은 자기 백성에게 생명을 주는 빛이시다.

성막은 천과 동물의 가죽을 이용해 일곱 겹으로 만든 장막이었다. 성막에는 창문도 없고, 전등도 없었다. 하나님이 빛을 제공하지 않으셨다면, 청명한 여름날에도 성막의 내부는 칠흑처럼 어두웠을 것이 분명하다. 성소에 있는 상의 맞은편에는 아름다운 등잔대가 있었다. 그것은 약 34킬로그램에 달하는 순금 덩어리로 제작되었다. 하나님은 등잔대를 살구나무 형태로 설계해 눈이 나와 꽃이 피고 열매가 무르익어가는 생명의 각 단계를 묘사하게 하셨다. 각 가지의 끝에는 심지가 달린 등잔들이 놓였다. 나무처럼 생긴 등잔대 위에는 모두 일곱 개의 등불이 켜졌다. 제사장들은 심지를 청소하고, 기름을 채우는 등, 하루에도 여러 번 이 등불들을 돌봐야 할 의무가 있었다(레 24:1-4). 성막이 존재하는 한, 하나님의 등잔대의 등불들이 꺼져서는 안 되었다.

생명력이 충만한 나무의 형태를 띤 등잔대는 이스라엘 백성에게 에덴동산의 생명 나무를 상기시켜주었을 것이다(창 2:9). 하나님은 생명을 주시는 분이다. 그 생명을 경험하지 않고서는 그 누구도 그분의 은혜로운 임재 앞에 나아갈 수 없다. 등잔대는 이스라엘 백성에게 하나님이 생명을 주는 빛이시라는 사실을 일깨워주는 상징물이었다. 빛이 이스라엘 열두 지파를 나타내는 열두 개의 떡에 비친다는 것은 하나님이 자기 백성에게 자신의 얼굴빛을 은혜롭게 비추신다는 것을 의미했다.

성막은 하나님이 거하시는 하늘의 집을 본뜬 것이었다(그곳은 에덴동산과 매우 흡사하다). 새 하늘과 새 땅에는 열매가 풍성한 생명 나무가 있다(계 22:2). 그리고 생명을 주는 하나님의 영광의 빛을 비추는 등불이 있는데, 그 등불은 다름 아닌 예수 그리스도이다(계 21:23). 그분은 참된 생명이요(요 11:25), 참된 빛이시다(요 9:5). 그분은 죄인들을 어둠에서 구원해 하나님의 아름다운 얼굴빛 안에서 영원히 살게 하신다.

1) 등잔대는 어떤 모양이었는가?

— 눈이 나와 꽃이 피고 열매가 무르익어가는 생명의 각 단계를 묘사한 살구나무 형태였다. 빛을 비추는 등불은 생명의 상징이었다.

2) 등잔대는 하나님에 관해 무엇을 가르치는가?

— 등잔대는 하나님이 우리의 생명이요 빛이시라는 진리를 가르친다. 하나님은 자신의 은혜로운 언약을 통해 자기 백성에게 얼굴빛을 비춰 생명을 주신다.

3) 요한계시록 21장 23절을 읽어 보라. 하늘의 성막을 비추는 등불은 누구인가?

— 죄인들을 위해 십자가에 못 박히신 하나님의 어린 양, 즉 예수님이시다. 예수님은 하늘의 등불이시다. 그분을 통해 생

명을 주는 하나님의 빛이 그분의 백성을 영원히 비춘다. 지금 이 순간에도 예수님은 복음의 설교를 통해 우리에게 빛을 비춰 생명을 주신다.

기도 

자녀들이 오직 예수 그리스도 안에서만 발견되는 영원한 생명과 빛을 알고, 구하게 해달라고 기도하라.

53 하나님의 분향단

복습

1) 제사장들은 깜깜한 성막 안에서 어떻게 볼 수 있었는가?

— 하나님이 성소를 밝히는 등잔대를 제공하셨다.

2) 등잔대는 하나님에 관해 무엇을 가르치는가?

— 그분이 우리의 생명이요 빛이시라는 사실을 가르친다.

본문 읽기

출 30:1-10

1) 분향단은 무엇으로 만들었는가?

— 성막의 다른 기구들처럼 분향단도 단단한 나무로 만들어 금박을 입혔다.

2) 분향단은 어디에 두었는가?

— 분향단은 성소에 비치된 세 번째 기구로 성소와 지성소를 나누는 두꺼운 휘장 앞에 두었다.

3) 제사장들은 분향단에 향을 몇 차례 태웠는가?

— 그들은 매일 아침과 저녁에 분향단에 향을 태웠다.

해설

핵심 내용 : 하나님의 백성이 드리는 기도는 향기로운 향처럼 그분의 보좌 위로 피어오른다.

삶은 온갖 냄새로 가득하다. 어떤 냄새는 오븐에서 갓 구워낸 초콜릿 과자나 신선한 라일락 꽃처럼 향기롭다. 성막 안에 들어가면 향긋한 떡과 불에 탄 양고기를 비롯해 다양한 냄새를 맡을 수 있었다. 그러나 거기에는 그 모든 냄새를 압도하는 또 하나의 향기로운 냄새가 있었다.

제사장들은 매일 아침과 저녁에 성소 안에서 등잔의 심지를 청소하고, 기름을 채우면서 금으로 만든 제단 위에 향을 태우곤 했다. 향은 다양한 향료를 섞어 만든 것으로 태우면 더할 나위 없이 향기로운 냄새를 풍겼다. 하나님께 드리는 향은 최상급의 재료로 만들어졌다(출 30:34-38). 그것을 불에 태우면 성막 안에 향기로운 냄새가 가득찼다.

분향단은 증거궤 앞에 놓여 있었고, 그 둘 사이를 가로막는 것은 두꺼운 휘장 하나뿐이었다. 제사장들은 속죄의 피를 뿌린 분향단을 통해 하나님께 기도를 드렸다. 기도는 향처럼 하나님의 보좌 위로 올라갔다(레 16:18, 19, 시 141:1, 계 8:3, 4). 그들은 휘장을 지나 지성소 안으로 들어갈 수 없었지만, 하나님은 그들이 분향단에서 자기에게 말할 수 있도록 배려하셨다. 양의 피로 정화된 그들의 기도는 향기로운 향처럼 하나님의 콧속으로 피어올랐다.

하나님은 자기 백성이 자신에게 기도하는 것을 좋아하신다. 이것이 그분이 옛 언약의 백성들에게 제사장과 속죄의 피와 제단을 제공하신 이유였다. 그러나 하나님은 자기 백성이 항상 자신에게 곧장 나올 수 있기를 바라셨다. 이것이 우리의 대제사장이신 예수님이 십자가에서 피를 흘리셨을 때 성전의 휘장이 위에서 아래로 두 쪽이 난 이유였다(마 27:51). 하나님의 백성은 누구나 예수님을 믿는 믿음을 통해 언제라도 그분의 보좌 앞에 가까이 나아가 향기로운 기도의 향불을 바칠 수 있다.

1) 지성소에 들어갈 수 없었던 제사장들은 매일 하나님께 어떻게 기도했는가?

— 그들은 분향단을 통해 기도했다. 제단에서 향기로운 연기가 피어오를 때 제사장들은 하나님 앞에 마음속에 있는 것을 쏟아내곤 했다(눅 1:8-13 참조).

2) 분향단에 매년 피를 발라야 했던 이유는 무엇인가?

— 피는 제사장과 이스라엘 백성들에게 그들의 기도조차도 죄로 오염된 탓에 속죄 제물의 피를 통해 깨끗해져야 할 필요가 있다는 사실을 일깨워주었다. 이는 우리의 기도도 마찬가지다.

3) 분향단은 예수님을 어떻게 예표하는가?

— 예수님은 십자가의 죽음을 통해 우리의 제단이 되셨다. 우리는 그분을 통해 하나님의 은혜의 보좌에 다가갈 수 있고, 그

분이 우리의 기도를 들으신다는 확신을 가질 수 있다(히 13:10). 그리스도를 믿는 믿음으로 기도할 때, 우리의 기도는 향기로운 향처럼 하늘로 올라간다.

기도 

우리의 가정이 그리스도를 통해 향기로운 기도가 항상 하나님께로 올라가는 기도의 집이 되게 해달라고 기도하라.

54 거룩한 직임을 위한 거룩한 예복

복습 

1) 성소에 비치된 세 가지 기구는 무엇인가?

— 순금으로 만든 상과 등잔대와 분향단.

2) 누가 성소에 들어갈 수 있었는가?

— 하나님이 정하신 때에 제사장들만 들어갈 수 있었다.

본문 읽기

출 28:1-5

1) 하나님은 누구를 성막에서 일할 최초의 제사장들로 세우셨는가?

— 그 특별한 직임을 맡은 사람들은 아론과 그의 아들들이었다.

2) 하나님은 대제사장 아론에게 어떤 예복을 입히셨는가?

— 하나님의 성막에서 거룩한 직임을 수행하는 데 적합한 거룩한 예복을 입히셨다.

3) 대제사장의 예복은 어떤 색깔들로 이루어졌는가?

— 흰색, 금색, 청색, 자색, 홍색. 성막을 만들 때 사용했던 색깔

들과 똑같았다. 이는 대제사장이 하나님의 성막에서 섬기도록 성별된 사람이었다는 것을 보여준다.

해설

> 핵심 내용 : 하나님은 제사장들을 세워 거룩하지 않은 백성들을 대신해 자신의 거룩한 처소에서 일하게 하셨다.

아무나 하나님의 성막에 들어가도록 허용되지 않았다. 바깥뜰과 성소를 나누는 두꺼운 휘장은 하나님의 제사장들만 통과할 수 있었다. 제사장들은 하나님의 상에 떡을 진설하고, 그분의 등잔에 기름을 채우고, 그분의 분향단에 향을 태웠다. 제사장들의 수장은 대제사장이었다. 오직 그만이 하나님이 좌정해 계신 증거궤 위 지성소에 들어갈 수 있었다.

제사장들은 모두 특별한 옷을 입었다. 그 가운데서도 대제사장의 옷은 더욱 특별했다. 그는 긴 흰옷 위에 금실로 장식한 청색 옷을 입었고, 그 위에 다시 아름다운 청색, 홍색, 자색 실로 만든 에봇으로 불리는 겉옷을 입었다. 그는 또한 머리에 '여호와께 성결'이라는 문구가 적힌 금패가 부착된 흰색 터번을 썼다. 대제사장은 이 특별한 예복을 통해 다른 백성들과 구별되었다. 그가 구별된 이유는 백성들을 대표하기 위해서였다. 그것이 에봇의 두 어깨받이에 이스라엘 열두 지파의 이름이 새겨진 두 개의 보석을 매단 이유였다(출

28:9-12). 대제사장은 백성들을 자기 어깨에 짊어지고 하나님 앞에 나가 그들의 죄를 속했고, 그들을 대표해서 기도했다.

한 가지 문제는 첫 번째 대제사장인 아론 자신조차도 죄인이었다는 것이다. 앞서 언급한 금송아지를 기억하는가(출 32장 참조)? 아론의 아들들과 손자들도 죄인이기는 마찬가지였다. 거룩하고, 아름다운 예복 아래에 불결하고, 추한 마음들이 감추어져 있었다. 이스라엘 백성은 거룩한 하나님 앞에서 그들을 대표해줄 거룩한 제사장이 필요했지만, 궁극적으로는 레위 지파 가운데 그에 적합한 제사장은 아무도 없었다. 그런 제사장은 오직 예수님뿐이었다. 그분은 아름다운 예복은 입지 않았지만, 온전히 거룩한 삶으로 옷을 입었기에 자기 백성을 대표할 자격이 충분했다. 예수님은 위대한 대제사장으로서 자기 백성을 넓고, 든든한 어깨 위에 매고, 거룩하신 하나님 앞으로 영원히 나아가신다.

1) 하나님이 제사장들에게 아름다운 예복을 입히신 이유는 무엇인가?

— 그들의 예복은 그들이 하나님이 정하신 특별한 직임을 수행하기 위해 거룩하게 구별된 사람들이라는 것을 나타내는 기능을 했다.

2) 대제사장의 에봇 어깨받이에 매단 두 개의 보석에는 무엇이 기록되었는가?

— 이스라엘 열두 지파의 이름이 기록되었다. 제사장들은 거

룩하신 하나님 앞에서 백성들을 대표하기 위해 따로 구별되었다.

3) 히브리서 7장 26-28절을 읽어 보라. 이 성경 구절은 예수님과 그분의 희생을 어떻게 묘사하는가?

— 예수님의 삶이 대제사장의 예복과 비슷한 방식으로 묘사되었다. 그분이 모든 죄인과 따로 거룩하게 구별되고, 지극한 아름다움을 지니시는 이유는 특별한 예복을 입어서가 아니라 하나님과 사람들을 온전히 사랑하시기 때문이다. 그분은 우리의 완전한 제사장으로서 자기를 완전한 제물로 드려 단번에 구원을 이루셨다. 따라서 죄를 속하기 위해 더 이상의 피를 흘려야 할 필요가 없게 되었다.

기도 

자녀들이 대제사장으로서 자기 백성을 대표하시는 그리스도를 온전히 신뢰할 수 있게 해달라고 기도하라.

55 하나님의 강림

복습

1) 누가 성막에서 섬기도록 허용되었는가?

— 하나님의 제사장들.

2) 누가 지성소에서 섬기도록 허용되었는가?

— 하나님의 대제사장.

본문 읽기

출 40:1-2, 34-38

1) 모세는 언제 성막을 세웠는가?

— 첫째 달 초하루에 세웠다. 하나님이 이스라엘 백성을 애굽의 노예 생활에서 구원하고 난 지 일 년이 지난 시점이었다.

2) 모세가 성막을 세운 직후에 어떤 일이 일어났는가?

— 하나님이 하늘에서 강림해 영광스러운 임재로 성막을 가득 채우셨다.

3) 이스라엘 백성이 장막을 거두고 앞으로 나아가야 할 때는 언제였는가?

— 하나님의 영광이 성막 위로 떠올라 그들을 인도할 때만 앞

으로 나아가야 했다.

해설

> **핵심 내용 :** 하나님이 자기 백성 가운데 임재하시는 것이 언약의 가장 중요한 목적이었다.

하나님은 성막 제작에 관해 상세한 지침을 하달하셨다. 그분은 성막을 제작하는 데 필요한 귀한 보석들과 뛰어난 장인들을 제공했고, 그 안에서 섬길 제사장들을 세우셨다. 이제 성막의 구성 요소들이 모두 제작되고, 제사장의 예복이 완성되자 성막을 최종적으로 세워야 할 때가 이르렀다. 하나님이 이스라엘 백성을 애굽에서 구원하신 지 일 년이 지났다. 이스라엘 백성의 한가운데에 성막을 세우는 것이야말로 그들이 구원받은 가장 큰 목적이었다. 하나님이 그들을 구원하신 이유는 그들을 사랑하시는 언약의 결속으로 그들과 함께 거하는 것이었다.

모세는 성막을 세우고, 거룩한 기구들을 조심스럽게 그 안에 들여놓고서 관유를 발랐다. 그는 하나님이 지시하신 대로 정확하게 모든 것을 준행했다. 그러나 모세가 할 수 없었던 일이 한 가지 있었다. 그는 성막을 하나님의 영광으로 채울 수 없었다. 하나님이 임하지 않으시면 성막은 왕이 없는 도성과 같다. 성막은 귀한 재료들로 제작되었지만, 영광의 왕이신 하나님이 그 안에 거하셔야만 진정으로 영광스러워진다. 하나님은 놀라운 위엄을 갖추고 성막에 임하셨다. 그 누구도, 심지어는 모세조차도 감히 안으로 들어갈 수가 없을 정도였다.

성막은 임시방편이었다. 이스라엘 백성이 광야 생활을 할 때는 이동 가능한 성막이 적절했지만, 그들이 가나안에 정착한 이후에는 성전이 성막을 대체했다. 하나님은 그때도 자신의 영광으로 성전을 가득 채우셨다(왕상 8:10, 11). 그러나 성전도 임시방편이기는 마찬가지였다. 그것은 우리 가운데 거하기 위해 오실 하나님의 아들을 맞이할 준비를 갖추게 하는 역할을 했다(요 1:14). 그리스도께서는 우리의 성막이시다. 그분은 우리의 대제사장이자 우리의 죄를 위한 속죄 제물이시다. 하나님은 예수님의 죽음과 부활을 통해 우리와 같은 죄인들이 하나님의 성전이 될 수 있는 길을 여셨다. 이것이 신약성경이 교회를 하나님의 성전으로 말씀하는 이유다(엡 2:18-22). 우리는 그리스도를 믿는 믿음을 통해 하나님의 영광스러운 임재를 누릴 수 있고(마 28:20), 새 하늘과 새 땅에서 그분 안에 영원히 거할 것이라는 희망을 품을 수 있다(계 21, 22장). 이것이 곧 구원의 의미다. 구원이란 하나님이 자기 백성 가운데 은혜롭게 거하시는 것을 의미한다.

1) 출애굽기가 하나님의 영광이 성막에 가득 임하는 내용으로 끝을 맺는 이유는 무엇인가?

— 하나님이 자기 백성 가운데 임하시는 것이 출애굽의 가장

큰 목적이자 핵심이기 때문이다.

2) 하나님은 성막이 영원히 존재하도록 계획하셨는가?

— 그렇지 않다. 성막은 성전으로 대체될 일시적인 장치였다. 심지어는 성전조차도 일시적인 장치이기는 마찬가지였다. 성전은 그리스도와 그분의 교회를 가리키는 예표였다.

3) 예수님은 성막의 의미를 어떻게 성취하셨는가?

— 하나님이 성막을 통해 이스라엘 백성 가운데 거하셨던 것처럼, 성자께서도 인간의 육신을 입고 우리 가운데 거하셨다. 우리는 성자 예수님과 그분의 속죄의 피를 믿는 믿음을 통해 지금은 물론, 앞으로도 영원히 하나님의 임재를 누릴 수 있다.

기도 

가족들이 그리스도를 통한 하나님의 영광스러운 사랑의 임재를 알고, 누릴 수 있게 해달라고 기도하라.

56 최초의 제사장 위임식

복습

1) 하나님은 누구에게 성막을 돌보고, 그 안에서 섬기는 일을 맡기셨는가?

— 아론의 가문에 속한 거룩한 제사장들에게 맡기셨다.

2) 무엇이 성막을 영광스럽게 만들었는가?

— 성막은 귀한 재료들이나 아름다운 구조가 아닌 그 안에 거하시는 하나님을 통해 영광스럽게 되었다.

본문 읽기

레 8:1-4, 22-24, 30

1) 하나님은 모세에게 누구를 성막으로 데려오라고 지시하셨는가?

— 아론과 그의 아들들을 성막으로 데려와서 백성들 앞에 세우라고 지시하셨다.

2) 하나님이 백성들을 소집하신 이유는 무엇인가?

— 아론과 그의 아들들을 특별한 위임 예배를 통해 거룩한 제사장들로 세우시기 위해서였다.

3) 아론의 오른쪽 귀와 엄지손가락과 엄지발가락에 무엇을 발랐는가?

— 아론을 성결하게 할 목적으로 속죄 제물의 피를 발랐다.

해설

핵심 내용 : 하나님의 제사장들은 그분의 거룩한 임재 앞에서 섬기는 사역을 수행하기 위해 물과 피와 기름으로 깨끗해져야 했다.

하나님이 초청하지 않으시면 아무도 감히 그분의 거룩한 거처에 들어갈 수 없었다. 그런 초청이 제사장으로 부름을 받은 아론과 그의 아들들에게 주어졌다. 죄인인 그들이 제사장의 사역을 수행하려면 먼저 깨끗하게 되어 기름 부음을 받아야 했다. 이것이 레위기 8장의 위임식이 필요한 이유였다. '위임'이란 하나님이 사람을 따로 구별해 특별한 방식으로 자기를 섬기게 하시는 것을 의미한다. 이 의식은 아론과 그의 아들들을 우쭐하게 만들어 스스로를 중요하게 여기게끔 하려는 것이 아니라 하나님의 거룩하심을 의식하고 겸손한 마음을 지니게 하려는 목적을 지녔다.

오늘날, 목회자들이 위임을 받아 하나님의 교회에서 섬기는 것처럼, 모세 당시의 제사장들도 위임을 받아 하나님의 성막에서 섬겼다. 모세는 이스라엘 회중 앞에서 깨끗한 물로 아론과 그의 아들들을 씻겼다(레 8:5-9). 그들은 깨끗해져야 했다. 모세가 그들을 대신해 희생 제사를 드린 이유도 그들을 깨끗하게 하기 위해서였다(레 8:14-29). 수송아지 한 마리와 숫양 두 마리가 제물로 바쳐졌다. 아론과 그의 아들들은 희생 제물들의 머리에 안수했다. 왜 그렇게 했을까? 그 이유는 그들을 대신해 죽을 짐승들에게 그들의 죄와 죄책을 전가하기 위해서였다. 죄에 대한 형벌은 죽음이었다. 두 번째 숫양의 피는 아론의 오른쪽 귀와 엄지손가락과 엄지발가락에 발라졌다. 왜 그렇게 했을까? 그 이유는 아론을 머리부터 발끝까지 피로 온전히 깨끗하게 하기 위해서였다. 거룩하지 않은 사람을 물과 피로 거룩하게 해야 했다. 그런 정결 의식 외에도 아론의 머리에 관유를 부어 그를 제사장으로 세우는 의식이 거행되었다(레 8:12). 관유는 성령을 상징했다. 제사장들은 성령의 기름 부음이 없이는 하나님의 성전에서 직무를 수행할 수 없었다. 피를 바르고, 기름을 붓는 아론의 위임식은 오직 거룩한 사람만이 거룩한 성전에서 거룩하신 왕을 섬길 수 있다는 것을 보여준다. 이스라엘 백성 가운데 거룩한 사람은 단 한 사람도 없었기 때문에 하나님은 기름 부음을 받고 거룩하게 될 수 있는 길을 열어주셨다.

1) 위임식에 물과 피가 사용된 것을 통해 무엇을 알 수 있는가?
— 우리와 같은 죄인들이 하나님을 섬기려면 죄를 깨끗하게 씻어야 한다는 것을 알 수 있다. 우리는 하나님이 은혜롭게 허락하신 대속자를 통해 깨끗하게 되어 거룩하신 하나님을 섬길 수 있다.

2) 위임식에 사용된 관유를 통해 무엇을 알 수 있는가?

— 하나님을 섬기려면 죄에서 깨끗해져야 할 뿐 아니라 성령의 은혜와 능력이 필요하다는 것을 알 수 있다.

3) 예수님은 우리의 대제사장이신데 그런 위임식을 거치지 않으신 이유는 무엇인가?

— 아론은 죄인이었지만 예수님은 죄가 없으셨다. 더욱이 그분은 '하나님의 기름 부음 받은 자'로서 한량없이 부어진 성령으로 충만하셨다. 예수님은 자신의 삶과 죽음 안에서 이 위임식을 성취하셨고, 우리가 정결함과 기름 부음을 받아 하나님의 전에서 섬길 수 있는 제사장이 될 수 있도록 길을 열어주셨다.

기도 

자녀들이 하나님의 거룩하심을 깨닫고 겸손해져 그리스도를 통해 주어진 정결함과 기름 부름을 구할 수 있게 해달라고 기도하라.

57 아론의 첫 예배

복습 

1) 모세가 백성들을 성막 앞에 불러 모은 이유는 무엇인가?

— 아론과 그의 아들들을 하나님을 섬기는 제사장으로 세우는 의식을 거행하기 위해서였다.

2) 모세가 아론에게 관유를 붓고, 그의 몸에 피를 바른 이유는 무엇인가?

— 죄인인 아론이 제사장의 사역을 수행하도록 그를 깨끗하게 하고, 기름을 붓기 위해서였다.

본문 읽기 

레 9:1-9, 22-24

1) 누가 하나님께 제물을 드렸는가?

— 대제사장 아론이 아들들의 도움을 받아 제물을 드렸다.

2) 아론은 희생 제물을 드리고 나서 무엇을 했는가?

— 그는 손을 들어 백성들에게 하나님의 축복을 선언했다. 우리는 이를 축도로 일컫는다.

3) 백성들이 소리를 지르며 땅에 엎드린 이유는 무엇인가?

— 하나님이 나타나 거룩한 영광을 드러내셨기 때문이다.

해설 

핵심 내용 : 공예배를 드릴 때 하나님은 자기 백성을 축복하시고, 그들은 감사함으로 그분을 찬양한다.

성막이 세워졌고, 제사장들이 임명되었다. 이제는 하나님의 백성이 함께 모여 예배를 드려야 할 차례였다. 이스라엘 백성이 첫 예배를 드리기 위해 성막 앞에 모였을 때, 그곳은 온통 설렘과 흥분으로 가득했을 것이 틀림없다. 하나님은 그들에게 임해 자신의 영광을 드러내겠다고 약속하셨다. 거듭 말한 대로, 죄인인 인간이 하나님 앞에 나아갈 수 있는 길은 단 하나, 피의 희생을 드리는 것뿐이었다.

하나님이 죄가 있는 백성들이 드리는 예배를 받으시려면 무죄한 동물들이 피를 흘려야 했다. 그것은 지저분하고, 악취가 나는 의식이었다. 그 의식이 어떠했을지 상상해 보려면 동물들을 죽여 포장하는 도축장을 찾아가 보라. 제사장과 백성들은 소와 염소의 피를 통해 하나님 앞에 나갈 자격을 갖추었다. 그들은 그것을 통해 깨끗해져 기도와 찬양을 드릴 수 있었다. 이번 주일에 공예배를 드리기 위해 하나님의 백성과 한자리에 모였을 때는 그런 피의 의식을 치르지 않아도 된다. 그러나 오늘날에도 하나님을 기쁘시게 하는 예배를 드리려면 여전히 피가 필요하다. 우리가 이스라엘 백성과는 달리 희생 제물을 드리지 않는 이유는 예수님이 우리를 대신해 자신을 단번에 희생 제물로 드리셨기 때문이다. 목회자와 신자들이 하나님 앞에 나와 예배를 드릴 수 있는 이유는 그분의 피가 그들을 깨끗하게 해주기 때문이다.

하나님은 아론을 통해 축복을 선언하셨다. 그것은 오늘날 목회자를 통해 축복의 기도를 드리게 하는 것과 비슷했다. 아론은 하나님이 권능과 위엄을 드러내시자 축복을 선언하지 않을 수 없었다. 하나님의 영광을 보고, 그분의 축복을 받은 백성들은 엎드려 절하며 찬양으로 화답했다. 예배란 바로 이런 것이다. 하나님이 말씀과 성령을 통해 우리를 축복하시면, 우리는 찬양과 경배의 기도로 그분의 거룩한 이름을 찬양한다. 첫 예배는 그렇게 이루어졌고, 하나님의 백성은 그 후부터 줄곧 그런 식으로 공예배를 드렸다.

1) 공예배에 피가 필요한 이유는 무엇인가?

— 하나님을 예배할 때 피가 항상 필요한 이유는 우리가 죄인이기 때문이다. 우리의 죄는 죽음의 형벌을 받아야 마땅하다. 만일 우리가 하나님 앞에서 목숨을 보전하려면, 무죄한 대리자가 죽음의 형벌을 대신 받아야 한다.

2) 예배를 드릴 때 하나님이 우리를 축복하시는가, 우리가 그분을 축복하는가?

— 둘 다다. 예배는 양방향의 소통으로 이루어진다. 하나님이 우리를 축복하시면 우리는 찬양으로 화답한다. 우리를 향한 하

나님의 축복은 항상 은혜롭다(우리는 그것을 받을 자격이 없다). 그러나 하나님을 향한 우리의 찬양은 항상 그분이 마땅히 받으셔야 할 찬양에 미치지 못한다.

3) 하나님을 예배할 때 겸손해야 하는 이유는 무엇인가?

— 그 이유는 하나님은 위대하시고, 우리는 그렇지 않기 때문이다. 이스라엘 백성이 예배를 드릴 때 낮게 엎드린 이유는 하나님의 영광을 보았기 때문이다. 우리는 실제로 바닥에 엎드리지는 않지만, 거룩하신 하나님 앞에 나갈 때는 항상 겸손한 마음을 지녀야 한다.

기도 

가족들이 공예배를 소중하게 여기고, 겸손하고, 기쁜 마음으로 그리스도를 통해 예배에 참여할 수 있게 해달라고 기도하라.

58 다른 불

복습

1) 피가 있어야만 하나님이 기뻐 받으시는 예배를 드릴 수 있는 이유는 무엇인가?

— 그 이유는 우리가 죄인이기 때문이다. 우리의 죄는 죽음의 형벌을 받아야 마땅하다.

2) 공예배를 드릴 때, 하나님은 어떻게 우리를 축복하시는가?

— 하나님은 그분의 은혜로 목회자들을 통해 말씀하신다.

본문 읽기

레 10:1-3

1) 나답과 아비후는 누구인가?

— 아론의 아들들이었다. 그들은 하나님의 성막에서 일하는 제사장들이었다.

2) 그들은 무슨 잘못을 저질렀는가?

— 그들은 성막에서 하나님이 명령하지 않으신 불로 분향했다. 하나님은 그들의 분향을 '다른 불,' 즉 '승인되지 않은 불'로 일컬으셨다.

3) 하나님은 잘못을 저지른 나답과 아비후를 어떻게 처리하셨는가?

— 분노의 불로 그들을 태워버리셨다.

해설

핵심 내용 : 우리는 우리가 원하는 방식대로 하나님 앞에 나아갈 수 없다.

성막은 하나님의 지시대로 정확하게 제작되어 세워졌다. 제사장들도 하나님의 지시대로 정확하게 예복을 입고, 정식으로 임명되었고, 첫 예배도 그분의 지시대로 정확하게 거행되었다. 하나님은 자신에 대한 예배를 이스라엘 백성들의 상상이나 계획에 맡겨두지 않으셨다. 모세와 아론은 모든 것이 하나님이 계시하신 대로 정확하게 이루어지게 하려고 극도로 조심했다. 그러나 아론의 아들 나답과 아비후는 주의를 기울이지 않았다. 그들은 하나님의 예배를 제멋대로 생각해 그분이 제공하거나 사용하라고 허락하지 않으신 불로 분향했다. 그들은 그분이 지시하신 방식과 다른 방식으로 하나님 앞에 나아갔다.

나답과 아비후는 축복을 받을 생각으로 하나님 앞에 나아갔지만, 오히려 그분의 저주를 받고 말았다. 그들이 하나님의 성막에서 분향할 때 그분은 진노의 불로 그들을 태워버리셨다. 첫 예배를 드릴 때 하나님의 불이 희생 제물을 불태운 것처럼(레 9:24), 제사장이었던 그들도 거룩한 불에 산 채로 살라지고 말았다. 그들은 하나님을 공경하지 않았고, 대담하게도 자신들의 방식으로 하나님 앞에 나아갔다.

하나님이 다른 불로 분향한 죄를 물어 그들을 산 채로 불태우신 이유는 무엇일까? 너무 가혹하게 느껴질지 몰라도 그들은 그런 형벌을 받아 마땅했다. 하나님은 거룩하시다. 공경하는 태도 없이 경솔하게 하나님 앞에 나아가서는 안 된다. 나답과 아비후는 응분의 심판을 받았다. 하나님 앞에서 죽은 자들은 그들이 다가 아니었다 (삼하 6:1-7, 행 5:1-11 참조). 하나님은 소멸하는 불이시다. 하나님 앞에 나갈 때는 주의를 기울여 경외심을 가지고 그분이 계시하신 방식을 따라야 한다.

아론의 아들들이 죽게 된 이유는 우리보다 더 큰 죄를 지었기 때문이 아니라 우리와 매우 닮았기 때문이었다. 하나님의 거룩하심을 기억하고, 거기에 합당한 태도를 보여야 마땅한데도 경솔하게 하나님 앞에 나아가는 경우가 그 얼마나 많은가? 그들은 죄에 대한 응분의 심판을 받았지만, 하나님은 그리스도 안에서 우리에게 은혜를 소낙비처럼 내려주신다. 그런 은혜가 주어진다고 해서 불경하고, 경솔한 태도로 예배를 드려서는 안 되고, 오히려 더욱 힘써 그분의 말씀에 따라 그분을 경외하며 영화롭게 하려고 노력해야 한다.

1) 나답과 아비후의 분향은 무슨 문제가 있었는가?

— 그들은 하나님이 명령하지 않으신 불로 분향했다. 그들은

하나님의 거룩하심과 주권을 옳게 이해하지 못했기 때문에 그렇게 해도 괜찮을 것으로 착각했다.

2) 하나님이 그들을 죽이신 것은 지나치게 가혹한 처사였을까?
— 그렇지 않다. 하나님은 그들이 마땅히 받아야 할 형벌을 베푸셨을 뿐이다. 그들이 다른 불을 사용한 것은 두 번째 계명을 어기는 행위였다. 하나님의 율법을 어기는 자는 죽음의 형벌을 받아야 마땅하다. 나답과 아비후는 응분의 심판을 받았다.

3) 히브리서 12장 28, 29절을 읽어 보라. 하나님은 소멸하는 불이시다. 그렇다면 오늘날 우리는 어떤 태도로 그분을 예배해야 할까?
— 하나님이 인정하시는 방식으로(즉 그리스도를 믿는 믿음과 공경심으로)만 예배해야 한다.

기도 

자녀들이 하나님을 공경하고, 그분이 정한 방식으로 그분의 이름에 합당한 영광을 돌리게 해달라고 기도하라.

59 지성소로의 초청

복습

1) 나답과 아비후는 누구인가?

— 제사장으로서 하나님을 섬겼던 아론의 두 아들이었다.

2) 그들에게 어떤 일이 일어났는가?

— 그들은 하나님을 그릇 예배한 죄로 진노의 불에 살라졌다.

본문 읽기

레 16:11-22

1) 아론은 이 특별한 날에 무엇을 희생 제물로 바쳤는가?

— 그는 자신의 죄와 백성의 죄를 속하기 위해 수송아지 한 마리와 염소 한 마리를 제물로 바쳤다.

2) 아론은 희생 제물의 피를 어디로 가져갔는가?

— 하나님이 거하시는 지성소로 가져갔다.

3) 희생 제물로 바치지 않은 또 한 마리의 염소는 어떻게 되었는가?

— 이스라엘 백성의 모든 죄를 짊어진 채 광야로 보내졌다.

해설

핵심 내용 : 그리스도께서 십자가에서 자기 백성의 죄를 짊어지신 덕분에 그들은 담대하게 하나님 앞에 나갈 수 있게 되었다.

나답과 아비후의 죽음은 이스라엘 백성의 마음속에 큰 두려움을 불러일으켰다. 하나님은 거룩하시다. 그분의 보좌가 있는 방은 경솔하게 드나들어서는 안 되었다. 사실, 일 년에 한 번, 오직 한 사람만이 그곳에 들어갈 수 있었다. 대제사장은 속죄일에 휘장을 지나 지성소로 들어가도록 초청되었다. 어떻게 아론과 같은 죄인이 죽지 않고 하나님 앞에 나아갈 수 있었을까? 그것은 그의 죄를 제거한 후에야 비로소 가능했다. 그것이 속죄일에 여러 가지 요소가 포함된 긴 예배 의식이 필요했던 이유였다. 하나님은 죄인들이 자기에게 나올 수 있는 길을 열어주셨다.

아론은 그 거룩한 날에 수송아지 한 마리를 드려 자기의 죄를 속하고, 염소 한 마리를 드려 백성의 죄를 속해야 했다. 그러나 짐승들을 죽여 제물로 바치기 전에 먼저 죄를 고백해야 했다. 다시 말해, 거짓말, 도적질, 음행, 우상 숭배, 탐심과 같은 백성들이 저지른 모든 죄를 짐승들에 전가하고 나서 그 피를 속죄소에 뿌려 죄를 속량해야 했다.

하나님은 죽지 않고 자기 앞에 나오려면 무엇이 필요한지를 이스라엘 백성에게 확실하게 일깨워주셨다. 그들은 자신들을 대신해 죽음으로써 죄책을 없애줄 대리자가 필요했다. 그것이 두 번째 염소를 죽이지 않은 이유였다. 두 번째 염소는 이스라엘 백성의 죄를 전가 받고 광야로 보내졌다. 그것은 곧 "대리자의 피를 통해 너희의 죄가 멀리 제거되어야만 나에게 가까이 나아올 수 있다."라는 의미였다.

하나님은 예수님을 위해 자기 백성을 준비시키셨다. 예수님은 십자가에서 자기 백성의 죄를 짊어짐으로써 죄인들이 단지 일 년에 한 번이 아니라, 때와 장소를 불문하고 원할 때마다 하나님의 보좌 앞에 나올 수 있는 길을 열어주셨다. 믿음으로 우리의 죄를 고백하고, 예수님의 희생을 의지하면 하나님은 마치 우리가 죄를 전혀 짓지 않은 것처럼 여기신다. 우리의 죄는 영원히 사라졌고, 우리는 담대하게 거룩하신 하나님 앞에 나아갈 수 있게 되었다.

1) 아무나 지성소에 들어갈 수 있었는가?

— 오직 대제사장과 일 년에 한 번, 속죄일에 지성소에 들어갈 수 있었다.

2) 대제사장이 거룩하신 하나님 앞에 나아가려면 무엇이 필요했는가?

— 대제사장이 휘장을 지나려면 (하나님을 직접 보지 않도록 그의 눈을 보호해줄) 분향의 연기와 죄를 속하는 피가 필요했다.

3) 속죄일은 우리에게 무엇을 가르치는가?

— 속죄일은 죄의 고백과 하나님이 제공하신 대리자(예수 그리

스도)를 통해서만 거룩하신 그분 앞에 나아갈 수 있다고 가르친다. 예수님은 우리의 속죄 제물이시다. 오직 그분만이 우리의 죄를 없애 하나님과 함께 거할 수 있게 하신다.

기도 

자녀들이 자신의 죄를 깨닫고, 그 죄를 짊어지기 위해 십자가에 못 박히신 그리스도의 필요성을 절감할 수 있게 해달라고 기도하라.

3부
광야의 방랑 생활

민수기 1-36장

60 징집을 위한 인구 계수

복습

1) 어느 날에만 대제사장이 지성소에 들어갈 수 있었는가?

— 속죄일.

2) 대제사장이 지성소에서 하나님께 나가려면 어떻게 해야 했는가?

— 먼저 속죄 제물의 피로 자기와 백성들의 죄를 씻어내야 했다.

본문 읽기

민 1:1-3, 47-54

1) 하나님은 모세에게 무엇을 명하셨는가?

— 이스라엘 백성의 인구수를 계수하라고 명하셨다.

2) 인구 계수의 대상은 누구였는가?

— 20세 이상의 모든 이스라엘 남자.

3) 어떤 지파가 인구 계수에서 제외되었는가?

— 레위 지파.

해설

핵심 내용 : 이스라엘 백성은 인구수가 많은 것을 보고, 정복 전쟁을 시작하기에 앞서 하나님을 믿는 믿음이 크게 고무되었다.

본문의 책이 민수기로 일컬어지는 이유는 인구를 계수한 내용이 다섯 장에 걸쳐 상세하게 기록되어 있기 때문이다(1-4, 26장). 인구 계수는 백성들의 숫자를 계수한 목록이다. 오늘날에도 대다수 나라가 징집이나 세금 징수를 목적으로 인구 계수를 실시한다. 본문의 인구 계수도 그런 실질적인 목적을 위해 이루어졌다. 가나안 정복 전쟁을 시작하기 전에 얼마나 많은 사람이 싸움에 나갈 수 있는지를 파악하는 일은 매우 중요했다. 그러나 당시의 인구 계수를 단순히 실질적인 필요성을 충족하기 위한 것으로만 간주한다면 중요한 요점을 놓칠 수밖에 없다.

하나님이 인구 계수를 명하신 가장 중요한 이유는 곧 가나안 정복 전쟁을 시작하게 될 자기 백성의 믿음을 강화하기 위해서였다. 그렇다면 길게 나열된 숫자와 이름들이 어떻게 그런 효력을 발휘할 수 있었을까? 본문에 기록된 많은 숫자는 하나님의 신실하심을 보여준다. 첫째, 인구 계수는 하나님이 큰 민족을 만들겠다는 약속을 신실하게 지키셨다는 것을 보여주는 확실한 증거였다. 아브라함에게 자식이 없을 때 하나님이 그에게 하신 약속을 기억하는가? 하나님은 그에게 셀 수조차 없이 많은 자손을 허락하겠다고 약속하셨다(창 15:5). 아브라함의 자손은 거의 2백만 명까지 불어났다(부녀자와 아이들을 제외한 성인 남성만 해도 60만 명이 넘었다). 하나님은 인구 계수를 통해 "이 많은 숫자가 나의 신실함을 여실히 보여준다."라고 말씀하신 셈이었다.

둘째, 인구 계수는 하나님이 큰 땅을 허락하겠다는 약속을 신실하게 지키셨다는 것을 보여주는 확실한 증거였다. 하나님은 아브라함의 자손을 큰 민족으로 만드는 것은 물론, 그들에게 가나안 땅을 허락하겠다고 약속하셨다(창 15:7). 가나안에는 위험한 민족들이 많이 살고 있었다. 그러나 하나님은 많은 숫자의 인구 계수를 통해 그곳을 능히 정복할 수 있는 군대를 제공했다는 것을 보여주셨다. 이스라엘 백성은 계수된 인구수를 무관심하게 여기지 않았을 것이 틀림없다. 그들은 언약을 지키시는 하나님이 자기들을 위해 싸움으로써 약속을 이루어주실 것이라고 확신했을 것이다.

1) 성경의 네 번째 책이 민수기로 불리는 이유는 무엇인가?
— 백성들의 숫자와 이름을 나열한 목록이 다섯 장에 걸쳐 기록되어 있기 때문이다.
2) 인구 계수의 실질적인 목적과 영적인 목적은 무엇인가?
— 실질적인 목적은 가나안 정복 전쟁에 참여할 수 있는 이스라엘 남성들의 숫자를 파악하는 것이었고, 영적인 목적은 하나님의 신실하심을 상기시켜 이스라엘 백성의 믿음을 강화하는 것이었다.

3) 하나님이 인구 계수의 내용을 성경에 기록하게 하신 이유는 무엇인가?

— 하나님의 신실하심을 보여주기 위해서다. 우리는 인구 계수나 족보를 읽는 것을 지루하게 여기지만, 그것들은 하나님이 자기 백성을 축복하고, 약속을 지키셨다는 것을 보여주는 증거다. 하나님이 그것들을 성경에 기록하게 하신 이유는 우리의 믿음을 굳세게 하기 위해서다.

기도 

가족들이 이스라엘을 향한 하나님의 신실하심을 보고서 그분과 그분의 말씀을 믿는 믿음을 갖게 해달라고 기도하라.

61 제사장들의 인구 계수

복습 

1) 인구 계수란 무엇인가?

—— 국민의 숫자를 세는 것.

2) 하나님이 이스라엘 백성에게 인구 계수를 명하신 이유는 무엇인가?

—— 가나안 정복 전쟁을 시작하기에 앞서 자신의 신실함을 상기시켜주시기 위해서였다.

본문 읽기

민 3:1-10

1) 누가 제사장의 신분으로 성막에서 하나님을 섬길 수 있었는가?

—— 아론과 그의 아들들, 그 외의 사람들이 성막에 들어가면 죽임을 당했다.

2) 하나님은 어떤 지파를 선택해 아론의 가문을 도와 성막을 보살피게 하셨는가?

—— 레위인들로 불렸던 레위 지파.

3) 레위인들은 성막을 어떻게 보살폈는가?

— 성막을 세웠을 때는 경비를 섰고, 철거했을 때는 운반을 했다.

해설

핵심 내용 : 이스라엘의 제사장들은 정복 전쟁을 수행할 때 하나님이 자기 백성과 함께하실 것이라고 확신했다.

이스라엘 백성이 가나안 땅을 성공적으로 정복하려면, 강한 군대 이상의 것이 필요했다. 구체적으로 말해, 하나님이 그들 가운데 거하며 그들을 위해 싸우셔야 했다. 그러나 하나님이 계속해서 자기 백성과 함께하시려면 성막을 잘 보살펴야 했다. 아론과 그의 아들들은 하나님을 섬기는 제사장으로 임명되었다. 그러나 성막을 보호하고, 유지하는 것은 아론의 가문 혼자서 감당하기에는 너무 벅찬 일이었다. 이것이 하나님이 레위 지파를 성막의 일꾼으로 따로 세우신 이유였다(성막 일꾼의 숫자는 22,000명이었다).

성막은 이스라엘의 광야 생활에 적합하게 제작된 이동용 성전이었다. 레위인들은 이동할 때마다 성막을 해체해 운반하는 책임을 맡았다. 고핫 자손들은 성막의 가구들을 운반했고, 게르손 자손들은 성막의 휘장들을 운반했으며, 므라리 자손들은 성막의 틀과 기단을 운반했다. 광야의 뜨거운 햇볕 아래에서 여러 날 동안 무거운 장대와 직물을 운반하는 일을 상상해 보라. 그것은 결코 쉬운 일이 아니었다. 그러나 하나님의 거처를 보살피는 것은 참으로 큰 특권이 아닐 수 없었다.

이스라엘 백성이 새로운 목적지에 도착할 때마다 레위인들은 성막을 세우고 나서 그것을 중심으로 장방형의 진영을 구축했다. 아론의 가문은 (성막으로 들어가는 입구가 있는) 동쪽에, 고핫 자손은 남쪽에, 게르손 자손은 서쪽에, 므라리 자손은 북쪽에 각각 장막을 쳤다. 왜 그랬을까? 그 이유는 거룩하지 않은 침입자들로부터 성막을 보호하기 위해서였다. 아론의 아들 나답과 아비후를 통해 성막에서 하나님이 허락하지 않은 불을 드리면 죽임을 당할 수밖에 없다는 사실이 분명하게 드러났다. 하나님이 허락하지 않으신 사람이 성막을 출입할 때도 그러기는 마찬가지였다. 레위인들은 성막을 지키는 자들로서 하나님의 허락 없이 성막을 출입하는 사람은 누구든 죽여 없애야 했다.

민수기 3, 4장에 기록된 레위 지파의 인구 계수는 하나님이 군사적인 필요는 물론, 종교적인 필요까지 모두 채워주신다는 사실을 이스라엘 백성에게 일깨워주었다. 하나님은 자기 백성이 가나안을 향해 나아갈 때 그들과 함께하기를 원하셨다. 하나님이 그들을 위하시면, 누가 감히 그들을 대적할 수 있겠는가?

1) 레위인들이 민수기 1장에 기록된 인구 계수에 포함되지 않았던 이유는 무엇인가?

— 하나님은 레위인들을 성막 일꾼으로 선택하셨다. 그것은

온전한 헌신과 노동을 요구하는 거룩한 직무였다.

2) 레위인들의 책무는 무엇이었는가?

— 그들은 이스라엘 백성이 진영을 갖추었을 때는 성막을 보호했고, 다른 곳으로 이동할 때는 그것을 운반했다.

3) 레위인들이 제사장 외에 다른 사람이 성막에 들어가려고 할 때 누구든 죽여야 했다. 그 이유는 무엇인가?

— 그 이유는 하나님이 거룩한 분이시기 때문이다. 따로 구별되어 깨끗함과 기름 부음을 받지 않으면 하나님 앞에 나아갈 수 없다. 예수님이 죄인들을 대신해 죽으셨기 때문에 누구든 그분을 믿으면 죽음을 두려워하지 않고서 하나님 앞에 나아갈 수 있다. 하나님의 백성은 누구나 하늘의 가나안을 향해 가는 동안 그리스도를 통해 하나님의 전에서 섬길 수 있는 제사장이 된다.

기도 

자녀들이 그리스도와 그분의 희생을 통해 거룩한 제사장이 되어 하나님을 섬길 수 있게 해달라고 기도하라.

62 참된 축복

복습

1) 민수기에 기록된 두 차례의 인구 계수는 무엇을 위한 것이었는가?

— 하나는 군사적인 목적을 띤 것이었고, 다른 하나는 종교적인 목적을 띤 것이었다.

2) 이 두 차례의 인구 계수는 가나안 정복 전쟁을 시작하려는 이스라엘 백성을 어떻게 고무했는가?

— 그것들은 하나님이 신실하실 뿐 아니라 그들과 함께하신다는 사실을 일깨워줌으로써 그들을 고무했다.

본문 읽기

민 6:22-27

1) 누가 이스라엘 백성을 축복했는가?

— 아론과 그의 아들들이 백성들에게 축복을 선언했다. 그러나 축복은 그들로부터 비롯하지 않았다. 하나님의 백성에게 복을 내리시는 분은 바로 하나님이시다.

2) 하나님은 이스라엘 백성을 어떻게 축복하셨는가?

— 사랑에서 비롯하는 보호와 임재를 통해 축복하셨다.

3) 이스라엘 백성을 향한 축복은 누구의 이름으로 선언되었는가?

— 하나님의 이름으로 선언되었다.

해설 

핵심 내용 : 참된 축복은 예수 그리스도를 통해 하나님과 사랑의 관계를 맺을 때 주어진다.

무엇이 우리를 축복받은 사람으로 만드는가? 세상 사람들은 최신식 장난감이나 큰 상을 받으면 축복받았다고 말한다. 그들은 또한 몸이 건강하고, 먹을 음식이 넉넉하고, 함께 어울릴 친구가 많으면 축복받았다고 말한다. 물론, 그런 것들도 축복인 것은 틀림없다. 그러나 그런 것들을 모두 소유하고서도 축복받지 못한 사람이 되는 것이 얼마든지 가능하다. 왜냐하면 참된 축복은 무엇을 소유했느냐가 아닌 누구를 소유했느냐를 통해 결정되기 때문이다. 참된 축복은 육체적인 힘이나 좋은 성적이나 높은 인기가 아닌 하나님과의 사랑의 관계를 맺는 데서 비롯한다.

하나님은 제사장들에게 예배를 마칠 때는 백성들에게 축복을 선언하라고 지시하셨다(레 9:22). 그러나 백성들을 축복하는 장본인은 아론이 아니었다. 복을 내리시는 분은 바로 하나님이셨다. 하나님은 자기 백성에게 물건이 아닌 자기 자신을 주신다. 그분은 거룩한 기쁨을 발하는 얼굴을 자기의 귀한 소유인 백성에게로 향하신다. 기쁨의 빛으로 얼굴이 빛나는 사람을 본 적이 있는가? 오랜 출장을 마치고 집에 돌아온 아버지를 생각해 보라. 그는 문간에 들어서는 순간에 딸아이를 보고서, 사랑과 기쁨이 가득한 얼굴로 번쩍 안아 올린다. 이것이 본문에 묘사된 상황이다. 하나님의 얼굴은 자기 백성을 향한 기쁨과 사랑으로 환하게 빛난다.

사실, 우리는 하나님의 축복이 아닌 저주를 받아야 마땅하다. 이스라엘 백성도 마찬가지였다. 그것이 하나님의 제사장이 죄를 속하는 희생 제물을 드리고 나서 그들에게 축복을 선언했던 이유다. 하나님이 자기 백성에게로 얼굴을 향하고, 축복과 은혜와 평강을 주시는 이유는 예수님이 십자가에서 죄로 인한 저주를 대신 당하셨기 때문이다. 예수님이 희생 제물처럼 저주를 받으신 덕분에 우리는 그분 안에서 축복을 받을 수 있게 되었다. 우리가 하나님과 사랑의 관계를 맺고, 그분의 이름을 영원히 소유하게 된 것도 예수님이 우리 대신 저주를 받으셨기 때문이다.

1) 축복은 무엇을 소유했느냐가 아닌 누구를 소유했느냐와 더 큰 관계가 있다. 그 이유는 무엇인가?

— 참된 축복이 하나님을 우리의 하나님으로 소유하는 데서 비롯하기 때문이다.

2) 하나님은 언제 자기 백성을 축복하시는가?

— 옛 언약 아래에서는 제사장들이 공예배 가운데 손을 쳐들

고 하나님의 축복을 선언했고, 새 언약 아래에서는 목회자들이 공예배 가운데 손을 쳐들고 하나님의 축복을 선언한다. 하나님은 자기 백성을 항상 축복하지만, 특별히 그들이 안식일에 함께 모여 예배를 드릴 때 자기의 얼굴빛을 그들에게 비추신다.

3) 어떻게 하나님은 우리와 같은 죄인들을 축복하실 수 있을까?
— 하나님은 죄인들의 죄와 저주를 대신 짊어질 대리자를 세워 그들을 축복하신다. 하나님은 예수님과 그분의 십자가를 통해 그 일을 이루셨다. 예수님이 저주를 감당하신 덕분에 우리가 하나님의 축복을 받을 수 있게 되었다.

기도 

가족들이 그리스도 안에서 하나님과 사랑의 관계를 맺음으로써 참된 축복을 누리게 해달라고 기도하라.

63 하나님의 인도

복습

1) 누가 이스라엘 백성에게 하나님의 축복을 선언했는가?

— 제사장들.

2) 제사장들은 언제 이스라엘 백성에게 하나님의 축복을 선언했는가?

— 그들이 성막에 모여 공예배를 드릴 때.

본문 읽기

민 9:15-23

1) 성막을 세우자 무엇이 그것을 덮었는가?

— 하나님의 영광의 구름과 불. 그것은 하나님이 자기 백성 가운데 거하신다는 표시였다.

2) 이스라엘 백성은 광야에서 언제 이동했는가?

— 영광의 구름이 움직일 때마다 이동했다.

3) 이스라엘 백성은 광야에서 언제 멈추었는가?

— 영광의 구름이 멈출 때마다 멈추었다.

해설

핵심 내용 : 하나님의 백성은 광야에서 살아남기 위해 하나님의 인도를 따라야 한다.

이스라엘 백성은 하나님의 영광의 불과 구름에 이끌려 애굽에서 시내산으로 나왔다. 그들은 그저 따르고, 순종하기만 하면 되었다. 이스라엘 백성은 거의 일 년 동안 시내산에 머물면서 하나님의 율법을 받았다. 그러나 하나님의 목표는 그들이 그곳에 장막을 치고 영원히 머무는 것이 아니었다. 대학이 미래의 사회 활동을 위해 학생들을 준비시키는 훈련소인 것처럼, 시내산은 광야를 지나 가나안에 이르도록 이스라엘 백성을 준비시키는 학교였다. 하나님의 백성은 힘든 광야 생활을 시작하기 전에 하나님의 뜻을 아는 것이 필요했다. 하나님의 영광을 보고, 율법을 받고, 성막을 제작하고, 제사장들을 세우고, 지파들을 정비한 이스라엘 백성은 이제 여정을 시작할 모든 준비가 끝났다.

그러나 하나님은 그들에게 가나안으로 향하는 지도 대신에 하나님 자신을 주셨다. 그분은 그들과 함께 거하며 모든 여정을 인도할 생각이셨다. 진영 한가운데 성막이 세워지자 하나님은 영광의 구름으로 그곳에 임하셨다. 하나님의 임재를 나타내는 구름이 성막 위에 머물 때는 이스라엘 백성도 휴식을 취했고, 구름이 움직이기 시작하면 그들도 따라서 나아가기 시작했다. 본문에서 "여호와의 명령"이라는 문구가 일곱 차례나 강조되었다. 하나님은 이스라엘의 지휘관이셨다. 이스라엘 백성이 물도, 양식도 없는 위험한 광야에서 살아남으려면 하나님에게서 잠시도 눈을 떼지 않고, 그분을 따라가야 했다.

오늘날의 교회도 마찬가지다. 하나님의 영광의 광채이신 예수님이 자기 백성을 이끌고 광야와 같은 세상을 지나 약속된 하늘나라의 안식처를 향해 나아가신다. 이 여행길에는 위험과 난관이 가득하다. 자신의 힘과 지혜를 의지하는 자들은 살아남을 수 없다. 그러나 믿음으로 그리스도를 온전히 따르면, 그분이 우리를 끝까지 보호하고, 인도하실 것이다.

1) 하나님은 광야에서 자기 백성을 어떻게 인도하셨는가?
   — 지도나 상세한 지침이 아닌 영광의 구름을 통해 친히 임함으로써 그들을 인도하셨다.
2) 성막 위에 있던 불과 구름은 광야를 향해 나아가는 이스라엘 백성에게 어떤 위로를 주었는가?
   — 그들은 앞길에 무엇이 기다리는지 알지 못했지만, 불과 구름을 통해 하나님이 모든 길에 함께하실 것이라는 확신을 얻었다. 하나님은 우리의 인생길에 무엇이 기다리는지 알려주지 않으실 때가 많지만, 예수님을 의지한다면 그분이 우리와 함께하실 것이라는 위로를 얻을 수 있다.
3) 하나님은 오늘날 자기 백성을 어떻게 인도하시는가?

— 눈으로 볼 수 있는 불과 구름이 아닌 성령과 말씀으로 인도하신다. 본문은 이스라엘 백성이 하나님의 명령에 따라 움직였다고 강조한다. 오늘날의 신자들도 하나님이 명하신 길로 나아가야 한다. 그들은 하나님의 명령이 무엇인지를 옳게 이해하고 성령의 은혜로 그것을 행할 수 있는 힘을 얻으면서 그분이 명하시는 길로 행해야 한다.

기도 

자녀들이 천국의 안식을 얻을 때까지 그리스도의 인도를 따라 이 광야 같은 세상을 잘 지날 수 있게 해달라고 기도하라.

64 하나님의 보호

복습 

1) 하나님은 이스라엘 백성을 어떻게 인도하셨는가?

— 자신의 임재를 나타내는 불과 구름을 통해 인도하셨다.

2) 하나님은 이스라엘 백성을 어디로 인도하셨는가?

— 광야를 지나 가나안으로 인도하셨다.

본문 읽기 

민 10:11-13, 33-36

1) 이스라엘 백성은 언제 시내산을 떠났는가?

— 시내산에 도착하고 나서 거의 일 년이 지난 후에 하나님의 임재를 나타내는 구름이 움직이기 시작했다.

2) 이스라엘 백성 앞에서 먼저 움직인 것은 무엇이었는가?

— 하나님이 그 위에 좌정하시며 그 안에는 돌판이 담겨 있는 증거궤.

3) 백성들이 광야 여행을 시작할 때나 멈출 때 모세는 무엇을 했는가?

— 이스라엘의 지휘관이신 하나님이 백성들을 위해 싸워주시

기를 간구했다.

해설

핵심 내용 : 광야를 지나는 하나님의 백성이 승리를 확신할 수 있는 이유는 그분이 앞장서서 그들을 보호하시기 때문이다.

여러 달에 걸쳐 모든 준비를 마친 이스라엘 백성 앞에 마침내 나팔 소리가 울리면서 진을 거두고 가나안을 향해 나아가야 할 순간이 이르렀다. 하나님이 명령하신 대로 장막을 거두고, 지파별로 정렬하는 그들 사이에 긴장감과 설렘이 동시에 감돌았다. 그들은 잘 훈련된 군대처럼 낯설고, 위험한 광야를 향해 행진하기 시작했다.

2백만 명에 달하는 거대한 무리의 앞에는 증거궤를 비롯해 하나님의 임재를 알리는 불과 구름이 있었다. 이스라엘 백성은 약자를 괴롭히기를 좋아하는 아이 앞에서 아버지의 다리를 꽉 붙잡고 있는 아이처럼 광야에서 무엇을 만나더라도 강하신 하나님의 뒤에 안전하게 숨을 수 있을 것이라고 확신했다. 물론, 그들은 앞으로 나아가야 했고, 또 싸워야 했다. 그러나 궁극적으로 싸움은 하나님의 몫이었다. 그분이 그들의 지휘관이자 용사이셨다. 하나님은 광야에 사는 강력한 민족들은 물론, 가나안에 사는 강력한 민족들까지 모두 제압하고, 승리를 안겨주실 예정이었다. 증거궤가 영광의 구름과 함께 출발하자 모세는 하나님께 자기 백성을 보호하고, 적들을 물리쳐달라고 기도했다. 이스라엘의 원수들이 제아무리 강해도 하나님의 상대가 될 수는 없었다.

시작은 더할 나위 없이 좋았다. 이스라엘 백성은 하나님의 인도를 따랐고, 그분의 보호를 신뢰했다. 그들이 계속 그렇게만 했다면 불과 두어 주 만에 가나안에 입성할 수 있었을 것이다. 그러나 단지 처음에 믿음으로 시작했다고 해서 하나님이 약속하신 안식을 얻을 수 있는 것은 아니었다. 계속해서 믿음으로 행해야만 그렇게 될 수 있었다. 이스라엘 백성의 시작은 좋았지만, 불행히도 그들의 여정은 잘 끝나지 못했다. 그 이유는 그들이 강력한 보호자요 용사이신 하나님을 끝까지 신실하게 따르지 못했기 때문이다. 지휘관을 믿고 따르지 않는 군대는 패배할 수밖에 없다. 이스라엘의 첫 번째 광야 세대는 정확히 그런 패배를 맛봐야 했다. 그들은 불과 몇 주면 도착할 수 있었던 목적지에 도착하지 못했다.

1) 이스라엘 백성이 처음 사흘간의 광야 여정을 잘 시작했던 이유는 무엇인가?

— 모세의 통솔 아래 증거궤 위에 나타난 하나님의 임재를 잘 따랐고, 하나님이 원수들을 물리치고 승리를 주실 것이라고 확신했기 때문이다. 그들은 처음에는 하나님을 신뢰하며, 기꺼이 순종했다.

2) 가나안까지는 얼마나 되는 거리였는가?

— 불과 두어 주면 도달할 거리였다. 광야 생활은 여러모로 힘

들었을 테지만 계획대로 되었더라면 그리 오래 걸리지 않았을 것이다.

3) 본문의 이야기는 믿음을 계속 유지해야 하는 것에 관해 어떤 교훈을 주는가?

— 이스라엘 백성은 시작은 좋았지만 결말을 잘 맺지 못했다. 그들은 목적지에 도착하지 못했다. 시작은 중요하지만, 어제나 지난해의 믿음만으로는 충분하지 않다. 이 광야 같은 세상을 살아가는 동안, 우리를 대신해서 싸우시는 그리스도의 능력과 보호를 날마다 의지해야 한다. 계속해서 그리스도를 바라보지 않으면, 약속된 안식에 이를 수 없다.

기도

원수들을 물리쳐 교회를 보호해 달라고 하나님께 기도하라.

65 광야 생활에 지친 이스라엘 백성

복습

1) 이스라엘 백성이 광야로 나아갈 때 무엇이 앞에서 그들을 인도했는가?

— 하나님이 그들과 함께 계심을 나타내는 증거궤.

2) 모세는 이스라엘 백성이 이동할 때마다 무엇을 구했는가?

— 원수들을 물리쳐 백성들을 보호해 달라고 하나님께 기도했다.

본문 읽기

민 11:1-6, 10-15

1) 하나님이 이스라엘 백성에게 진노하신 이유는 무엇인가?

— 그들이 불신앙으로 하나님을 원망했기 때문이다.

2) 이스라엘 백성은 무엇을 먹고 싶어 했는가?

— 고기. 그들은 하나님이 은혜로 공급해 주신 만나에 싫증을 느꼈다.

3) 모세는 원망하는 백성들에게 어떻게 반응했는가?

— 처음에는 그들을 위해 기도함으로써 옳게 반응했지만, 나

중에는 그들과 함께 불평을 토로하는 잘못을 저질렀다.

해설

핵심 내용 : 불평이 심각한 죄인 이유는 하나님이 베푸시는 과거와 현재와 미래의 은혜를 망각하는 배은망덕한 행위이기 때문이다.

이스라엘 백성은 믿음으로 하나님을 바라보며 시내산에서 가나안을 향해 출발했다. 그들의 시작은 좋았다. 그러나 그들이 믿음을 버리고 불평하기까지는 그리 오랜 시간이 걸리지 않았다. 하나님을 영화롭게 해야 할 그들이 오히려 그분을 향해 불평을 쏟아냈다.

불평해 본 적이 있는가? 사실, 한번도 불평한 적이 없는 사람은 아무도 없다. 이스라엘 백성은 뜨거운 사막에서 이틀을 보내자 불만을 느끼기 시작했다. 그들은 고난과 역경을 기대하지 않았기 때문에 광야 생활을 지겨워했고, 하나님이 공급해 주신 양식에 싫증을 느꼈다. 그들은 어머니가 차려준 맛있는 저녁 식사를 거부하는 버릇 없는 어린아이처럼 광야 생활과 만나가 영원히 지속되지 않을 것이라는 사실을 망각한 채 하나님의 은혜로운 보살핌을 못마땅하게 여겼다. 그들은 젖과 꿀이 흐르는 땅을 주겠다는 하나님의 약속을 까맣게 잊고 말았다. 그들은 애굽에서 살았던 과거의 삶을 돌아보며 군침을 흘리기 시작했다. 간단히 말해, 그들은 과거의 비참했던 노예 생활과 현재의 하나님의 은혜로운 보살핌과 미래의 약속을 모두 망각했다. 하나님은 그들을 애굽에서 구원했고, 광야에서 양식을 주었으며, 가나안에서의 승리를 약속하셨지만, 그들은 하나님을 거부한 채 불신앙과 자기 연민에 사로잡혀 "우리의 신세가 참으로 가련하구나!"라고 울부짖었다.

하나님은 불평하는 이스라엘 백성을 향해 크게 진노하셨다. 모세는 처음에는 백성들을 위해 기도하며 분노를 거두어 달라고 간청했다. 전에도 그런 일이 있었다. 모세는 이스라엘의 중보자였다. 그러나 결국에는 그가 불완전한 중보자라는 사실이 여실히 드러나고 말았다. 이스라엘 백성이 하나님의 보살핌을 못마땅하게 여겨 불평하자 모세는 그들에 대해 불평을 토로하기 시작했다. 그는 죄를 짓는 백성들을 위해 하나님께 긍휼을 베풀어달라고 기도해야 마땅했지만, 오히려 그들과 마찬가지로 "내 신세가 참으로 가련하구나!"라고 울부짖었다. 그런 그를 통해 하나님을 원망하는 죄로 인해 그분의 분노를 초래한 백성들의 전철을 되밟지 않을 더 나은 중보자가 필요하다는 사실이 분명하게 드러났다. 장차 하나님이 그런 중보자, 곧 조금도 불평하지 않고 불평하는 죄인들을 위해 온전한 중보 기도를 드리게 될 완전한 중보자를 일으켜 세우실 날이 도래할 예정이었다.

1) 이스라엘 백성이 하나님을 원망했던 이유는 무엇인가?
— 하나님이 베푸신 과거의 구원과 현재의 보살핌과 미래의 약속을 모두 망각했기 때문이었다.

2) 불평과 불만을 일삼아도 괜찮을까?

— 그렇지 않다. 불평은 하나님의 거룩한 분노를 초래하는 중대한 죄에 해당한다. 많은 사람이 불평을 대수롭지 않게 여기지만, 하나님은 그렇지 않으시다. 우리도 그래서는 안 된다.

3) 모세의 불평을 통해 배울 수 있는 것은 무엇인가?

— 우리를 위해 빌어줄 더 나은 중보자가 필요하다는 것을 배울 수 있다. 옛 언약의 중보자인 모세 자신도 중보자가 필요했다. 하나님은 그와 우리를 위해 가장 완전한 중보자이신 예수님을 보내주셨다. 예수님은 항상 하나님의 오른편에서 죄를 지은 자기 백성들을 위해 중보하신다.

기도 

가족들이 하나님을 향해 불평하기보다 입술로 그분을 영화롭게 하는 법을 배우고, 항상 완전한 중보자이신 예수님을 바라보게 해달라고 기도하라.

66 성령의 능력 주심

복습 

1) 하나님이 광야에서 이스라엘 백성에게 진노하신 이유는 무엇인가?

— 그들이 하나님을 원망했기 때문이다.

2) 불평이 심각한 죄인 이유는 무엇인가?

— 하나님이 베푸시는 과거와 현재와 미래의 은혜를 망각하는 배은망덕한 죄이기 때문이다.

본문 읽기 

민 11:16-17, 24-30

1) 하나님은 누구를 세워 백성을 다스리는 모세의 짐을 덜어주게 하셨는가?

— 하나님은 성령의 능력을 입은 장로 칠십 인을 세우셨다.

2) 성령께서 장로들에게 특별한 방식으로 임하셨다는 것을 보여주는 증거는 무엇인가?

— 그들은 예언을 하기 시작했다. 이는 그들이 모세처럼 하나님의 말씀을 전했다는 뜻이다.

3) 모세는 예언을 했던 엘닷과 메닷에 대해 어떻게 반응했는가?

— 그는 그들을 시기하지 않고, 하나님의 백성이 모두 성령의 능력을 받아 예언하기를 바랐다.

해설

핵심 내용 : 모세를 향한 하나님의 자비는 장차 하나님의 백성이 영적 축복을 누릴 것을 예고한다.

이스라엘 백성이 하나님의 보살핌을 못마땅하게 여겨 불평하자 모세는 그들에 대해 불만을 토로했다. 그는 그들을 다스리는 중압감에 짓눌려 자기 연민과 절망에 빠졌다. 하나님은 불평하는 모세에게 분노하지 않고, 오히려 긍휼을 베푸셨다. 하나님은 원하면 누구에게나 긍휼을 베푸신다. 그분은 모세를 도와 백성을 다스릴 자들을 세움으로써 그렇게 하셨다. 그런 일은 혼자서는 감당할 수 없다. 누구라도 감당하지 못할 것이 틀림없다. 그러나 강한 사람들이 힘을 합쳐 돕는다면 무거운 짐이 순식간에 가벼워질 것이다.

모세는 하나님이 명령하신 대로 자기와 함께 섬길 칠십 명을 성막에 데려왔다. 구약 시대의 모든 참 신자들 안에는 성령께서 내주하고 계셨지만, 그분의 능력을 받아 특별한 직임을 맡은 사람들은 그 가운데 극히 일부에 지나지 않았다. 성령께서 그들에게 임해 선지자처럼 하나님의 말씀을 전하는 능력을 부여하셨다. 하나님은 또한 모세가 선택한 칠십 명 외에 다른 두 사람에게도 능력을 주셨다. 여호수아가 그들을 말리려고 했던 것으로 보아 그것은 모세의 지도자적 권위를 위협하는 일이었던 듯하다. 그러나 모세는 조금도 위협을 느끼지 않고, 오히려 크게 기뻐하면서 하나님의 모든 백성이 성령의 능력을 받아 선지자가 되기를 바랐다.

그로부터 오랜 세월이 지난 후에 요엘 선지자는 모세의 염원이 실현될 날이 올 것이라고 예언했다(욜 2:28-32). 모세의 염원과 요엘의 예언은 예수님이 자기 백성에게 성령을 부어주어 선지자처럼 자신의 말씀을 전하는 능력을 허락하셨을 때 모두 이루어졌다(행 2:1-41). 모세의 중보자 직임이 일시적이었던 것처럼 장로들의 예언도 일시적인 현상이었다. 그러나 그것은 그리스도께서 자기 백성에게 성령을 부어주어 온 세상에 자신의 말씀을 전하게 하실 날을 가리키는 예표였다. 그 말씀을 통해 불신앙에 사로잡혀 있는 수많은 불평자들이 믿음이 견고한 예배사들로 변화될 것이다.

1) 하나님은 불평하는 모세에게 어떤 은혜를 베푸셨는가?
— 그분은 백성들을 다스릴 장로들을 세워 성령의 능력으로 자신의 말씀을 전하게 하는 큰 은혜를 베푸셨다.

2) 옛 언약 아래에 있는 신자들은 모두 성령을 소유하고 있었는가?
— 그렇다. 새 언약 아래에 있는 신자들과 마찬가지로 옛 언약 아래에 있는 신자들도 모두 성령을 소유했다. 마음속에서 성령

의 은혜로운 사역이 일어나지 않으면 아무도 믿음을 가질 수 없다. 그러나 옛 언약 아래에서 성령의 능력을 통해 하나님의 말씀을 전한 사람들은 극히 일부에 지나지 않았다.

3) 새 언약 아래에서 이루어지는 성령의 사역은 어떻게 다른가?
— 영원한 중보자이신 예수님은 소수가 아닌 많은 사람에게 성령을 부어주어 자신의 말씀을 전하게 하신다. 성령 충만한 교회를 통해 하나님의 말씀이 담대하게 선포되어 그리스도 안에서 모든 민족에게 생명과 구원을 가져다준다.

기도 

자녀들이 성령의 능력을 받아 말과 행위를 통해 이 타락한 세상에 복음을 전하게 해달라고 기도하라.

67 계속되는 불평

복습 

1) 하나님은 모세의 불평에 어떻게 반응하셨는가?

— 그와 함께 섬길 성령 충만한 장로 칠십 명을 세워주셨다.

2) 성령께서는 장로들에게 어떤 능력을 허락하셨는가?

— 예언, 즉 하나님의 말씀을 전하는 능력을 허락하셨다.

본문 읽기 

민 12:1-14

1) 미리암과 아론이 모세를 비방한 이유는 무엇인가?

— 이스라엘 사람이 아닌 여인을 아내로 취했기 때문이었다. 그러나 그들의 비방에는 모세가 맡은 지도자직에 대한 시기심이 배어 있었다.

2) 모세는 그들의 비방에 직접 맞서 대응했는가?

— 그렇지 않았다. 하나님이 그를 옹호하셨다. 하나님은 미리암과 아론을 심판하셨다.

3) 하나님은 미리암을 어떻게 심판하셨는가?

— 그녀를 나병에 걸리게 해 부정하게 만드셨다. 그로 인해 그

녀는 진영 안에 머물 수 없게 되었다.

해설

핵심 내용 : 교만은 다른 사람들에게 주어진 기회와 능력을 시기하게 만드는 죄로 하나님의 심판을 초래한다.

이스라엘 백성은 광야 생활과 만나를 못마땅하게 여겨 불평했다. 모세는 그들에 대해 불평했다. 그리고 미리암과 아론은 자신들의 형제인 모세에 대해 불평했다. 왜 그랬을까? 그 이유는 그들이 모세가 중책을 맡은 것을 시기했기 때문이다. "최근에 장로들이 예언을 한 것이 하나님이 모세를 통해서만 말씀하지 않으신다는 명백한 증거다. 그런데 왜 모세만 특별한 지위를 누려야 하는가? 더욱이 그는 이스라엘 사람이 아닌 여자를 아내로 삼았지 않은가?"

그들은 교만에 이끌려 하나님이 세우신 지도자에 대해 불평을 토로했다. 교만은 우리와 다른 사람들을 비교해 "내가 그들보다 더 나아."라고 생각하도록 부추기고, 우리의 상황에 불만을 느껴 "나는 더 나은 대접을 받을 자격이 있어."라고 생각하도록 이끈다. 미리암과 아론도 그런 식의 교만에 사로잡혀 하나님의 진노를 초래하고 말았다. 물론, 그들은 칠십인 장로처럼 때로 하나님을 대변했지만, 모세처럼 하나님의 말씀을 받아 전한 사람은 아무도 없었다. 옛 언약의 중보자인 그는 하나님과 가장 가깝고, 친밀한 방식으로 관계를 맺었다. 그는 하나님의 말씀을 직접 전해 듣고, 그분께 직접 말했다. 이런 관계는 모세가 주도한 것이 아니었다. 하나님이 그렇게 하셨다. 따라서 그의 형제들이 토로한 불평은 곧 하나님을 향한 불평이었다.

하나님은 시기심에 사로잡힌 미리암을 나병으로 심판하셨다. 그녀의 피부가 하얗게 변했다. 심판을 내린 주체는 하나님이었지만, 그들은 자신들이 비방한 사람만이 자신들을 구할 수 있다는 것을 알았다. 갑작스러운 나병으로 인해 겸손해진 그들은 자신들의 온유한 형제에게 찾아가서 자기들을 대신해 하나님께 기도해 달라고 부탁했다. 온유한 모세는 자기를 비방한 교만한 형제들을 변호했다. 이것이 바로 복음이다. 예수님을 그릇 고소해 십자가에 못 박은 사람들이 바로 그분이 구원하러 오신 사람들이었다. 겸손한 성자께서 우리 같은 교만한 사람들을 위해 중보 기도를 드리시는 덕분에 교만하고, 탐욕스럽고, 시기심 많은 우리가 마땅히 받아야 할 심판을 면할 수 있는 길이 열렸다. 따라서 이제는 "미리암과 아론이 하나님의 심판에 직면해 모세를 의지했던 것처럼, 겸손히 예수님을 의지할 것인가?"라는 물음에 옳게 답하면 된다.

1) 교만이 시기심을 부추기는 이유는 무엇인가?
— 교만은 우리가 다른 사람들보다 더 낫고, 그들이 소유한 것을 소유할 자격이 있다고 속삭인다. 이것이 미리암과 아론이 자신들의 형제인 모세에게 저질렀던 죄였다. 그들은 각광을 받고

싫어 했고, 자기들이 모세보다 더 많은 것을 누릴 자격이 있다고 생각했다.

2) 시기심이 불평하는 말을 초래하는 이유는 무엇인가?
— 다른 사람들을 시기하면 말로 그들을 깎아내리기 마련이다. 미리암과 아론도 그렇게 했다. 그들은 "모세는 그렇게 특별하지 않다. 더욱이 그는 이스라엘 사람이 아닌 여자를 아내로 취하기까지 했다. 그런데 그가 무슨 권리로 우리를 다스린단 말인가?"라고 비방했다.

3) 이 이야기가 예수님과 그분의 은혜를 가리키는 이유는 무엇인가?
— 겸손한 중보자인 모세는 자기를 비방한 사람들을 위해 중보 기도를 드렸다. 복음은 완전한 중보자이신 그리스도께서 자기를 비방하는 데 그치지 않고 십자가에 못 박기까지 한 사람들을 위해 중보 기도를 드리신다고 가르친다.

기도

가족들이 교만과 시기심에서 벗어나 겸손하신 그리스도를 통한 만족을 배우게 해달라고 기도하라.

68 담대한 믿음

복습

1) 미리암과 아론은 누구를 비방했는가?

— 모세. 궁극적으로는 그를 지도자로 세우신 하나님.

2) 교만한 태도로 모세를 비방한 미리암에게 무슨 일이 일어났는가?

— 하나님이 나병으로 그녀를 심판하셨다.

본문 읽기

민 13:1-3, 25-31

1) 하나님이 가나안 정복을 시작하기 전에 그곳에 정탐꾼들을 보내라고 명령하신 이유는 무엇인가?

— 그 땅을 정탐해 그곳을 정복할 최상의 방법을 찾게 하기 위해서였다.

2) 정탐꾼들은 그곳에 대해 어떻게 말했는가?

— 그들은 그곳이 강하고, 두려운 민족들이 사는 풍요로운 땅이라고 보고했다.

3) 정탐꾼들이 가나안을 정탐하고 나서 내린 결론은 무엇인가?

— 거의 모든 정탐꾼이 가나안을 정복하지 못할 것이라고 결론지었다. 그러나 갈렙과 여호수아는 그곳으로 나아가 믿음으로 취하자고 백성들을 격려했다.

해설 

핵심 내용 : 우리는 하나님의 약속을 굳게 믿는 믿음으로 우리의 원수들을 두려워하지 말고, 담대하게 정복해야 한다.

이스라엘 백성은 광야 생활을 하면서 많은 문제를 일으켰지만, 하나님은 계속해서 그들을 약속하신 땅으로 인도하셨다. 가나안이 그들의 시야에 들어오자 하나님은 그곳을 정복하기 위해 모세에게 열두 명의 정탐꾼을 보내라고 명령하셨다. 그들은 남쪽에서부터 북쪽까지 40일 동안 그곳을 살펴본 후에 둘이서 운반해야 할 정도로 큰 포도송이 가지를 가지고 돌아왔다. 그야말로 엄청나게 큰 포도송이가 아닐 수 없었다. 정탐꾼들은 비옥한 땅과 거대한 과일은 물론, 높고 두꺼운 성벽으로 둘러싸인 큰 도시에 사는 거인들에 관해서도 보고했다. 가나안은 크고, 맛있는 과일들은 물론, 크고, 위험한 적들이 존재하는 곳이었다.

그러나 그들의 보고는 두 갈래로 갈라졌다. 정탐꾼의 대부분은 그 땅을 정복하려고 하는 것은 어리석은 일이라고 결론지었다. 그들은 사람이 큰 발로 개미를 밟아 죽이는 것처럼 그곳의 거인들이 이스라엘 백성을 발로 짓뭉갤 것이라고 말했다(민 13:33). 열 명의 정탐꾼이 거인들을 두려워했다. 그들이 두려워했던 이유는 믿음으로 하나님을 바라보지 않았기 때문이었다. 하나님을 두려워하지 않으면 사람들을 두려워할 수밖에 없다.

그러나 나머지 두 명의 정탐꾼은 다른 결론을 내렸다. 그들은 같은 땅과 같은 거인들을 보았지만, "올라가서 그 땅을 취합시다."라고 말했다. 무엇이 그런 차이를 만들었을까? 그것은 바로 하나님을 믿는 믿음이었다. 갈렙은 여호수아와 함께 하나님의 약속을 신뢰했다. 물론, 거인들은 장대했기 때문에 발로 벌레를 죽이듯 이스라엘 백성을 죽일 수 있었다. 그러나 하나님은 그들보다 무한히 더 크고, 강하시다. 하나님은 그들을 보호하고, 원수들을 제압하겠다고 약속하셨다. 그 땅을 취하는 것이 곧 하나님을 두려워하는 믿음의 길이었다. 안타깝게도, 이스라엘 백성은 대부분 대다수 정탐꾼처럼 그런 믿음을 갖지 못했다.

1) 대다수 정탐꾼이 가나안 정복을 단념해야 한다고 주장한 이유는 무엇인가?
— 믿음이 아닌 보는 것으로 행했기 때문이다. 그들은 하나님의 능력이 아닌 자신들의 힘만을 생각했기 때문에 적들을 두려워하며 움츠러들었다.

2) 갈렙과 여호수아가 같은 땅과 같은 거인들을 보고서도 올라가서 가나안을 취하자고 백성들을 격려했던 이유는 무엇인가?

— 보는 것이 아닌 믿음으로 행했기 때문이다. 거인들은 강했지만, 그들은 하나님이 더 강하실 뿐 아니라 약속하신 대로 그들을 물리쳐 주실 것이라고 확신했다.

3) 본문의 이야기는 하늘의 가나안을 향해 가고 있는 우리에게 어떤 교훈을 가르치는가?

— 하늘의 가나안은 오직 믿음으로만 갈 수 있다. 원수들을 물리쳐 우리를 안전하게 하늘의 본향으로 데려갈 것이라는 그리스도의 약속을 믿지 않으면 그곳에 갈 수 없다. 그리스도인들이 천국에 갈 수 있는 이유는 그들이 강해서가 아니라 그리스도께서 그들을 대신해 싸우시기 때문이다.

기도 

하나님의 약속을 굳게 믿고 하늘의 가나안을 향해 힘써 나아가도록 신자들을 이끌 수 있는 강한 믿음을 교회 지도자들에게 허락해 달라고 기도하라.

69 불신앙의 어리석음

복습

1) 열두 명의 정탐꾼은 가나안에서 무엇을 보았는가?

— 엄청나게 큰 과일과 거인들을 보았다.

2) 그들은 자기가 본 것에 대해 어떻게 반응했는가?

— 대다수 정탐꾼이 거인들을 두려워했지만, 갈렙과 여호수아는 하나님을 두려워했다.

본문 읽기

민 14:1-12

1) 이스라엘 백성은 정탐꾼들의 보고에 어떻게 반응했는가?

— 모든 백성이 절망감을 느끼고, 울부짖으며 불평했다.

2) 불신앙에 사로잡힌 백성들은 무엇을 하려고 했는가?

— 새로운 지도자를 세워 애굽으로 돌아가려고 했다.

3) 모세와 아론은 이스라엘 백성의 불신앙에 어떻게 반응했는가?

— 그들은 하나님께 기도했다.

4) 여호수아와 갈렙은 이스라엘 백성의 불신앙에 어떻게 반응했는가?

— 그들은 간곡한 어조로 백성들에게 하나님을 신뢰하라고 말했다.

해설

핵심 내용 : 불신앙은 어리석은 마음에서 비롯되며 어리석은 행동으로 귀결된다.

어리석은 자는 그 뿌리에서부터 하나님과 그분의 말씀을 믿기를 거부한다. 이스라엘 백성은 광야를 지나는 동안 갈수록 어리석게 변했다. 그들이 푸념하는 말을 읽고 있노라면 "어떻게 이스라엘 백성은 그렇게 어리석을 수가 있지?"라는 생각이 든다. 그러나 실상은 우리도 이스라엘 백성처럼 불신앙에 사로잡힐 때가 많다.

어리석은 자들은 하나님을 보지 않기 때문에 모든 것을 그릇된 시각으로 볼 수밖에 없다. 하나님은 항상 자신의 약속에 신실하셨지만, 이스라엘 백성은 그분을 바라보지 않았다. 그들은 오직 가나안의 위협적인 거인들만 볼 수 있었다. 그들의 어리석은 마음은 여러 가지 재앙과 홍해를 가른 기적으로 자기들을 구원하신 하나님을 망각했다. 그들의 어리석은 마음은 광야에서 기적을 통해 양식과 물을 공급해 주신 하나님을 완전히 잊어버렸다. 하나님은 가나안에 들어갈 때까지 이스라엘 백성을 보호하고, 보살피겠다고 약속하셨지만, 그들의 어리석은 마음은 그분과 그분의 말씀을 기억하지 못했다. 우리도 우리의 죄나 교회를 대적하는 원수들을 보고 절망할 때마다 그와 똑같은 잘못을 저지른다. 예수님은 죄와 사탄과 세상을 모든 합친 것보다 더 강하시다. 그분은 그 어떤 원수도 교회를 이기지 못할 것이라고 약속하셨다(마 16:18). 그러나 우리는 이스라엘 백성처럼 그리스도와 그분의 말씀을 쉽게 망각할 뿐 아니라 우리의 구원자는 작게 보고 원수들은 크게 보는 경향이 있다.

불신앙에 사로잡힌 이스라엘 백성은 어리석게 행동했다. 그들은 무엇을 택하든 가나안의 거인들에게 짓밟히는 것보다는 나을 것이라고 결론지었다. 그들의 생각에는 광야에서, 심지어는 애굽에서 죽는다고 해도 그것이 훨씬 더 나을 것만 같았다. 따라서 그들은 하나님과 그분의 약속을 믿지 않았을 뿐 아니라 그분이 세우신 중보자까지도 거부하려고 했다. 그들은 다시 자기들을 이끌고 광야를 지나 애굽으로 되돌아가게 해줄 새로운 지도자를 세우려고 했다. 그보다 더 어리석은 일은 어디에도 없을 테지만, 불신앙은 늘 그런 어리석음을 저지른다. 하나님은 복음을 통해 생명을 제시하시지만, 대부분 죽음을 선택한다. 여호수아와 갈렙의 말을 통해 분명하게 드러난 대로, 하나님은 이스라엘 백성에게 자기를 신뢰할 수 있는 이유를 수없이 보여주셨다. 그들이 단지 믿음으로 순종하기만 하면, 하나님은 기꺼이 그들을 축복할 준비가 되어 있으셨다. 그러나 이스라엘 백성은 어리석은 자가 되고 말았다. 우리도 그리스도를 의심하고, 등을 돌려 악한 세상을 좇으려고 하면 그런 전철을 되풀이할 수밖에 없다.

1) 어리석음이란 무엇인가?

— 그것은 하나님과 그분의 말씀을 믿기를 거부한다.

2) 모세와 아론과 갈렙과 여호수아가 어리석게 되지 않았던 이유는 무엇인가?

— 하나님이 그들의 마음속에서 믿음이 역사하게끔 은혜를 베풀어 주셨기 때문이다. 그들도 죄인들이었지만 하나님의 약속을 굳게 붙잡았다. 그들은 하나님이 과거에 구원을 베푸신 사실을 기억하고, 미래에도 구원을 베풀어 주실 것이라고 확신했다.

3) 그리스도인들도 이스라엘 백성처럼 어리석게 될 수 있는가?

— 그렇다. 그리스도인들도 그리스도의 원수들로 인해 그분의 능력과 약속을 잊은 채 불신앙에 사로잡혀 절망에 빠질 수 있다. 하나님이 우리의 마음속에서 계속해서 믿음이 역사하도록 은혜를 베풀어 주셔야만 모세와 아론과 갈렙과 여호수아처럼 될 수 있다.

기도 

가족들이 불신앙과 어리석음에 사로잡히지 않고, 끝까지 우리를 구원하겠다는 그리스도의 약속과 능력을 확신할 수 있게 해달라고 기도하라.

70 한계에 달한 하나님의 인내

복습 

1) 정탐꾼들이 가나안 땅을 살펴보고 돌아온 뒤에 이스라엘 백성은 어떤 반응을 보였는가?

— 그들은 하나님을 원망하며 애굽으로 돌아가려고 했다.

2) 그들이 그렇게 어리석게 되었던 이유는 무엇인가?

— 그들이 어리석게 생각하고, 행동했던 이유는 불신앙에 사로잡혔기 때문이다.

본문 읽기 

민 14:20-35

1) 하나님은 번번이 불평을 일삼았던 이스라엘 백성에게 어떻게 반응하셨는가?

— 애굽에서 나온 이스라엘 백성 모두가 불신앙 때문에 광야에서 죽게 될 것이라고 말씀하셨다.

2) 애굽에서 나온 사람들 가운데 가나안에 들어갈 사람들이 있었는가?

— 그렇다. 여호수아와 갈렙은 하나님을 온전히 신뢰하며 따

랐기 때문에 가나안에서 살게 될 것이었다.

3) 이스라엘 백성은 얼마나 오랫동안 광야에서 방랑 생활을 해야 했는가?

— 40년.

해설

핵심 내용 : 하나님은 진노하시면서 이스라엘 백성이 갈망한 것을 주셨다.

하나님은 불신앙에 사로잡힌 이스라엘 백성에게 거듭 은혜를 베풀었고, 그들의 불평과 어리석음과 우상 숭배의 죄를 용서하셨다. 그분은 그들을 어떻게든 잘 대해주려고 오랫동안 인내하셨다. 그러나 이스라엘 백성은 끝까지 어리석은 길을 고집했고, 하나님은 마침내 그들의 어리석은 마음이 갈망하는 것을 주셨다. 그들은 가나안 땅에 들어가서 싸우는 것보다 애굽으로 되돌아가기를 원했지만, 하나님은 그들을 광야로 돌려보내 그들이 두려워했던 대로 그곳에서 죽게 하셨다. 이스라엘 백성은 애굽에서 구원받았지만, 하나님이 선물로 주신 가나안 땅을 원하지 않았기 때문에 그곳에 들어가지 못한 채 광야에 머물러야 했다.

하나님은 자비로운 하나님이시다. 그분은 우리와 같은 죄인들을 인내로 대하신다. 그러나 그분의 인내는 영원히 지속되지 않는다. 이스라엘 백성처럼 불신앙을 고집하면, 하나님은 결국에는 우리를 죽음과 멸망에 내어주신다. 가나안 정복 전쟁을 수행할 수 있는 군대의 숫자를 파악하기 위해 실시한 인구 조사가 가나안 밖에서 죽게 될 사람들을 계수한 조사가 되고 말았다. 하나님은 한동안 은혜의 문을 활짝 열어 자기 백성에게 아름다운 땅을 허락하겠다고 말씀하셨지만, 이제는 노아의 시대에 방주의 문을 닫은 것처럼 은혜의 문을 닫아 잠그셨다. 그로써 홍수처럼 밀려오는 하나님의 분노를 피해 안전하게 숨을 수 있는 곳은 어디에도 없게 되었다.

이스라엘 백성은 40년 동안 광야에서 방랑 생활을 하게 될 운명에 처했다. 애굽에서 나온 백성이 모두 그곳에서 죽을 것이고, 그들의 육체는 사막의 모래 밑에서 썩어 없어질 것이었다. 그들의 자녀들도 부모의 불신앙으로 인해 고초를 겪을 수밖에 없었다. 우리의 어리석음은 우리만이 아니라 우리 주위에 있는 사람들, 특히 우리의 자녀들과 후손들에게 영향을 미친다. 이스라엘 백성의 자녀들은 신선한 젖과 큼지막한 과일을 먹으며 가나안에서 편안하게 살 수 있었지만, 부모들의 어리석음으로 인해 끝없이 펼쳐진 황량한 사막 위에서 뜨거운 햇볕에 시달리며 성장해야 했다. 그들은 여호수아와 갈렙을 제외한 모든 부모 세대가 죽어 없어질 때까지 광야를 방랑해야 했다. 그러나 하나님은 그들이 광야를 방랑하는 동안에도 줄곧 그들과 함께하셨다. 그분은 이스라엘을 큰 민족과 나라로 만들겠다는 약속에 신실하셨다. 불과 몇 주면 끝날 여정이 이스라엘 백성의 어리석음 때문에 수십 년이 걸렸다는 것은 참으로 안타까운 일이 아닐 수 없었다.

1) 하나님은 이스라엘 백성에게 어떤 합당한 징벌을 내리셨는가?

— 그들은 애굽으로 되돌아가거나 광야에서 죽겠다고 고집을 부렸다. 따라서 하나님은 그들에게 가나안을 허락하지 않고, 다시 애굽이 있는 쪽으로 방향을 돌려 광야에서 방랑하다가 죽게 하겠다고 말씀하셨다. 우리의 어리석은 마음은 종종 최악의 상황을 유발시킨다.

2) 베드로후서 3장 9절을 읽어 보라. 그 구절을 읽어 보니 하나님이 이스라엘 백성을 어떻게 대하셨다는 생각이 드는가?

— 하나님은 불신앙에 사로잡힌 이스라엘 백성이 죄를 회개하고, 자신의 약속을 믿어 생명을 얻기를 바라며 오랫동안 인내하셨다.

3) 하나님은 이스라엘 백성에게 영원히 인내하셨는가?

— 아니다. 이스라엘 백성은 계속해서 마음을 강퍅하게 했기 때문에 마침내 하나님의 분노를 초래했다. 우리의 마음을 강퍅하게 해 하나님과 그분의 말씀을 거부하면, 우리를 향한 그분의 인내도 결국에는 한계에 달해 엄한 심판을 받을 수밖에 없다.

기도 

자녀들이 하나님의 인내에 감사하며 아직 기회가 있을 때 구원의 약속을 받아들일 수 있게 해달라고 기도하라.

71 산 채로 매장된 반역자들

복습 

1) 하나님이 이스라엘 백성에게 방향을 돌이켜 광야로 돌아가라고 명령하신 이유는 무엇인가?

— 그들의 강팍한 마음과 불신앙을 심판하시기 위해서였다.

2) 애굽에서 나온 이스라엘 백성 가운데 가나안에 들어간 사람들이 있었는가?

— 갈렙과 여호수아 두 사람뿐이었다.

본문 읽기 

민 16:1-5, 8-11, 32-35

1) 고라와 그의 추종자들은 모세와 아론을 어떻게 비방했는가?

— 모세와 아론이 스스로를 높여 이스라엘 백성 위에 군림한다고 비방했다.

2) 모세는 그런 그릇된 비방에 어떻게 반응했는가?

— 그는 하나님 앞에 잠시 엎드리고 나서 자기와 아론을 거스른 그들의 악한 생각을 꾸짖었다.

3) 나님은 그런 그릇된 비방에 어떻게 반응하셨는가?

— 그분은 반역자들과 그들의 가족을 산 채로 매장하는 형벌을 베푸셨다.

해설

핵심 내용 : 지도자직은 하나님에게서 비롯한 것이고, 그분을 위한 것이다.

하나님은 지도자를 통해 운영되는 다양한 제도를 제정하셨다. 국가와 도와 시는 제각각 대통령, 도지사, 시장을 통해 운영된다. 교회의 경우는 목사와 장로가 이끌고, 가정은 부모가 이끈다. 하나님이 그런 지도자들을 세우셨다. 그분은 이스라엘 백성 가운데서도 지도자를 임명하셨다. 모세와 아론은 스스로 선지자와 제사장을 자처하지 않았다. 그들을 세우신 분은 하나님이다. 따라서 고라와 그의 추종자들이 모세와 아론에게 대항한 것은 곧 하나님에게 대항한 것과 같았다.

모세와 아론에게 대항한 사람들은 평범한 이스라엘 사람들이 아니었다. 고라와 그의 추종자들은 중요한 직임을 맡았지만, 더 중요한 직임을 수행하는 모세와 아론을 시기했다. 그들만 성막에 들어가도록 허용된 것은 불공평해 보였다. 고라와 그의 추종자들은 "온 회중이 거룩하거늘 이들은 무엇 때문에 자기들만 특별하다고 생각하는 것인가?"라고 생각했다. 그릇된 비방이 흔히 그런 것처럼 고라의 비방에도 약간의 진실이 섞여 있었다. 그의 말대로 이스라엘은 거룩한 백성이었다. 그러나 특별한 지도자직을 설정하는 것은 하나님이 결정하시는 일이었다. 이스라엘은 거룩한 백성이었지만, 모세와 제사장들 외에는 아무도 성막에 들어가도록 허용되지 않았다. 그것이 하나님의 뜻이었다. 하나님의 뜻을 거역하는 자는 누구든 그분의 거룩한 진노를 피할 수 없다.

고라와 그의 추종자들은 제사장직을 원했다. 그들은 하나님이 자신들에게 정해주신 자리에서 하나님을 섬기는 데 만족하지 않았다. 그들은 이기적인 욕심으로 하나님이 선택하신 지도자들을 비방한 죄로 산 채로 매장당하는 형벌을 받고 말았다. 땅이 갈라져 그들과 그들의 가족을 삼켰다. 반역자들을 지지했던 250명의 장로도 하나님의 거룩한 임재의 불길에 살라졌다. 하나님은 소멸하는 불이시다. 하나님은 그릇된 방식으로 자기를 예배했던 나답과 아비후를 불사른 것처럼, 자신이 세운 선지자와 제사장들을 대적한 사람들을 불사르셨다. 그들은 하나님이 허락하지 않은 직위를 탐함으로써 그분을 시험했다. 그들은 이기적인 욕심으로 직위를 탐함으로써 하나님을 시험했다. 지도자직은 하나님에게서 비롯한 것이고, 그분을 위한 것이다.

1) 고라와 그의 추종자들의 비방이 잘못인 이유는 무엇인가?
— 그들은 모든 이스라엘 사람이 거룩하다는 진리를 왜곡시켜 하나님이 모세와 아론에게 허락하신 권위를 약화시키려고 했다. 그들이 그렇게 한 이유는 이기적인 목적을 이루기 위해

서였다.

2) 그들이 모세와 아론을 대적했던 이유는 무엇인가?

— 모세와 아론이 지닌 특권을 시샘했기 때문이다. 그들은 지도자직을 하나님과 사람들을 섬기는 수단이 아니라 스스로를 더 중요하게 보이게 만드는 수단으로 생각했다.

3) 그릇된 비방에 대응한 모세의 태도를 통해 어떤 교훈을 배울 수 있는가?

— 모세는 부당한 비방 앞에서 겸손한 지도자로서의 면모를 잘 보여주었다. 우리도 그처럼 하나님께 기도하고, 그분의 진리를 말하며, 우리 자신은 물론 비방자들까지도 하나님께 온전히 맡겨야 한다.

기도

가족들이 지도자직은 하나님에게서 비롯한 것이고, 그분을 위한 것이라는 점을 분명히 알고, 지도자직을 잘 수행하거나 지도자직에 복종하게 해달라고 기도하라.

72 모세의 반역 행위

복습

1) 고라와 그의 추종자들이 모세와 아론에게 대항했던 이유는 무엇인가?

— 모세와 아론에게 주어진 선지자와 제사장의 직위를 시기했기 때문이다.

2) 모세와 아론을 비방한 고라와 그의 추종자들은 어떻게 되었는가?

— 하나님의 심판을 받았다.

본문 읽기

민 20:2-12

1) 이스라엘 백성이 모세와 아론을 또다시 원망했던 이유는 무엇인가?

— 광야에서 마실 물이 없었기 때문이었다.

2) 하나님은 모세에게 어떤 식으로 백성들에게 물을 제공하라고 말씀하셨는가?

— 지팡이를 들고 바위를 향해 물을 내라고 명령하라고 지시

하셨다.

3) 모세는 하나님의 지시를 따랐는가?

— 아니다. 그는 바위를 향해 명령하지 않고, 지팡이로 두 차례 두들겼다.

4) 모세의 불순종은 어떤 결과를 초래했는가?

— 그는 아론과 함께 가나안에 들어가지 못할 운명에 처했다.

해설 

핵심 내용 : 우리를 하나님이 약속하신 안식으로 인도해 줄, 모세보다 더 나은 지도자가 필요하다.

광야에서 거의 40년이 흘렀지만, 이스라엘 백성은 조금도 변하지 않았다. 그들의 자기 연민에서 벗어나지 못한 채 여전히 불평을 일삼으며, 다른 사람이나 외부적인 요인에서 자신들이 겪는 불행의 원인을 찾았다. 끊임없이 불평을 일삼는 그들의 모습은 참으로 애처로운 생각마저 들게 한다. 그러나 본문의 이야기는 백성들의 불신앙이 아닌 그들의 지도자인 모세와 아론의 불신앙에 초점을 맞춘다.

민수기 20장은 마실 물이 없다고 불평하는 이스라엘 백성에게 하나님이 반석에서 신선한 물을 내어주셨던 초창기의 일을 상기시킨다(출 17장). 당시에 하나님은 모세에게 지팡이로 반석을 치라고 명령하셨다. 그로부터 거의 40년이 빠르게 지나갔고, 이스라엘 백성은 여전히 광야에서 마실 물이 없다고 불평했다. 조금도 변한 것이 없었지만, 하나님이 모세에게 하신 명령에는 약간의 변화가 있었다. 반석에서 물이 나왔지만, 이번에는 그것을 지팡이로 치라고 하지 않으셨다. 하나님은 반석을 향해 명령하라고만 말씀하셨다.

백성들의 태도에 짜증이 난 모세는 그들을 반역자로 일컬었지만, 스스로도 반역 행위를 저지르고 말았다. 분노한 그는 반석을 향해 명령하지 않고, 지팡이로 그것을 두 번 내리쳤다. 백성들은 하나님을 잊었고, 자신의 힘을 의지했다. 모세도 그와 똑같은 잘못을 저질렀다. 하나님은 여전히 은혜를 베풀어 신선한 물을 제공하셨지만, 모세는 불신앙으로 인해 가나안에 들어갈 수 없게 되었다. 그와 아론도 하나님을 잊은 다른 이스라엘 백성처럼 광야에서 죽게 될 운명에 처했다.

이스라엘 백성은 실패했다. 그들의 지도자들도 마찬가지였다. 거인들을 정복해 하나님의 축복이 가득한 땅으로 우리를 인도하려면, 이스라엘이나 모세보다 더 위대한 지도자가 필요하다. 죄로부터 온전히 자유로울 뿐 아니라 하나님께 온전히 순종하고, 그분의 목마른 백성에게 생명의 물을 영원히 공급해 줄 지도자가 필요하다. 하나님은 아론과 모세를 심판함으로써 우리에게 영혼을 만족시키는 완전한 안식을 누리게 할 의로우신 그리스도의 필요성을 일깨워주신다.

1) 민수기 20장과 출애굽기 17장의 유사점과 상이점은 무엇인가?

— 이스라엘 백성은 두 곳에서 모두 마실 물이 없다고 불평했고, 하나님은 모세를 통해 반석에서 물을 공급하는 은혜를 베풀어 주셨다. 하나님은 출애굽기 17장에서는 모세에게 반석을 치라고 지시하셨고, 모세는 그 지시에 순종했지만, 민수기 20장에서는 반석을 향해 명령하라고만 말씀하셨고, 모세는 그 지시를 따르지 않았다.

2) 모세가 반석을 두 번 쳐서 이스라엘 백성처럼 불순종의 죄를 저지른 이유는 무엇인가?

— 그가 하나님의 말씀을 믿고, 따르기보다 그분을 잊고 자신의 힘을 의지했기 때문이었다.

3) 모세가 가나안에 들어가지 못하게 된 것을 통해 무엇을 알 수 있는가?

— 모세는 우리가 의지해야 할 중보자가 아니라는 사실을 알 수 있다. 하나님은 더 나은 중보자이자 지도자인 예수 그리스도를 통해 자신의 약속을 이루실 생각이셨다.

기도 

자녀들이 의로운 구원자이자 지도자이신 예수 그리스도를 바라보고, 그분의 인도하심을 통해 구원에 이르게 해달라고 기도하라.

73 뱀에 대한 승리

복습

1) 모세가 가나안에 들어가지 못하고 죽어야 했던 이유는 무엇인가?

— 반석을 향해 명령하지 않고, 지팡이로 그것을 때림으로써 하나님의 지시를 거역했기 때문이다.

2) 모세의 실패를 통해 무엇을 알 수 있는가?

— 우리를 하나님의 안식으로 인도해줄 더 나은 지도자, 곧 예수 그리스도가 필요하다는 사실을 알 수 있다.

본문 읽기

민 21:4-9, 요 3:14, 15

1) 하나님은 불평하는 이스라엘 백성에게 어떤 심판을 내리셨는가?

— 불뱀을 보내 그들을 물어 죽이게 하셨다.

2) 하나님은 모세에게 어떤 지시를 내려 뱀에 물린 백성들을 구하게 하셨는가?

— 놋뱀을 만들어 장대에 높이 매달게 하셨다. 믿음으로 그것

을 바라본 이스라엘 백성은 죽지 않고 살아났다.

3) 예수님은 놋뱀을 어떻게 자기에게 빗대어 말씀하셨는가?

— 사람들을 죽음에서 구원하려면 놋뱀이 높이 들린 것처럼 자기도 들려야 한다고 말씀하셨다.

해설

핵심 내용 : 그리스도께서 죄와 사탄을 정복하셨다는 것을 믿지 않으면 죽을 수밖에 없다.

이스라엘의 새로운 세대는 부모와 조부모들이 광야를 유랑하면서 끊임없이 하나님을 원망하는 모습을 40년 동안 지켜보았다. 그들은 부모들의 실수를 통해 깨달음을 얻었을까, 아니면 그들의 그릇된 전철을 되풀이했을까? 안타깝게도 그들 가운데는 죄와 죽음의 길을 되밟았던 사람들이 대다수를 차지했다. 그들은 애굽에서의 삶을 갈망했고, 광야 생활을 불평했으며, 하나님과 모세가 자기들을 죽이려 한다고 원망했다. 너무나도 비슷하지 않은가? 그것은 그들의 부모와 조부모들을 광야에서 죽게 만든 죄였다. 그들도 그런 불신앙으로 인해 광야에서 죽을 운명에 직면했다. 하나님은 불뱀을 보내 그들을 심판하셨다. 불뱀의 독액 한 방울이면 죽음을 면하기 어려웠다.

그러나 죄인들을 심판하는 하나님은 또한 그들을 구원하는 하나님이시다. 하나님은 백성들을 위한 모세의 기도를 듣고서 장대에 매단 놋뱀을 통해 치유책을 제공하셨다. 불뱀은 사나운 코브라 장식이 달린 왕관을 쓴 애굽 왕 바로는 물론, 뱀의 형상으로 나타나서 아담과 하와를 유혹했던 사탄을 상기시켰을 것이다. 하나님은 놋뱀을 장대에 매달아 뱀에 대한 승리를 알리셨다. 하나님은 바로를 제압했고, 더 중요하게는 사탄을 정복하셨다. 이스라엘 백성은 단지 그분의 은혜로운 승리를 믿는 것으로 족했다. 그들이 할 일은 장대에 달린 놋뱀을 바라보는 것뿐이었다. 그렇게 하기만 하면, 뱀의 치명적인 독이 즉각 찟속에서 사라졌다.

이스라엘 백성은 스스로 자신을 치유할 수 없었다. 그러기는 우리도 마찬가지다. 십자가에 매달린 그리스도, 높이 들려 하늘의 영광을 누리시는 그리스도를 바라보면 치명적인 죄책과 죄의 권세로부터 자유롭게 된다. 그분의 몸에 난 승리의 상처가 우리를 치유한다. 그분은 그 상처로 뱀의 머리를 으깨셨다. 그분의 승리를 믿는 믿음이 필요하다. 마음의 눈으로 그리스도를 바라보지 않으면 죄 가운데서 죽을 수밖에 없다.

1) 본문의 이야기를 통해 하나님의 심판과 은혜에 관해 무엇을 알 수 있는가?
   — 하나님은 이스라엘 백성의 죄에 분노해 불뱀으로 그들을 심판하셨지만, 그들이 장대 매달린 뱀을 바라보는 믿음을 통해 치명적인 독을 치유하고, 구원을 받을 수 있는 은혜를 베푸

셨다.

2) 놋뱀은 이스라엘 백성에게 무엇을 상기시켜주었을까?

— 바로와 사탄을 상기시켜주었을 것이다. 하나님은 자신이 그들을 죄의 죽음의 노예로 만든 사탄을 정복하셨다는 증표를 그들에게 보여주셨다.

3) 사탄과 죄의 치명적인 독을 치유하려면 어떻게 해야 할까?

— 이스라엘 백성이 불뱀의 독에서 치유받은 것과 똑같이 하나님이 십자가에 매다신 분을 의지해야 한다. 예수님은 죽음으로 죄를 속량했고, 부활로 뱀의 머리를 으깨어 그것을 정복하셨다. 믿음으로 그리스도를 바라보면 치유받을 수 있다.

기도 

가족들이 뱀을 제압하신 하나님의 아들의 치유 능력을 깨닫고, 의지하게 해달라고 기도하라.

74 이스라엘 백성을 축복할 수밖에 없었던 발람

복습

1) 하나님이 이스라엘 백성에게 불뱀을 보내신 이유는 무엇인가?

— 그들의 불평이 죽음의 형벌을 받아야 할 죄였기 때문이다.

2) 하나님은 무엇을 뱀의 치명적인 독을 없애는 치유책으로 제공하셨는가?

— 장대에 매단 놋뱀. 그것은 사탄에 대한 하나님의 승리를 상징한다.

본문 읽기

민 22:1-6, 23:7-12

1) 발락은 누구이고, 그는 누구를 두려워했는가?

— 발락은 모압 왕이었고, 그는 이스라엘 백성을 두려워했다.

2) 발락이 불경한 선지자 발람을 불렀던 이유는 무엇인가?

— 이스라엘 백성을 저주하게 하기 위해서였다.

3) 발람은 이스라엘 백성을 저주했는가?

— 아니다. 그는 이스라엘 백성을 축복할 수밖에 없었다.

해설

핵심 내용 : 하나님은 자기 백성이 비록 죄가 있더라도 축복하기를 원하신다. 그 누구도 그분의 생각을 바꿀 수 없다.

하나님은 시혼과 옥의 왕국을 점령하는 승리를 통해 가나안 정복의 기쁨을 미리 맛보게 하셨다(민 21:21-35). 이 소식이 모압 왕 발락의 귀에 전해졌다. 그는 크게 두려워했다. 시혼과 옥이 이스라엘 군대를 물리치지 못했는데 자기가 어떻게 그들을 물리칠 수 있겠는가? 발락은 자기에게 싸울 힘이 없다는 것을 알고는 다른 힘을 빌릴 생각을 했다. 그는 신들을 이용해 이스라엘을 저주할 계획이었다. 그는 그 지역에서 가장 잘 알려진 마술사, 즉 이방 선지자 발람을 고용해 자신의 계획을 실행에 옮기려고 했다.

언뜻 생각하면, 그것은 매우 좋은 계획인 것처럼 보였지만, 한 가지 문제가 있었다. 그것은 살아 계시는 참 하나님이 이스라엘을 축복하기로 작정하셨다는 것이다. 하나님은 이스라엘이 처음 존재할 때부터 그렇게 하기로 약속하셨다(창 12:1-3). 하나님이 무엇인가를 하겠다고 작정하시면, 가장 지혜롭고, 강하고, 부유한 사람조차도 그분의 생각을 바꿀 수 없다. 하나님은 그 불경한 선지자에게 나타나서 나귀의 입을 통해 그를 깨우치는 방법을 사용하면서까지 오직 자기가 허락하는 말만 전하라는 뜻을 분명하게 전달하셨다(민 22:22-35). 발람은 하나님이 이스라엘을 저주하셔야만 그들을 저주할 수 있었다. 그러나 하나님은 이스라엘을 축복하기로 작정하셨기 때문에 발람도 결국에는 축복의 말만 할 뿐이었다. 발락은 발람에게 세 차례나 기대를 걸며 마법을 통해 이스라엘을 저주해 주기를 바랐으나 발람은 그때마다 축복만을 선언했다. 더욱이 그의 축복은 갈수록 더욱 크게 확대되어 심지어는 이스라엘에서 나온 왕이 모압과 인근 민족들을 모두 지배할 것이라고까지 말했다(민 24:17-19). 발락의 기발한 계획은 결국 그렇게 끝나고 말았다.

하나님이 이스라엘을 축복하기로 작정하신 이유는 그들이 신실했기 때문이 아니라 하나님 자신이 신실하셨기 때문이다. 민수기를 통해 알 수 있는 사실은 이스라엘이 강퍅하고, 반역적인 백성이라는 것이다. 그들은 하나님의 저주를 받아야 마땅했다. 그러나 하나님은 그들을 축복하겠다고 약속하셨고, 그 약속을 충실하게 지키기로 작정하셨다. 그분은 그들이 자신의 축복을 누리도록 그리스도를 보내 그들을 대신해 저주를 감당하게 하실 계획이셨다. 예수님은 발람이 예언한 왕, 곧 이스라엘의 원수들을 물리칠 왕이시다. 그분을 통해 하나님이 약속하신 축복이 궁극적으로 실현된다. 우리가 그리스도 안에 있다면, 그 누구도 우리를 하나님의 저주 아래로 되돌릴 수 없다.

1) 발람은 발락이 요구한 대로 이스라엘 백성을 저주하지 못했다. 그 이유는 무엇인가?

— 하나님이 허락하지 않으셨기 때문이다. 하나님은 불경한

마술사를 통제했고, 오히려 그를 통해 이스라엘 백성을 축복하려는 자신의 계획을 분명하게 드러내셨다.

2) 하나님이 이스라엘 백성을 축복하기로 작정하신 이유는 무엇인가?

— 그들이 선하거나 지혜롭거나 훌륭해서가 아니라 하나님이 그들을 사랑하셨고, 언약 백성인 그들을 축복하겠다고 약속하셨기 때문이다.

3) 예수님의 십자가가 하나님이 자기 백성을 축복하기로 작정하셨다는 사실을 분명하게 보여주는 이유는 무엇인가?

— 하나님의 백성은 죄 때문에 그분의 저주를 받아야 마땅하다. 그러나 하나님은 그들을 축복하기로 작정하고, 그들이 영원히 축복을 누리며 살게 하려고 예수님을 보내 저주를 대신 담당하게 하셨다.

기도 

자녀들이 그리스도 안에서 변하지 않는 하나님의 축복을 누릴 수 있게 해달라고 기도하라.

75 모세의 후계자

복습 

1) 발락은 발람에게 무엇을 요구했는가?

— 이스라엘을 저주해 그들과의 싸움에서 이기게 해달라고 요구했다.

2) 발람은 이스라엘을 저주했는가?

— 그렇게 하지 못했다. 하나님은 그가 이스라엘을 향해 오직 축복만을 선언하게 하셨다.

본문 읽기 

민 27:12-23

1) 하나님은 모세에게 무엇을 명령하셨는가?

— 죽기 전에 아바림산에 올라가서 가나안 땅을 바라보라고 명령하셨다.

2) 모세는 자신의 죽음이 임박한 것을 알고서 하나님께 무엇을 구했는가?

— 가나안 입성을 준비하는 이스라엘 백성을 이끌 새로운 지도자를 세워달라고 기도했다.

3) 하나님은 누구를 이스라엘의 새 지도자로 세우셨는가?

— 여호수아. 그는 모세의 조수이자 이스라엘 백성에게 믿음으로 가나안을 정복하자고 말했던 두 명의 정탐꾼 가운데 하나였다.

해설

핵심 내용 : 이스라엘의 새로운 세대가 가나안 정복을 준비할 때, 하나님은 그들에게 새로운 지도자를 허락하셨다.

전쟁에서 승리하려면 신중한 계획과 지혜로운 지도력이 필요하다. 이스라엘의 새로운 세대, 곧 애굽에서 나온 이스라엘 백성의 자녀들이 가나안에 가까이 이르렀을 때 하나님은 또다시 인구 계수를 명하셨다(민 26:1-51). 이스라엘의 군대 숫자를 계수한 지 40년이 지났고, 그들은 거의 모두 죽고 말았다. 새로운 인구 계수의 특이점은 여전히 이스라엘 백성 가운데 싸울 수 있는 장정의 숫자가 50만 명이 넘었다는 것이다. 불신앙으로 인해 그들에게 죽음과 심판이 임했지만, 하나님은 계속해서 그들을 축복해 숫자가 더욱 불어나게 하셨다.

지금까지 말한 대로, 이스라엘의 군대 장관은 하나님이셨다. 그분은 그들의 전쟁을 지휘해 승리를 안겨줄 사령관이셨다. 그러나 하나님은 사람들을 통해 자기 백성을 인도하신다. 그분은 오늘날 교회에서도 목사를 통해 그렇게 하신다. 우리가 그들을 하위 목자(undershepherd)로 일컫는 이유는 그들이 목자장(the Chief Shepherd)이신 예수님 밑에서 일하기 때문이다. 이스라엘의 경우도 마찬가지였다. 하나님이 그들의 지도자이자 목자이셨다. 그러나 그분은 자기 밑에서 지도자와 목자로 일할 사람들을 임명하셨다. 모세도 그런 사람 가운데 하나였다. 그는 40년 동안 하나님의 양 떼를 보살피고, 인도했다. 그러나 그는 임종을 눈앞에 둔 상태였다. 이스라엘의 새로운 세대는 새 지도자가 필요했다. 하나님은 여호수아를 그런 지도자로 세우셨다.

여호수아는 모세만큼 중요한 지도자는 아니었다. 모세는 선지자였다. 하나님은 그를 통해 이스라엘 백성에게 율법을 수여하셨다. 모세는 또한 제사장이자 중보자였다. 하나님은 그와 대면해 말씀하셨다. 여호수아는 선지자도 아니었고, 제사장도 아니었다(민 27:21). 그의 역할은 모세처럼 지도자로서 이스라엘 군대를 이끌고 가나안을 정복하는 것이었다. 여호수아라는 이름은 "하나님이 구원하신다"라는 뜻이다. 하나님은 성령 충만한 지도자를 통해 자기 백성을 원수들로부터 구원해 약속의 땅으로 인도하실 계획이셨다. 이스라엘의 새 지도자인 여호수아의 한정된 권위는 예수님('여호수아'의 헬라어 이름)의 무한한 권위를 예표한다. 예수님은 궁극적인 선지자요 제사장이요 군대 장관으로서 자기 백성을 더 위대한 가나안으로 인도하실 것이다.

1) 인구 계수와 여호수아를 세우신 하나님의 처사가 이스라엘 백성을 향한 큰 은혜였던 이유는 무엇인가?

— 수많은 이스라엘 백성이 죄 때문에 죽었고, 모세도 그의 죄 때문에 죽었지만, 하나님은 자기 백성의 숫자를 더 늘어나게 하셨고, 새 지도자를 허락하는 은혜까지 베풀어 주셨다.

2) 여호수아는 모세와 어떻게 달랐는가?

— 민수기 27장 20절을 살펴보면, 모세의 권위 가운데 전부가 아닌 일부만이 그에게 주어진 것을 알 수 있다. 여호수아는 선지자나 제사장이 아닌 군대 장관으로서만 이스라엘을 섬기는 역할을 맡았다.

3) 여호수아라는 이름은 무슨 의미인가?

— "하나님이 구원하신다." 하나님은 여호수아의 지도력을 통해 자기 백성을 원수들에게서 구원해 복된 가나안으로 인도하실 예정이었다. 여호수아는 궁극적으로 하나님의 백성을 죄에서 구해 하늘나라의 안식으로 인도하실 예수님을 예표한다.

기도 

가족들이 여호수아보다 더 위대하신 예수 그리스도를 통해 죄와 육신과 세상을 정복하게 해달라고 기도하라.

76 타협 불허의 원칙

복습 

1) 모세는 가나안 땅을 바라보면서 하나님께 무엇을 구했는가?

— 이스라엘을 위해 새 지도자를 허락해 달라고 기도했다.

2) 하나님은 누구를 이스라엘의 새 지도자로 세우셨는가?

— 여호수아.

본문 읽기 

민 33:50-56

1) 이스라엘 백성은 가나안 족속과 그들의 우상들을 어떻게 처리해야 했는가?

— 가나안 족속을 모조리 몰아내고, 그들의 우상을 모두 파괴해야 했다.

2) 이스라엘 백성은 가나안 땅을 어떻게 처리해야 했는가?

— 가나안 땅은 하나님이 주신 은혜로운 선물이었다. 그들은 그것을 지파대로 나누어야 했다.

3) 이스라엘 백성이 가나안 족속을 모조리 몰아내고, 그들의 우상을 모두 파괴하지 못하면 어떤 일이 일어날 것이었는가?

— 이방 민족과 그들의 우상들이 하나님에게서 멀어지게 만드는 덫이 되어 그분의 심판을 받게 될 것이었다.

해설

> 핵심 내용 : 이스라엘 백성이 가나안에서 참된 안식을 누리려면 그곳에서 하나님을 거스르는 것들을 남김없이 없애야 했다.

이스라엘 백성이 광야 생활을 마치고 멈춘 마흔두 곳의 장소를 상세하게 열거하고 난 뒤에(민 33:1-49) 위의 본문 말씀이 이어진다. 왜 마흔두 곳이었을까? 6에 7을 곱하면 42가 된다. 7은 성경에서 중요한 숫자로 취급된다. 그것은 완전을 나타내는 숫자다. 하나님은 엿새 동안 일하고, 일곱째 날에 안식하셨다. 6은 마침내 끝이 난 광야의 방랑 기간을 가리킨다. 이스라엘 백성은 이제 가나안에서의 안식이라는 일곱 번째 기간에 접어들었다. 이것이 모세가 마흔두 곳의 종착지를 열거하고 나서 이스라엘 백성에게 약속의 땅에 들어갔을 때 그들이 해야 할 일을 지시한 이유였다. 그들의 방랑 생활은 마침내 막바지에 이르렀다. 그들이 가나안에서 완전한 안식을 누리려면 그곳에서 하나님을 거스르는 모든 것을 없애야 했다.

가나안 족속을 몰아내고, 그들의 우상을 남김없이 파괴하라는 하나님의 명령은 언뜻 너무 가혹한 것처럼 들릴지도 모른다. 마을에 도착할 때마다 주민들을 모조리 몰아내고, 그들의 물건을 불태우는 광경을 상상해 보라. 그러나 당시의 상황은 매우 독특했다. 그 이유는 이스라엘이 독특한 백성이고, 가나안이 독특한 땅이었기 때문이다. 가나안은 새로운 에덴동산, 곧 하나님의 백성이 그분을 알고 즐거워하기 위한 동산 성전이었다. 따라서 뱀과 그의 거짓말에 영향을 받은 사람이나 사물은 모두 제거하고, 파괴해야 했다. 그 어떤 것도 예외를 두어서는 안 되었다.

사람들을 몰아내고, 우상들을 부수라는 명령은 사실상 이스라엘 백성을 향한 하나님의 큰 은혜였다. 이스라엘 백성이 40년 동안 광야 생활을 했다는 사실은 그들이 그릇된 길로 치우치기를 좋아하는 성향이 있다는 것을 보여준다. 하나님은 가나안 족속과 그들의 우상이 남아 있으면 이스라엘 백성이 자기를 떠나 세상의 길로 나아가려는 유혹을 느낄 수 있다는 것을 아셨다. 그분은 우리도 이스라엘 백성과 조금도 다르지 않다는 것을 알고 계신다. 따라서 그분은 우리에게 세상과 그 우상들을 사랑하고, 따라서는 안 된다고 경고하셨다(약 4:4). 만일 우리가 세상과 벗이 되어 돈이나 권세와 같은 우상들에게 절한다면 하나님을 떠나 하늘의 안식에 들어가지 못할 것이다. 이스라엘 백성을 향한 이 은혜로운 경고는 곧 우리를 향한 은혜로운 경고다.

1) 하나님이 가나안 족속을 모조리 몰아내고, 그들의 우상들을 모두 파괴하라고 명령하신 이유는 무엇인가?
— 그 이유는 하나님이 이스라엘 백성을 사랑하셨기 때문이

다. 그분은 그들의 부패한 마음이 유혹을 받아 자기에게서 멀어지는 것을 원하지 않으셨다.

2) 이스라엘 백성이 가나안 족속과 어울리고, 그들의 우상들을 섬긴다면 어떻게 될 것이었는가?

— 하나님의 심판을 받아 그분이 은혜로 주신 안식을 잃고, 고통을 겪게 될 것이었다.

3) 위의 본문을 오늘날 우리에게 어떻게 적용할 수 있는가?

— 우리의 마음도 이스라엘 백성처럼 그릇된 길로 치우치려는 성향이 있다. 우리는 세상과 어울리지 말고, 우리의 마음과 삶에서 우상들을 제거하고, 예수 그리스도를 통해 오직 하나님만 예배하고, 섬겨야 한다.

기도 

교회가 악한 세상과 어울리며, 그 길을 따르지 않도록 보호해 달라고 기도하라.

4부
언약의 갱신

신 1-34장

77 모세의 고별 설교

복습

1) 이스라엘 백성을 가나안으로 인도할 사람은 누구였는가?

— 여호수아

2) 이스라엘 백성은 가나안에 들어가서 어떻게 해야 했는가?

— 그곳의 사람들을 모조리 몰아내고, 그들의 우상들을 모두 파괴해야 했다.

본문 읽기

신 1:1-4

1) 누가 이스라엘 백성에게 말했는가?

— 모세.

2) 모세는 이스라엘 백성에게 무엇을 말했는가?

— 하나님이 자기에게 주신 모든 말씀. 그는 하나님의 선지자로서 말씀을 전했다.

3) 이 설교는 언제 행해졌는가?

— 이스라엘 백성이 40년의 광야 생활을 마치고 가나안에 들어갈 준비를 할 때 행해졌다.

해설

핵심 내용 : 하나님과의 언약을 지키려면 그분의 말씀에 주의를 기울여야 한다.

신명기에는 모세의 장례식 외에 특별히 중요한 사건은 아무것도 발견되지 않는다. 무서운 심판이나 극적인 구원도 없고, 우리의 관심을 사로잡을 만한 흥미로운 이야기도 없다. 그렇다면 신명기의 목적은 무엇일까? 그것은 한 가지, 곧 설교다. 이스라엘 백성이 가나안 경계 지역에 모여 있을 때, 늙은 모세가 여러 편의 설교를 전했다. 지루하게 생각될지 모르지만 사실은 전혀 그렇지 않다. 하나님은 모세에게 그의 임종이 임박했다고 말씀하셨다. 죽음을 앞둔 사람이 따분하고, 중요하지 않은 일에 잠시라도 시간을 낭비할 리는 만무할 것이다. 모세는 하나님의 말씀을 전했다. 그가 그렇게 한 이유는 이스라엘 백성에게 가나안 땅에서 하나님과의 언약을 지키라고 당부하기 위해서였다.

이스라엘 백성이 가나안에서 하나님의 축복을 누리려면 그분의 말씀에 주의를 기울여야 했다. 말씀에 귀를 열지 않으면 그릇된 길로 치우치고 말 것이 분명했다. 이스라엘의 새로운 세대의 부모들이 바로 그런 잘못을 저질렀다. 시내산(신명기에서는 '호렙산'으로 일컬어졌다)에서 가나안까지는 불과 11일 걸릴 거리에 지나지 않았다. 그 길이는 약 225킬로미터였다. 그러나 그 길을 지나는 데 11일이 아닌 40년이 걸렸다. 일 년에 5.6킬로미터씩 온 셈이었다. 그들은 GPS가 없는 탐험가들처럼 같은 지역을 뱅뱅 돌았다. 왜 그랬을까? 그 이유는 그들이 하나님의 말씀을 거부했기 때문이었다. 모세가 가나안에 들어가지 못했던 이유도 마찬가지였다. 그는 하나님의 분명한 명령을 듣고, 행하기를 거부했다. 그는 새로운 세대가 그와 똑같은 치명적인 잘못을 되풀이하지 않기를 바랐다. 그는 이스라엘 백성이 가나안을 정복해 복된 삶을 살려면, 하나님의 언약의 말씀을 굳게 붙잡고, 믿음으로 순종하는 것뿐이라는 사실을 너무나도 잘 알고 있었다.

신명기는 광야와 같은 세상을 지나는 하나님의 백성에게 설교가 얼마나 중요한지를 분명하게 보여준다. 우리도 설교 말씀이 없으면 광야와 같은 세상을 지나 하늘나라에 무사히 안착할 수 없다. 하나님은 이스라엘 백성을 모압 평지에 모아놓고 모세를 통해 말씀을 전하신 것처럼, 매주 교회들을 모아놓고 설교를 통해 그들에게 말씀을 전해 하늘의 가나안에 들어갈 수 있는 준비를 갖추게 하신다. 우리는 설교 시간에 다른 생각을 해서는 안 된다. 우리의 영원한 운명이 설교를 통해 전해지는 하나님의 말씀을 어떻게 받아들이느냐에 달려 있다.

1) 신명기에는 뭔가 흥미로운 것이 기록되어 있는가?
— 신명기에 기록된 흥미로운 것이 있다면 일련의 설교 말씀뿐이다. 그러나 설교가 하나님이 사람을 통해 하시는 말씀이라

는 사실을 이해한다면, 신명기에 기록된 것이 세상에서 가장 흥미로운 일 가운데 하나라는 것을 알 수 있다.

2) 모세가 삶의 마지막 순간을 말씀을 전하는 일에 할애한 이유는 무엇인가?

— 이스라엘 백성이 하나님의 말씀을 이해하고, 믿고, 순종해야만 가나안에서 오랫동안 하나님의 축복을 누리며 살 수 있을 것이라는 사실을 알았기 때문이다.

3) 하나님은 오늘날 설교를 통해 장차 천국에 갈 우리를 어떻게 준비시키시는가?

— 하나님은 주일마다 우리를 모아놓고 설교 말씀을 통해 우리의 믿음을 굳세게 하고, 주님에 대한 헌신을 새롭게 다지게 하신다.

기도 

자녀들이 하나님의 말씀을 사랑하고, 굳게 믿을 수 있게 해달라고 기도하라.

78 질투하시는 하나님

복습

1) 신명기에는 무엇이 기록되어 있는가?

— 모세의 설교.

2) 모세가 이스라엘 백성에게 설교를 전한 이유는 무엇인가?

— 가나안에서 하나님과 함께 살아가는 법을 가르치기 위해서였다.

본문 읽기

신 4:23, 24

1) 이스라엘 백성은 무엇을 잊어서는 안 되었는가?

— 하나님이 그들과 맺으신 특별한 관계를 잊어서는 안 되었다.

2) 이스라엘 백성은 무엇을 해서는 안 되었는가?

— 하나님의 형상이나 조각상을 만들어서는 안 되었다. 십계명을 통해 나타난 하나님의 언약은 그런 행위를 엄격하게 금지한다.

3) 모세는 하나님이 어떤 분이시라고 말했는가?

— 소멸하는 불이요 질투하는 하나님이시라고 말했다.

해설

핵심 내용 : 하나님은 자기 백성과 맺은 사랑의 관계를 지키려는 열정이 매우 크시다.

'질투'라는 말을 들으면 대개는 잘못된 '시기심'을 생각하기 마련이다. 나보다 더 똑똑하거나 재능이 많은 친구를 보면, 그 친구가 나였으면 좋겠다는 생각이 들거나 심지어는 미워하는 감정이 일기까지 한다. 앞서 살펴본 대로, 미리암과 아론이나 고라와 그의 추종자들이 그런 시기심을 느꼈다(민 12:1-14, 16:1-11). 그러나 하나님은 질투하는 하나님이시라는 모세의 말은 그분이 다른 존재들을 보고 시기심과 증오심을 느끼신다는 뜻이 아니다. 하나님은 그릇된 질투심이 아닌 거룩한 질투심을 느끼신다. 하나님의 질투심이란 자신의 영광을 위해 자기 백성과 맺으신 사랑의 관계를 보호하려는 강렬한 열정을 의미한다. 그분은 자기 백성을 자기만 소유하려는 열정이 매우 크시다.

이런 종류의 거룩한 질투심이 결혼 관계에서 발견된다. 결혼은 한 남자와 한 여자의 관계다. 우리는 이런 관계를 '배타적인 관계'로 일컫는다. 결혼 관계는 제삼자가 끼어들면 파괴되고 만다. 남편은 그런 특별한 관계를 보호하려는 강한 열정을 느낄 수밖에 없다. 그는 아내를 사랑할 뿐 아니라 결혼 언약이 파괴되기를 원하지 않기 때문에 아내가 다른 남자에게 마음이나 몸을 내어주면 거룩한 분노로 활활 타오를 수밖에 없다. 아내에 대한 남편의 질투심은 선하고, 옳다.

하나님이 자기 백성과 맺으시는 언약의 결속도 결혼 관계와 비슷하다. 그것은 배타적인 관계다. 하나님은 자기 백성에게만 자기를 내주시고, 그분의 백성도 그분에게만 자기를 내준다. 이스라엘 백성이 우상들에게 마음과 몸을 내주면, 언약이 파기될 것이다. 그러면 이스라엘이 하나님과 약속의 땅으로부터 차단되어 멸망할 뿐 아니라, 그분의 신실하심을 의심하는 결과를 초래할 것이다. 하나님은 이스라엘을 큰 땅에서 큰 민족으로 만들어 큰 축복을 누리게 하겠다고 약속하셨다. 하나님은 자기의 영광이 세상에 널리 알려져 높이 존중되기를 바라는 열정이 강하기 때문에 자기의 약속이 반드시 이루어지기를 바라신다. 하나님은 자기 백성을 위한 열정으로 뜨겁게 불타오르신다. 따라서 그분의 백성도 그분을 위한 열정으로 뜨겁게 불타올라야 한다.

1) 하나님이 질투하시는 것이 가능한가? 질투는 죄가 아닌가?
— 질투는 죄일 때가 많다. 그러나 거룩한 질투도 있다. "질투하시는 하나님"이라는 성경의 표현은 자신의 영광을 위해 자기 백성과 맺은 특별한 관계를 보호하려는 그분의 열정을 가리킨다.

2) 결혼 관계는 이스라엘을 향한 하나님의 질투심을 이해하는 데 어떤 도움을 주는가?

— 남편은 아내를 위한 질투심, 곧 아내와의 배타적인 관계를 보호하려는 열정으로 뜨겁게 불타올라야 한다. 이것은 하나님과 이스라엘의 관계에 관한 성경의 가르침을 구체적으로 예시한다. 하나님은 이스라엘의 남편이시다. 그분이 질투하시는 이유는 이스라엘을 향한 사랑 때문이다.

3) 하나님의 백성도 하나님을 위해 질투해야 하는가?

— 그렇다. 하나님의 백성은 우상들을 경계하고, 마음과 몸을 오로지 하나님께만 드리려는 열정으로 활활 타올라야 한다.

기도 

자녀들이 하나님의 영광과 언약을 위한 열정으로 뜨겁게 불타오르게 해달라고 기도하라.

79 쉐마

복습 

1) 질투심은 항상 죄인가?

— 아니다. 거룩한 질투심도 있다.

2) 하나님이 질투하신다는 것은 무슨 의미인가?

— 자기 백성과 맺은 사랑의 언약을 보호하려는 열정이 뜨거우시다는 의미다.

본문 읽기 

신 6:4-9

1) 모세는 하나님을 어떤 분으로 선언했는가?

— 유일하신 하나님으로 선언했다.

2) 모세는 유일하신 하나님을 어떻게 대해야 한다고 말했는가?

— 마음과 뜻과 힘을 다해 하나님을 사랑해야 한다고 말했다.

3) 이스라엘 백성은 하나님의 말씀을 어떻게 대해야 했는가?

— 항상 마음에 새기고, 입으로 가르치고, 눈앞에 두어 표로 삼아야 했다.

해설

핵심 내용 : 하나님과의 언약을 지키려면, 말씀을 통해 그분을 알고, 사랑해야 한다.

본문은 가장 잘 알려진 성경 말씀 가운데 하나다. 어떤 유대인들은 매일 아침과 저녁에 이 말씀을 암송한다. 이 말씀은 '쉐마'로 불린다. 이 용어는 '들으라'라는 히브리어에서 유래했다. 모세는 여전히 말씀을 전하고 있었다. 그는 이스라엘의 새로운 세대를 향해 귀를 열어 하나님의 말씀을 들으라고 말했다. 왜 그랬을까? 몇 가지 이유가 있지만, 가장 중요한 이유는 성경을 통해 하나님을 알 수 있기 때문이다. 우리는 하나님의 말씀을 들음으로써 그분의 영광을 본다. 재능 있는 이야기꾼의 말을 들어본 적이 있다면, 이 말이 무슨 뜻인지 잘 알 것이다. 그런 사람의 이야기를 듣고 있노라면 이야기 속으로 빠져들어 가는 듯한 느낌이 든다. 귀를 통해 모든 것을 생생하게 보고, 맛보고, 냄새 맡고, 느낄 수 있다. 하나님의 말씀에 진정으로 귀를 기울이면 마음의 눈이 열려 하나님을 볼 수 있다. 하나님은 한 분이시다. 다른 하나님은 없다. 이스라엘 백성은 이 사실을 이해해야 했다. 우리도 마찬가지다. 하나님의 독특한 영광을 통해 그분을 보고, 알면 그분을 사랑하지 않을 수 없다.

이것이 모세가 우리 안에 있는 모든 것으로 하나님을 사랑하라고 가르친 이유다. 하나님을 향한 사랑은 우리 스스로 불러일으킬 수 있는 감정이 아니다. 성경을 통해 하나님의 아름다우심을 봐야만 우리 안에서 그런 감정이 생겨난다. 하나님은 유일하신 하나님이기 때문에 우리의 마음을 남김없이 바치기를 원하신다. 하나님은 배타적인 하나님이기 때문에 오직 자기만을 사랑하기를 바라신다.

모세는 사람들의 말과 행동이 내면에 있는 사랑에서 비롯하는 것이라는 사실을 잘 알고 있었다. 하나님을 사랑하면, 말과 행위로 그분을 존중하고, 순종의 태도를 취하기 마련이다. 하나님과 함께 살면서 그분을 위하려면 마음이 가장 중요하다. 따라서 모세는 가나안 입성을 준비하는 이스라엘 백성의 마음을 곧장 겨냥했다.

물론, 이스라엘 백성은 나중에 하나님을 사랑하지 않았다. 그러기는 우리도 마찬가지다. 마음과 뜻과 힘을 다해 하나님을 사랑했던 사람은 예수님이 유일했다. 예수님은 성부 하나님을 온전하게 알고, 사랑하고, 따르셨다. 우리는 우리의 사랑 없는 마음을 그분 앞에 가져가야 한다. 오직 그리스도 안에서만 내면이 변화되어 사랑 없는 상태에서 벗어나 하나님을 사랑할 수 있다. 그리스도의 얼굴에서 하나님의 영광을 보면, 우리의 마음이 그분을 향한 사랑으로 활활 타오르기 시작한다.

1) 하나님이 설교를 통해 우리에게 주시는 가장 큰 축복은 무엇인가?
— 하나님 자신이다. 하나님은 말씀을 통해 복된 진리를 많이 가르치지만, 가장 중요하게는 자기 자신을 우리에게 보여주어

자기를 알고, 즐거워할 수 있게 하신다.

2) 하나님을 사랑하려면 어떻게 해야 할까?

— 우리의 마음은 본성적으로 하나님을 사랑하지 못한다. 이스라엘 백성의 마음도 마찬가지였다. 복음을 듣고서 하나님의 영광을 봐야만 마음이 변화되어 하나님을 사랑할 수 있다.

3) 사랑과 순종은 어떤 관계가 있는가?

— 우리의 외적 행위는 내적인 마음에서 비롯하는 결과물이다. 순종의 정도는 하나님을 얼마나 사랑하느냐에 따라 달라진다.

기도

가족들이 말씀을 듣고서 유일하신 하나님을 보고, 사랑하고, 순종할 수 있게 해달라고 기도하라.

80 하나님이 자기 백성을 사랑하시는 이유

복습

1) 하나님이 말씀을 통해 우리에게 베푸시는 가장 큰 축복은 무엇인가?

— 하나님 자신을 내어주시는 축복.

2) 어떻게 하나님을 사랑할 수 있는가?

— 오직 예수 그리스도를 믿는 믿음을 통해.

본문 읽기

신 7:1-11

1) 이스라엘 백성은 가나안에 사는 민족들을 어떻게 대해야 했는가?

— 우상을 섬기도록 유혹하지 못하게끔 조금도 사정을 두지 말고 완전히 가나안에서 몰아내야 했다.

2) 이스라엘 백성이 이방 민족들과 어울려서는 안 되는 이유는 무엇인가?

— 하나님이 그들을 따로 거룩하게 구별해 자기를 알고, 사랑하고, 섬길 특별한 백성으로 선택하셨기 때문이다.

3) 하나님이 이스라엘 백성을 특별한 백성으로 선택하신 이유는 무엇인가?

— 그들이 강하거나 훌륭해서가 아니라 하나님이 그들을 사랑하셨기 때문이다.

해설

핵심 내용 : 하나님의 특별한 사랑을 알면 겸손해져 하나님을 사랑할 수 있게 된다.

이스라엘은 하나님의 거룩한 백성으로서 가나안에서 거룩하지 못한 것을 모두 없애는 거룩한 전쟁을 수행해야 했다(신 20:10-15). 특별한 백성에게 특별한 때에 특별한 장소에서 특별한 목적을 위해 가나안 족속을 모두 멸하라는 하나님의 명령이 주어졌다. 하나님은 가나안을 자기와 함께 살아갈 거룩한 백성이 거하는 거룩한 장소로 만들기를 원하셨다. 그분은 이방 민족들의 거룩하지 못한 관습들이 이스라엘 백성에게 덫이 될 것을 알았기에 그들을 모두 몰아내라고 명령하셨다.

하나님은 또한 이스라엘 백성이 가나안을 정복하는 동안 걸려들 수 있는 덫이 하나 더 있다는 것도 알고 계셨다. 그 덫은 다름 아닌 교만이었다. 이스라엘의 특별함에 가나안 정복 전쟁의 승리까지 더해지면 교만해질 가능성이 매우 컸다. 다시 말해, "우리가 얼마나 위대하고, 강하고, 훌륭한지를 보라!"라고 생각할 위험이 있었다. 교만은 스스로를 신으로 만드는 것이기 때문에 그것은 가나안 족속의 우상들을 섬기는 것만큼이나 큰 죄악이었다.

이스라엘 백성을 특별하게 만든 것은 무엇인가? 오늘날의 교회를 특별하게 만드는 것은 무엇인가? 모세는 하나님의 백성이 하나님이 그들의 강한 힘이나 용기나 지혜 때문에 그들을 선택하신 것이 아니라는 사실을 깨닫기를 원했다. 우리가 군인들을 모집한다면 그런 자질들을 확인해야 한다. 그러나 하나님이 자신의 군대를 모집할 때는 그런 것들을 보지 않으신다. 하나님이 이스라엘 백성을 사랑하신 이유는 그들이 훌륭해서가 아니었다. 하나님이 이스라엘 백성과 교회를 사랑하시는 궁극적인 이유는 그분의 사랑 때문이다. 하나님은 사랑하기 때문에 사랑하신다. 그 사랑은 하나님의 백성이 지닌 자질에 의존하지 않는다. 사실, 하나님은 자기 백성이 지닌 온갖 부족함에도 불구하고 그들을 사랑하신다. 이스라엘 백성은 강하지도, 용맹하지도 않았다. 그들이 선택받은 이유는 하나님이 그들을 사랑하셨기 때문이다.

오늘날의 교회도 마찬가지다. 하나님이 우리를 사랑해 구원하시는 이유는 우리가 위대하기 때문이 아니다. 그분은 사랑하기 때문에 사랑하신다. 우리가 하나님의 사랑을 받을 자격이 없다는 사실을 옳게 알아야만 그분을 사랑할 수 있다. 교만은 우리의 모든 것을 바쳐 하나님을 사랑하지 못하도록 가로막는다. 하나님의 사랑을 깨닫고 겸손해지면 하나님을 사랑함으로써 언약을 충실하게 이행할 수 있다.

1) 교만은 무엇인가?

— 교만은 우리 자신을 위대하게 생각하는 그릇된 태도를 가리킨다. 이런 태도는 하나님을 배제한 채 우리 자신만을 바라볼 때 생겨난다.

2) 교만이 가나안의 우상들을 섬기는 것만큼이나 해로운 이유는 무엇인가?

— 그 이유는 교만이 또 다른 형태의 우상 숭배에 해당하기 때문이다. 교만은 자아를 신으로 여겨 숭배한다.

3) 모세는 어떤 진리로 우리의 교만을 죽이라고 가르쳤는가?

— 그는 우리가 하나님의 사랑을 받을 자격이 없다는 진리를 옳게 깨달아야 한다고 가르쳤다. 이스라엘과 교회가 특별한 이유는 그들이 아닌 하나님에게서 발견된다. 하나님이 자기 백성을 사랑하시는 이유는 그들이 훌륭해서가 아니라 그분이 그들을 사랑하시기 때문이다. 이것은 우리를 겸손하게 만드는 영광스러운 진리다. 이 진리를 알면 우리의 모든 것을 바쳐 하나님을 사랑하고, 섬길 수 있다.

기도 

가족들이 복음을 통해 나타난 하나님의 무조건적인 영원한 사랑을 깨닫게 해달라고 기도하라.

81 우리의 의로움에 의존하지 않는 하나님의 축복

복습 

1) 모세는 어떤 진리를 가르쳐 이스라엘 백성이 스스로를 훌륭하게 여기지 않도록 했는가?

— 하나님의 사랑에 관한 진리.

2) 하나님이 자기 백성을 사랑하시는 이유는 무엇인가?

— 단지 하나님이 그들을 사랑하시기 때문이다.

본문 읽기

신 9:1-8

1) 누가 강한 가나안 족속들을 물리칠 예정이었는가?

— 그들을 물리칠 용사는 바로 하나님이었지만, 그분은 이스라엘 백성을 통해 그렇게 하실 생각이셨다.

2) 이스라엘 백성이 가나안을 정복할 때 어떤 생각을 할 가능성이 있었는가?

— 그들이 의로워서 하나님이 그들에게 가나안을 주셨다는 생각.

3) 이스라엘 백성이 그런 생각에 빠지지 않으려면 무엇을 기억하는 것이 필요했는가?

— 과거에 그들이 불의했던 사실을 기억해야 했다.

해설

핵심 내용 : 하나님은 자기 백성이 불의한데도 불구하고 그들을 사랑하고, 축복하신다.

이스라엘 백성은 자기들이 강해서 하나님의 선택을 받았다고 생각할 가능성이 있었다. 그러나 하나님은 그들이 약한데도 불구하고 그들을 사랑하셨다(신 7:1-11). 모세는 이스라엘 백성이 가나안을 정복할 때 가나안의 거인 족속이 아닌 그들의 마음속에 도사리고 있는 큰 교만이 그들을 가장 크게 위협하는 요인이라는 것을 알았다. 교만에 사로잡히면 그들이 강하고, 선해서 하나님이 그들을 축복하셨다고 생각할 공산이 컸다. 다시 말해, "하나님이 우리에게 이 땅을 허락하신 이유는 우리가 그분께 순종했기 때문이야."라고 생각하려는 유혹을 느낄 수 있었다. 이런 태도를 '율법주의'로 일컫는다. 그것은 우리 자신의 행위가 구원의 축복을 받는 공로가 될 수 있다는 신념이다.

이스라엘에 관한 이야기를 읽고 있노라면 "이스라엘 백성은 어떻게 자신들이 선해서 하나님이 축복하셨다고 생각할 수 있지? 그들이 한 일이라고는 불평과 우상 숭배밖에는 없는데 말이야."라는 생각이 들 수 있다. 그런 생각은 사실이다. 교만은 어리석은 거짓말에 이끌린다. 교만은 우리 자신에 대한 그릇된 평가를 부추긴다. 교만에 사로잡히면, 모든 증거가 하나님이 선하시다는 사실을 입증하는데도 그분이 악하다고 말하고, 모든 증거가 우리가 악하다는 사실을 입증하는데도 우리가 선하다고 말한다.

하나님이 예수님 안에서 축복을 소낙비처럼 내려주시면, 우리는 우리 자신이 다른 사람들보다 더 훌륭하기 때문이라고 생각하는 경향이 있다. 그러나 하나님이 우리를 구원하시는 이유는 우리가 선해서가 아니다. 그분이 우리를 구원하시는 이유는 우리가 선하지 않기 때문이다. 이것이 바로 은혜다. 은혜란 하나님이 우리가 받아야 마땅한 것과 정반대되는 것을 베푸시는 것을 의미한다. 모세가 이스라엘 백성에게 그들이 광야에서 불평을 일삼고, 우상을 숭배했던 일을 거론하며 그들의 부패성을 상기시켜준 이유가 여기에 있다. 그는 "금송아지를 잊지 말라."라고 말했다. 우리가 우리의 악한 과거를 기억해야 하는 이유는 절망하기 위해서가 아니라 복음을 통해 우리가 받을 자격이 없는 하나님의 은혜를 마음껏 누리기 위해서다. 우리의 죄라는 어둠을 배경으로 그리스도의 은혜의 빛이 더욱 밝게 빛난다. 이스라엘 백성은 공로를 세워 가나안을 차지하지 않았다. 그들은 그것을 차지할 자격이 없었다. 우리도 우리의 공로로 구원을 얻지 않는다. 하나님은 홀로 모든 영광을 받기 위해 자기 백성의 죄에도 불구하고 그들에게 축복의 선물을 베푸신다.

1) 율법주의란 무엇인가?

— 율법주의는 하나님이 행위의 공로를 보고 우리를 구원하신다고 믿는 신념을 가리킨다. 사람들은 교회에 다니거나 성경을 읽거나 특정한 죄를 짓지 않았기 때문에 천국에 갈 것이라고 생각하는 경향이 있다.

2) 순종의 행위를 통해 하나님의 축복을 받을 수 있다는 생각이 어리석은 이유는 무엇인가?

— 율법주의가 어리석은 이유는 우리가 이스라엘 백성과 똑같은 죄인이기 때문이다. 우리는 하나님이나 사람들을 사랑해야 마땅한데도 그렇게 하지 않는다. 구원이 우리의 의에 의존한다면, 우리는 절대로 구원받을 수 없다.

3) 죄로 인해 오로지 저주만을 받아야 마땅한 우리를 하나님이 축복하실 수 있는 이유는 무엇인가?

— 예수님은 완전한 삶을 통해 우리가 하나님의 축복을 받을 수 있는 공로를 세우셨고, 희생적인 죽음을 통해 우리의 죄가 받아야 마땅한 저주를 짊어지셨다. 따라서 하나님은 예수님 안에서, 또 그분을 통해 우리의 죄에도 불구하고 우리를 축복하신다.

기도 

자녀들이 자신의 부패함과 복음을 통해 나타난 하나님의 은혜를 깨달아 겸손해질 수 있게 해달라고 기도하라.

82 마음의 할례

복습

1) 율법주의란 무엇인가?

— 우리의 행위를 통해 구원을 얻을 수 있다는 신념.

2) 율법주의가 잘못인 이유는 무엇인가?

— 우리는 죄 가운데 있기 때문에 전적으로 하나님을 의지해야만 구원받을 수 있다.

본문 읽기

신 10:14-16, 롬 2:28, 29

1) 모세는 하나님에 관해 어떤 가르침을 베풀었는가?

— 하나님은 만물의 주인이지만, 그 가운데서도 특별히 이스라엘 백성을 자기 백성으로 삼아 사랑하신다.

2) 하나님의 사랑을 알게 된 이스라엘 백성은 그들의 마음에 무엇을 해야 했는가?

— 그들은 마음의 할례를 실시해야 했다. 마음의 할례란 하나님을 사랑하지 못하게 가로막는 죄와 불신앙을 제거하는 것을 의미한다.

3) 바울은 마음의 할례가 누구를 통해 이루어진다고 가르쳤는가?

— 성령.

해설

핵심 내용 : 하나님의 백성으로서 그분의 축복을 누리며 살려면 새 마음이 필요하다.

군인들이나 운동선수들은 단체복을 입는다. 셔츠의 색깔이나 어깨의 견장을 보면 그가 어느 편인지 금방 알 수 있다. 하나님도 이스라엘 백성에게 그들이 자기의 특별한 백성임을 보여주는 표식을 주셨다. 그 표식은 다름 아닌 '할례'였다. 이스라엘의 모든 남성은 포피를 잘라내 세상으로부터 구별된 하나님의 백성이라는 것을 보여주어야 했다(창 17:9-14). 할례는 오늘날의 세례처럼 하나님의 은혜로운 언약에 참여한 사람이라는 표식이었다. 하나님은 그런 식으로 이스라엘 백성에게 "너는 나의 것이다"라는 사실을 상기시켜주셨다.

군인이 군복을 입으면 그것에 합당하게 처신해야 한다. 다시 말해, 충성심과 용기를 발휘해 국가를 섬겨야 한다. 외적인 단체복에 어울리는 내적인 마음 자세가 필요하다. 견장과 군화를 착용하는 것만으로는 충분하지 않다. 국가를 사랑하는 마음으로 기꺼이 목숨을 바칠 각오가 필요하다. 이스라엘의 외적 표식인 할례도 내적인 마음 자세를 상기시켜주는 역할을 했다. 그들은 하나님의 특별한 백성이 되기 위해 그분을 사랑하고, 섬겨야 했다. 포피를 잘라내는 외적 행위만으로는 충분하지 않았다. 마음에서 죄를 제거하는 것, 곧 마음의 할례가 필요했다.

이스라엘 백성은 이 점을 종종 망각했다. 그들은 외적인 할례만으로 충분하다고 생각했다. 우리도 세례를 받았고, 교회의 일원이 되었기 때문에 안전하다고 생각하는 순간, 그런 오류에 쉽게 빠질 수 있다. 세례는 할례와 마찬가지로 우리를 구원할 수 없다. 그것은 그리스도 안에 나타난 하나님의 은혜로운 구원을 통해 마음이 새로워졌다는 것을 상기시켜주는 외적 표식이다. 이스라엘 백성이 가나안에서 오래도록 하나님의 축복을 누리며 살려면, 진지한 마음의 수술이 필요했다. 우리도 마찬가지다. 하나님은 성령을 통해 그런 수술을 시행하신다. 하나님은 죄를 사랑하는 마음을 하나님을 사랑하는 마음으로 바꿀 수 있는 뛰어난 외과 의사이시다. 하나님의 축복을 누리려면 구별된 표식만이 아닌, 구별된 마음이 필요다.

1) 하나님은 어떤 외적 표식을 통해 이스라엘 백성이 자신의 특별한 백성이라는 것을 보여주셨는가?

   — 옛 언약 아래에서 언약에 참여했다는 것을 보여주는 표식은 할례였다. 새 언약 아래에서는 세례가 그와 똑같은 역할을 한다. 이 표식들은 하나님의 백성을 세상 사람들과 구별한다.

2) 세례를 의지하는 것이 위험하고, 치명적인 오류인 이유는 무엇

인가?

— 세례도 할례처럼 우리를 구원할 능력이 없다. 세례는 우리가 예수님께 속해 있다는 표식일 뿐이다. 오직 예수님만이 우리를 구원할 수 있고, 우리의 신뢰를 받기에 합당하시다.

3) 마음의 할례를 시행하는 방법은 무엇일까?

— 하나님의 말씀을 들으면 성령께서 새 마음을 주신다(벧전 1:22-25). 이스라엘 백성이 모세의 설교를 들었던 것처럼, 우리도 하나님의 말씀을 주의 깊게 새겨듣고, 성령께서 우리를 변화시켜 주시길 기도해야 한다.

기도 

가족들이 마음을 변화시키는 성령의 사역을 경험할 수 있게 해달라고 기도하라.

83 자손 대대로

복습

1) 이스라엘 백성은 할례라는 외적 표식을 지니는 것만으로 충분했는가?

— 그렇지 않다. 하나님의 성령을 통해 마음에서 죄를 제거하는 것이 필요했다.

2) 오늘날 우리는 세례를 받는 것으로 충분한가?

— 그렇지 않다. 하나님의 성령을 통해 마음이 변화되어야 한다.

본문 읽기

신 11:18-25

1) 이스라엘 백성은 하나님의 말씀을 어디에 두어야 했는가?

— 모든 곳에 두어야 했다. 그들의 마음과 손과 눈과 입술과 집에 항상 하나님의 말씀이 있어야 했다.

2) 이스라엘 백성은 하나님의 말씀을 누구에게 가르쳐야 했는가?

— 자녀들에게 가르쳐야 했다. 하나님은 다음 세대가 자기를 사랑하고, 섬길 수 있도록 부모들에게 성경을 가르치라고 명령

하신다.

3) 하나님은 이스라엘 백성이 말씀에 순종하면 어떻게 해주겠다고 약속하셨는가?
— 가나안 땅에 있던 그들의 원수들을 이기게 해주겠다고 약속하셨다.

해설 

핵심 내용 : 부모들은 자손 대대로 하나님을 알고, 사랑할 수 있도록 자녀들에게 하나님의 말씀을 가르쳐야 한다.

이스라엘 백성은 오늘날의 우리와는 달리 가죽으로 제본된 성경책을 소유하지 못했다. 그들은 모세와 제사장들의 성경 낭독과 설교를 통해서만 하나님의 말씀을 들을 수 있었다. 그들은 하나님의 말씀을 잊지 않기 위해 그런 식으로 말씀을 들어야 했다. 이것이 모세가 그들에게 성경 말씀을 손목에 매고, 미간에 붙이라고 가르쳤던 이유였다. 유대인들은 이 가르침을 문자적으로 실천했다. 그들은 앞이마와 손목에 '성구함(성구를 적은 작은 두루마리를 넣은 나무 상자)'을 매달았다. 모세의 의도는 그의 가르침을 문자적으로 실행하라는 것이 아니었다. 그는 두루마리 성경을 살과 피로 이루어진 그들의 심장에 부착하라고 말하지 않았다. 그는 어느 곳에서나 항상 하나님의 말씀을 기억하라는 뜻을 전하기 위해 비유적인 표현을 사용했을 뿐이다. 성경이 없으면, 이스라엘 백성은 하나님도 없고, 희망도 없는 상태에서 어둠 속을 헤맬 수밖에 없었다.

첫 번째 광야 세대는 하나님과 그분의 말씀을 잊었다. 그들은 믿음이 없었기 때문에 광야에서 죽었다. 하나님은 그런 일이 두 번 다시 일어나지 않기를 바라셨다. 그분은 이스라엘의 새로운 세대가 자기에게 순종하며, 가나안에서 축복을 누리며 살기를 바라셨다. 이것이 그분이 말씀을 기억하라고 당부하신 이유였다. 하나님은 그들이 자손 대대로 구원을 받아 가나안에서 자신의 얼굴빛을 즐거워하기를 원했기 때문에 자녀들에게 성경을 가르치라고 명령하셨다.

이것이 우리가 가정 예배를 드리는 이유다. 하나님은 우리가 자손 대대로 자신의 은혜와 영광을 알기를 바라신다. 그분은 그 목적을 이루기 위해 자녀들에게 말씀을 가르치는 임무를 부모들에게 맡기셨다. 우리가 가족으로서 하나님을 예배하는 이유는 그분이 우리를 보살필 뿐 아니라 우리가 구원의 축복을 알기를 바라시기 때문이다. 우리는 하나님의 말씀을 항상 우리 앞에 두어야 한다. 말씀이 없으면 우리는 망할 수밖에 없지만, 말씀이 있으면 예수 그리스도 안에서 하나님을 알고, 그분과 영원히 함께 살 수 있다.

1) 이스라엘 백성은 성경책을 소유하지 못했는데 어떻게 항상 하나님의 말씀을 자기 앞에 둘 수 있었는가?
—— 성막에서 성경을 읽고 해설하는 가르침을 주의 깊게 듣고, 성경 구절을 암기하고, 서로에게 말함으로써 그렇게 할 수 있었

다. 우리도 그렇게 해야 한다.

2) 우리가 가족으로서 성경책을 둘러싸고 한자리에 모여야 하는 이유는 무엇인가?

— 하나님을 알고, 기쁘시게 하기를 원하기 때문이다. 늘 하나님과 그분의 진리에 관해 말해야 하지만, 날마다 특별히 시간을 따로 할애해 하나님의 진리에 관심을 집중하는 것이 필요하다.

3) 하나님의 말씀을 기억하는 것이 그토록 중요한 이유는 무엇인가?

— 오직 성경을 통해서만 하나님과 그분의 구원과 우리의 삶을 위한 그분의 뜻을 알 수 있기 때문이다. 하나님의 말씀을 믿는 믿음이 없으면 망할 수밖에 없다.

기도 

가정 예배 시간에 복을 내리사 자녀들의 마음속에 하나님의 말씀이 거하게 해달라고 기도하라.

84 최종적인 선지자

복습

1) 무엇을 통해 하나님과 그분의 구원을 알 수 있는가?

— 성경에 기록된 하나님의 말씀을 통해 알 수 있다.

2) 하나님의 말씀을 항상 우리 앞에 두려면 어떻게 해야 하는가?

— 설교와 가르침을 듣고, 말씀을 묵상하고, 서로에게 말해야 한다.

본문 읽기

신 18:15-19, 행 3:19-23

1) 하나님은 누구와 같은 선지자를 세우실 예정이었는가?

— 모세와 같은 선지자.

2) 하나님은 그 선지자의 입에 무엇을 두실 생각이셨는가?

— 하나님의 말씀. 참 선지자들은 항상 하나님의 말씀만을 전한다.

3) 베드로는 누구를 모세와 같은 선지자라고 말했는가?

— 예수님. 그분은 최종적인 선지자이셨다.

해설

핵심 내용 : 예수님은 가장 위대한 마지막 선지자이셨다. 우리는 그분의 말씀을 들어야 한다.

모세는 하나님의 말씀이 선택받은 백성의 삶과 행복에 가장 큰 영향을 미친다고 생각했다. 이것이 그가 모압 평지에서 임종을 앞두고 설교를 행했던 이유였다. 그는 마지막 설교를 통해 이스라엘 백성에게 말씀을 듣고, 마음에 새겨야 할 필요성을 강조했다. 하나님의 말씀에 귀를 기울이는 것보다 더 중요한 것은 없다.

그때까지만 해도 하나님의 말씀은 오직 모세를 통해서만 주어졌다. 그것이 모세의 임종이 임박하면서 문제로 대두되었다. 모세가 죽은 후에도 하나님이 계속해서 이스라엘 백성에게 말씀하실 것인가? 아니면 이스라엘 백성도 주변의 이방 민족들과 마찬가지로 점술과 마술에 의존하게 될 것인가? 하나님은 점술과 마술을 금하셨기 때문에(신 18:9-14) 자기 백성에게 계속해서 말씀하실 것이라고 약속하셨다.

하나님은 자기 백성을 선지자가 없는 상태로 방치하지 않으실 생각이었다. 모세 이후에 많은 선지자가 오랫동안 잇따라 나타나서 하나님의 백성에게 말씀을 전했다. 그러나 사무엘이든 이사야든 다니엘이든 말라기든, 그들 가운데 모세만큼 중요한 선지자는 아무도 없었다(신 34:10, 11). 옛 언약의 선지자들 가운데 모세처럼 하나님과 친밀하게 대면했던 사람은 한 사람도 없었다. 그들 가운데 중보자의 역할을 담당한 사람은 아무도 없었다.

수천 년이 지난 후에 이스라엘 백성은 "모세와 같은 선지자가 어디에 있는가?"라고 물었다. 하나님은 자기 아들(예수 그리스도)을 보내 그 물음에 대답하셨다. 예수님은 단순히 모세 같은 선지자가 아니라 그보다 훨씬 더 위대한 선지자이셨다. 예수님은 하나님으로서 성부 하나님과 상상을 불허하는 친밀한 관계를 맺으셨고, 인성을 지닌 까닭에 무죄한 중보자가 되셨다. 예수님은 하나님의 최종적인 선지자로서 하나님의 참모습을 온전하게 계시하셨다(히 1:1-3). 그분의 말씀을 들으면 영생을 얻을 수 있다. 우리는 영감된 신약성경을 통해 그분의 말씀을 들을 수 있다. 하늘의 가나안에 들어가기를 원한다면 성자 예수님의 말씀을 듣고, 마음에 소중히 간직해야 한다.

1) 하나님은 모세가 죽은 후에도 이스라엘 백성에게 계속 말씀하셨는가?

— 그렇다. 하나님은 구약 시대에 선지자들을 많이 세워 말씀을 계속 전하게 했고, 궁극적으로는 모세와 같은 선지자를 세울 것이라고 약속하셨다.

2) 옛 언약의 선지자들 가운데 모세와 같은 선지자를 세울 것이라는 약속을 궁극적으로 성취한 사람이 아무도 없었던 이유는 무엇인가?

— 그들 가운데 모세처럼 하나님을 대면했던 사람이나 언약의

중보자 역할을 담당했던 사람이 없었기 때문이다.

3) 예수님이 모세보다 훨씬 더 위대한 선지자이신 이유는 무엇인가?

— 예수님은 모세와는 달리 신성을 지닌 하나님이시다. 그분은 성부와 성령 하나님과 영원 전부터 완전한 교제를 나누신다. 예수님은 또한 모세와 달리 무죄한 중보자이고, 하나님의 참모습을 온전하게 계시하신다.

기도 

가족들이 선지자이신 그리스도께 무릎을 꿇고, 생명을 주는 그분의 권위 있는 말씀을 소중히 간직할 수 있게 해달라고 기도하라.

85 하나님의 축복

복습 

1) 하나님은 이스라엘 백성에게 어떻게 말씀을 전하셨는가?

— 모세와 선지자들을 통해.

2) 최종적인 선지자는 누구인가?

— 하나님의 아들 예수 그리스도.

본문 읽기

신 28:1-11

1) 누가 가나안에서 이스라엘 백성을 축복할 것인가?

— 하나님.

2) 이스라엘 백성이 하나님의 축복을 누리려면 어떻게 해야 했는가?

— 하나님의 명령을 듣고, 지켜 행해야 했다.

3) 이스라엘 백성이 순종하면 어떤 축복을 받게 될 것인가?

— 많은 자손과 풍족한 양식을 얻고, 원수들을 물리쳐 승리하고, 하나님을 믿지 않았던 민족들 앞에서 명성을 떨치게 될 것이었다.

해설

핵심 내용 : 하나님의 축복을 누리려면 율법에 순종하는 믿음이 필요하다.

어떤 사람들은 위의 성경 본문을 근거로 "보라! 이스라엘 백성은 순종의 공로를 통해 하나님의 축복을 누렸다."라고 말하곤 한다. 그러나 그것은 본문을 크게 오해한 것이다. 죄인인 인간은 자신의 공로로 그 어떤 축복도 받을 수 없다. 하나님은 이스라엘 백성에게 가나안을 선물로 주셨다. 그분이 그들에게 그곳을 허락하신 이유는 그들이 의로워서가 아니었다. 하나님은 그들이 불의한데도 불구하고 그런 은혜를 베푸셨다(신 9:1-8). 죄인인 이스라엘 백성은 하나님의 은혜로운 선물을 믿음으로 받아야 했다. 그러나 믿음에는 항상 사랑의 순종이 뒤따르기 마련이다(갈 5:6). 마음이 하나님께 사랑과 순종을 바치도록 변화되지 않으면, 이스라엘 백성은 그분을 알고, 그분의 말씀을 믿는 것이 불가능했다. 가나안에서 하나님의 축복을 누리려면 순종이 꼭 필요했을까? 물론이다. 죄인들이 하나님의 은혜를 받으려면 율법에 순종하는 믿음이 있어야만 한다. 이 순종은 축복을 받는 공로가 아니라 축복을 받는 수단인 믿음의 결과물이다.

앞서 말한 대로, 하나님의 언약은 결혼 언약과 매우 흡사하다. 남녀가 결혼하면 사랑으로 서로에게 자신을 내준다. 결혼의 축복들은 공로에 대한 보상이 아니다. 그것은 거저 받는 선물이다. 그러나 남편과 아내가 일평생 결혼의 축복들을 계속해서 누리려면, 결혼식 날의 서약을 지켜야 한다. 배우자에게 불신실하면 결혼 언약은 파기되고, 축복도 사라진다. 이스라엘 백성의 경우도 마찬가지였다. 그들의 순종은 하나님과 특별한 관계를 맺는 공로나 그분에게서 특별한 땅을 하사받는 공로가 아니었다. 그들의 순종은 그들이 믿음으로 하나님과 그분의 말씀 안에서 행한다는 것을 보여주는 증거였다. 순종은 예나 지금이나 항상 변함없는 축복의 길이다.

이스라엘 백성이 순종할 때는 많은 자손과 풍족한 양식과 많은 가축의 축복이 뒤따랐다. 그러나 교회는 영적인 실체이기 때문에 영적 축복을 받는다. 하나님은 그리스도인들에게 많은 재물과 멋진 자동차가 아니라 세상의 모든 보화를 다 합친 것보다 더 영광스러운 하늘의 기업으로 축복하겠다고 약속하셨다. 하나님께 완전하게 순종한 사람은 예수 그리스도밖에 없다. 그분을 믿으면 그런 축복을 받을 수 있다. 그리스도를 믿는 참 신앙을 지니고 사랑의 순종을 실천하면 하나님의 구원하시는 복 안에 안전하게 머물 수 있다.

1) 이스라엘 백성의 순종은 하나님의 축복을 받는 공로였는가?
— 그렇지 않다. 그들은 죄인들이었다. 성경은 죄인들은 행위의 공로에 근거해 하나님으로부터 그 어떤 것도 받을 수 없다고 가르친다.
2) 순종의 공로로 하나님의 축복을 받을 수 없는데 그런 축복을 받는 데 순종이 꼭 필요했던 이유는 무엇인가?

— 이스라엘 백성의 순종이 꼭 필요했던 이유는 하나님의 축복을 누리는 수단이 믿음이고, 참된 믿음에는 항상 순종이 뒤따르기 때문이다(약 2:14-26).

3) 하나님은 오늘날의 그리스도인들에게 재물과 건강과 높은 지위로 축복하겠다고 약속하셨는가?

— 아니다. 이스라엘 백성에게 물리적인 축복이 약속된 이유는 그들이 지상의 땅을 향해 나아가는 물리적인 국가였기 때문이다. 그와는 달리 교회는 하늘의 땅을 향해 나아가는 영적인 국가이기 때문에 영적인 축복을 받는다(엡 1:3).

기도 

자녀들이 사랑으로 역사하는 믿음을 통해 하나님의 축복을 누릴 수 있게 해달라고 기도하라.

86 하나님의 저주

복습 

1) 이스라엘 백성이 계속해서 하나님의 축복을 누리려면 무엇이 필요했는가?

— 언약을 충실히 지키는 믿음이 필요했다.

2) 그것은 순종이 하나님의 축복을 얻는 공로라는 뜻인가?

— 아니다. 죄인들은 자신의 공로로 하나님의 축복을 받을 수 없다. 축복은 값없는 선물이고, 오직 믿음으로만 받을 수 있다.

본문 읽기 

신 28:15-20, 25-29

1) 이스라엘 백성이 믿음으로 하나님께 순종하지 않을 때는 어떤 일이 일어날 예정이었는가?

— 언약의 저주를 받게 될 것이었다.

2) 하나님은 어떤 저주로 이스라엘 백성에게 경고하셨는가?

— 기근과 질병과 파멸 등, 많은 재앙을 겪게 될 것이라고 경고하셨다.

3) 이스라엘 백성이 언약을 어길 때도 하나님은 그들에게 계속해

서 승리를 허락할 생각이셨는가?

— 아니다. 그분은 그들을 원수들의 손에 붙이실 생각이셨다.

해설

핵심 내용 : 하나님은 저주 안에서, 그리고 자기 백성을 위해 대신 고난 받을 중보자 안에서 자신의 선하심을 드러내신다.

하나님은 선하신 하나님이시다. 우리는 우리가 받을 자격이 없는 축복을 받아 누릴 때는 하나님이 선하시다고 즉각 인정한다(신 28:1-14). 그러나 그분의 저주에 대해서는 어떤 반응을 보이는가? 어떤 사람들은 언약의 저주에 대해 읽고 하나님을 악한 독재자로 생각한다. 그러나 사실, 하나님의 저주는 그분의 축복과 마찬가지로 그분의 선하심을 드러낸다. 재판관이 살인자들을 사면해주고, 아버지가 불순종하는 자녀를 징계하지 않고, 왕이 적들과 맞서 싸우지 않고 자기 백성을 유린하도록 방치한다면 어떻게 될까? 그런 경우에는 그들을 선하다고 말할 수 없을 것이 분명하다. 그와 마찬가지로 하나님이 악에 무관심하시다면 그분을 선하다고 말할 수 없다.

이스라엘 백성의 순종은 하나님의 축복을 얻는 공로가 아니었다. 그러나 그들의 불순종은 하나님의 저주를 불러들이는 이유였다. 하나님은 저주를 받을 잘못을 저지르지 않은 사람들을 절대로 저주하지 않으신다. 이스라엘 백성은 부패한 죄인들이었지만, 하나님은 노하기를 더디 하셨다. 그분은 놀라운 인내심을 발휘하며 저주를 최대한 유보하면서 그들이 영적으로 자각해 자기와 자신의 복된 약속을 믿을 수 있는 시간을 충분히 허락하셨다. 그러나 참으로 안타깝게도 이스라엘 백성은 계속해서 불신앙으로 마음을 강퍅하게 했다. 그들은 언약을 지키지 않았다. 하나님은 선하신 하나님이시기 때문에 그들의 불신실한 행위를 벌하셔야만 했다. 다시 말해, 분노하며 그들에게 저주를 쏟아내셔야만 했다

이 끔찍한 저주들은 우리의 죄가 어떤 형벌을 받아야 마땅한지를 상기시켜준다. 우리는 죄가 얼마나 파괴적인 것인지, 또 하나님이 죄를 얼마나 미워하시는지를 알아야 한다. 그러나 이 저주들은 또한 우리를 십자가로 인도한다. 우리는 하나님의 저주를 받아야 마땅하지만, 하나님은 우리를 지극히 사랑하기 때문에 예수님을 보내 우리의 죄를 대신 짊어지고 우리가 받아야 할 죽음과 파멸의 형벌을 당하게 하셨다. 이것이 십자가에서 일어난 일이다. 예수님은 우리가 하나님의 축복을 누릴 수 있도록 언약의 저주를 모두 짊어졌고, 하나님의 선한 분노를 남김없이 감당하셨다(갈 3:13, 14). 본문의 저주들은 하나님의 아들이신 무죄한 예수님이 우리와 같이 언약을 어기는 죄인들을 위해 어떤 고난을 겪으셨는지를 보여준다. 우리와 같은 죄인들을 대신해 죽음의 형벌을 당한 완전한 중보자를 허락해 주신 하나님은 참으로 선하시다.

1) 언약의 저주들은 하나님의 선하심을 어떻게 드러내는가?

— 악인을 처벌하는 재판관이나 백성들을 침입자들로부터 보호하는 왕처럼, 하나님의 저주는 그분이 거룩할 뿐 아니라 악을 간과하지 않으신다는 사실을 보여준다. 하나님이 죄를 심판하지 않으신다면 그분이 선하다고 말할 수 없다.

2) 하나님이 죄인들에게 베푸시는 축복은 항상 과분하다. 그렇다면 그분의 저주는 어떨까?

— 하나님의 저주는 그분의 축복과는 달리 항상 정당하다. 하나님은 종종 죄인들이 예수님을 믿고 죄와 형벌에서 구원받기를 바라며 기다리지만, 완전한 정의를 실현하기 위해 저주를 베푸신다.

3) 갈라디아서 3장 13, 14절을 읽어 보라. 죄인들은 무엇을 통해 하나님의 축복을 누릴 수 있는가?

— 오직 십자가에 못 박히신 그리스도를 믿는 믿음을 통해서만 축복을 누릴 수 있다. 예수님은 우리가 받을 자격이 없는 축복을 받아 누리게 하기 위해 자신과는 아무런 상관이 없는 저주를 온전히 감당하셨다.

기도 

가족들이 저주를 짊어지신 그리스도를 통해 구원의 축복을 누릴 수 있게 해달라고 기도하라.

87 새 언약

복습 

1) 이스라엘 백성이 언약을 지키지 않을 때는 어떤 일이 일어날 예정이었는가?

— 언약의 저주를 받게 될 것이었다.

2) 어떻게 하면 우리의 죄로 인한 저주를 면할 수 있는가?

— 주 예수님이 십자가에서 우리를 대신해 저주를 받으셨다는 것을 믿음으로써 저주를 면한다.

본문 읽기 

신 30:1-10

1) 이스라엘 백성이 하나님의 저주를 받고 나서 다시 축복을 받을 희망이 있었는가?

— 그렇다. 하나님은 자신의 약속을 잊지 않고, 그들이 회개와 믿음과 언약적 순종 가운데 하나님께로 돌이키면 다시 축복을 베푸신다.

2) 하나님은 그들의 마음을 어떻게 하겠다고 약속하셨는가?

— 그들의 마음에 할례를 베풀겠다고 약속하셨다.

3) 그런 마음의 변화가 일어나면 이스라엘 백성에게 어떤 결과가 나타날 것인가?

— 믿음으로 하나님과의 언약을 지키고, 언약의 관계로 말미암은 축복을 누리게 될 것이었다.

해설 

핵심 내용 : 옛 언약은 이스라엘 백성이 포로로 잡혀갈 때 끝날 것이지만, 하나님은 구원의 약속을 결코 잊지 않으실 것이다.

신명기는 행동 방식을 가르치는 율법서가 아니라 하나님이 타락한 백성을 구원하기 위해 행하신 일을 보여주는 복음서다. 모세는 모압 평지에서 전한 설교를 통해 하나님의 놀라운 사랑, 그분의 과분한 은혜, 상상을 초월하는 용서, 강력한 구원을 선언했다. 모세는 이스라엘 백성의 순종이 아닌 하나님의 은혜에 희망을 두었다. 그는 이스라엘 백성이 실패할 것을 알았으며 그에 대해 말하기를 주저하지 않았다. 모세는 설교를 통해 하나님의 백성에게 줄곧 "보라! 너희는 가나안에 오래 머물지 못할 것이다. 그 이유는 하나님의 불신실함 때문이 아니라 너희의 불신실함 때문이다."라고 말했다. 하나님은 그들에게 곧 가나안 땅을 허락하실 것이었지만, 그들은 그분의 축복을 헛되이 남용하고, 주변 민족들의 우상들을 섬길 것이었다. 그 결과, 하나님이 아담을 에덴동산에서 내쫓으신 것처럼 그들도 가나안에서 내쫓기고 말 것이었다. 모세는 그런 사실을 알고 있었지만 희망을 버리지 않았다. 그는 이스라엘 백성이 불신실하더라도 하나님은 여전히 신실하실 것을 알았다. 그는 하나님의 약속이 헛되지 않을 것이라고 확신했다. 그는 하나님의 축복이 이스라엘 백성에게 임해 그들을 통해 세상의 모든 민족이 복을 받을 것을 알았다. 그렇다면 그런 일은 어떻게 일어나는 것일까? 새 언약을 통해 일어날 것이었다. 옛 언약은 이스라엘 백성이 포로로 잡혀갈 때 끝날 예정이었지만, 모세는 옛 언약처럼 파기되지 않을 새 언약을 기대했다. 하나님은 성령을 통해 이스라엘 백성의 마음을 변화시켜 자기를 사랑하고, 섬기게 하실 것이었다.

모세는 복음 설교자였다. 이스라엘보다 더 큰 자를 통해 새 언약이 확립될 예정이었다. 예수님도 광야에서 이스라엘처럼 시험을 받으실 것이었다. 그러나 그분은 실패하지 않으실 것이었다. 왜 그럴까? 그 이유는 그분이 모세의 말을 마음속에 소중히 간직하실 것이기 때문이다. 신명기는 구원자이신 예수님이 광야에서 죄와 사탄을 물리칠 때 무기로 사용하셨던 말씀이다(마 4:1-11). 그분은 자기 백성을 포로 상태에서 구원해 가나안의 가장 비옥했던 지역보다 더 비옥한 풀밭으로 인도하신다. 이스라엘 백성의 불신실함에도 불구하고 소망이 남아 있었던 이유는 신실하신 하나님과 그리스도 때문이었다.

1) 이스라엘 백성은 가나안을 정복한 뒤에도 계속해서 하나님을

믿고, 충실히 따랐는가?

— 그렇지 않다. 그들은 모세의 가르침을 기억하지 않았고, 우상들을 숭배했다. 그로 인해 그들은 가나안에서 쫓겨나 포로로 잡혀가는 형벌을 받았다.

2) 포로 생활이 이스라엘의 최종 운명이었는가?

— 그렇지 않다. 그 이유는 하나님이 자신의 약속을 신실하게 지키시기 때문이다. 하나님은 이스라엘과 새 언약을 맺어 그들의 마음을 변화시켜 축복을 누리게 하고, 또 그것을 널리 전하게 하실 계획이셨다.

3) 하나님은 어떻게 새 언약을 이루실 생각이셨는가?

— 예수 그리스도를 통해 이루실 생각이셨다. 이스라엘 백성은 모세의 가르침을 따르지 않아 저주를 받았지만, 예수님은 그의 가르침을 믿고, 따름으로써 이스라엘은 물론, 모든 민족이 축복을 누릴 수 있는 길을 열어주셨다. 예수님은 자신의 완전한 삶과 희생적인 죽음 덕분에 성령을 한량없이 받으셨다. 그분은 이제 자기 백성이 새 마음을 얻어 언약을 지킴으로써 하나님의 축복을 누릴 수 있도록 성령을 풍성하게 부어주신다.

기도 

자녀들이 그리스도를 믿고, 그분께 소망을 둠으로써 성령을 통해 마음의 할례를 받아 하나님을 사랑하고, 섬길 수 있게 해달라고 기도하라.

88 모압에서의 애곡

복습

1) 이스라엘 백성은 가나안에서 영원히 살 수 있었나?

— 아니다. 그들은 언약을 파기한 죄로 포로로 잡혀갈 운명이었다.

2) 하나님은 이스라엘 백성을 영원히 저주 아래 두실 생각이셨는가?

— 아니다. 하나님은 은혜로 새 언약을 맺어 그들과 세상을 축복할 생각이셨다.

본문 읽기

신 34:1-12

1) 하나님은 모세가 죽기 전에 무엇을 볼 수 있게 하셨는가?

— 가나안 땅.

2) 이스라엘 백성은 모세의 죽음에 어떻게 반응했는가?

— 한 달 동안 애곡했다.

3) 모세가 죽은 후에는 누가 이스라엘 백성을 이끌었는가?

— 여호수아는 모세와 같은 선지자나 중보자는 아니었지만,

지도자로서 이스라엘 백성의 가나안 입성을 이끌었다.

해설

핵심 내용 : 모세의 임종은 그가 우리를 구원할 수 없다는 증거였다. 그의 죽음은 더 나은 중보자를 바라보도록 요구한다.

죽음은 정상적인 것이 아니다. 그것은 우리와 이 세상에 문제가 있다는 증거다. 따라서 죽음을 슬퍼하는 것은 당연한 일이다. 이스라엘 백성의 광야 생활은 처음부터 죽음과 그에 대한 슬픔으로 점철되었다. 한 세대의 이스라엘 백성이 모두 광야에서 죽었다. 이스라엘 백성의 광야 생활이 막바지에 도달했을 때 마지막 한 사람의 장례식이 거행되었다. 그것은 가장 슬픈 장례식이었다. 간절한 마음으로 이스라엘 백성의 마음에 말씀을 호소한 위대한 선지자가 마지막 숨을 거두었다. 모세는 마침내 세상을 떠났다.

그것은 기대와는 달리 행복한 결말이 아니었다. 모세는 첫 번째 광야 세대와 함께 가나안에 들어가서 행복하게 살아야 했다. 그들의 죽음은 무엇인가가 심각하게 잘못되었다는 증거였다. 하나님이 모세 대신에 또 하나의 현명한 지도자를 세우셨지만, 여호수아는 그를 대신해 이스라엘의 중보자가 될 수 없었다. 죄로 인해 언약 백성을 위한 하나님의 계획에 많은 방해가 초래되었다. 이처럼, 신명기는 모세의 무덤 앞에서 상복을 입고 슬피 애곡하는 장면으로 끝이 난다.

하나님이 신명기를 그렇게 끝내신 이유는 무엇일까? 그 이유는 죄인인 모세의 무력함과 그가 중재했던 언약의 파기를 확실하게 보여주시기 위해서였다. 모세는 이스라엘은 물론, 우리를 구원할 수 없다. 그의 장례식은 더 나은 언약의 중보자에게로 눈을 돌리게 하기 위한 하나님의 은혜로운 처사였다. 모세는 새 언약에 관해 언급했고, 그의 죽음은 그것의 절실한 필요성을 일깨우는 증거였다. 온 인류가 이스라엘 백성과 함께 모세보다 더 위대한 자, 곧 죽음의 저주를 정복하고, 죄인들이 하나님과 영원히 살 수 있도록 이끌어줄 자가 오기를 고대하고, 갈망하고, 기다렸다. 그리고 마침내 때가 차자 예수님이 와서 그렇게 하셨다. 우리가 물어야 할 가장 중요한 물음은 "예수님을 아느냐? 이 세상을 살아가는 동안 그분을 진정으로 신뢰하느냐? 어떤 희생이 뒤따르더라도 그분을 사랑하고, 따라갈 마음의 준비가 되어 있느냐?"라는 것이다. 모세는 우리를 축복으로 인도할 수 없다. 우리의 순종도 그럴 수 없기는 마찬가지다. 오직 예수님만이 우리를 축복으로 인도하실 수 있다. 가나안은 그 축복을 암시하는 예표에 지나지 않았다. 모세의 장례식은 예수님을 믿고, 그분께 삶을 헌신하라고 요구한다.

1) 모세의 설교 외에 신명기에 기록된 유일한 사건은 무엇이었는가?
—— 모압 평지에서 거행된 모세의 장례식.

2) 모세가 가나안에 들어가지 못하고 죽은 이유는 무엇인가?

— 하나님께 불순종했기 때문이다(민 20:2-13). 옛 언약의 중보자도 이스라엘 백성처럼 죄인이었을 뿐이다.

3) 하나님이 모세의 장례식으로 신명기를 마무리하신 이유는 무엇인가?

— 이스라엘 백성과 우리에게 모세가 우리를 구원해 약속의 땅으로 인도할 능력이 없다는 것을 일깨워주시기 위해서였다. 모세의 장례식은 하나님과 죄인들 사이의 유일하고, 참된 중보자이신 예수 그리스도를 바라보도록 요구한다.

기도 

자녀들이 이 광야 같은 세상을 살아가는 동안 새 언약의 중보자이신 예수 그리스도에게서 눈을 떼지 않게 해달라고 기도하라.

부록 가정 예배를 드릴 때 성경과 교리문답을 암송하라

하나님은 어린아이들에게 지식을 흡수하는 독특한 능력을 허락하셨다. 어렸을 때의 암기 능력이 가장 뛰어나다. 그러다가 10대 청소년이 되면 암기 능력이 현저하게 줄어든다. 따라서 자녀들이 어릴 때 우리는 하나님이 그들에게 주신 능력을 십분 활용해야 한다.

암기는 자녀들에게 믿음을 전달하는 매우 중요한 수단 가운데 하나다. 성경에 기록된 하나님이 말씀과 〈웨스트민스터 소요리문답〉과 같은 충실한 교리문답에 요약된 진리를 암기해야 한다. 성경과 교리문답을 암기하도록 자녀들을 독려하고 있지 않다면 매일 가정 예배를 드릴 때 그런 시간을 마련하라고 강력히 권하고 싶다.

이 책을 통해 가정 예배를 드릴 때 활용할 수 있도록 성경 암기의 지침을 아래에 마련해 놓았다. 매주 가족들과 함께 암기해야 할 성경 구절과 복습해야 할 구절들을 표기했다(이 책을 통해 일주일에 가정 예배를 다섯 번 드린다는 것을 전제로 암기해야 할 성경 구절을 표기했으니 참조하라). 구절들을 암기하고, 복습하는 데 하루에 몇 분밖에 걸리지 않을 것이다. 한 번에 한 구절을 여섯 번 반복하는 것보다 엿새 동안 한 구절을 하루에 한 번씩 반복하는 것이 기억에 더 오래 남을 가능성이 크다. 아울러, 성경 암기와 더불어 일주일에 교리문답의 질문들을 하나씩 자녀들과 함께 암기하라고 권하고 싶다.

주	암기	복습
1	출 15:11	해당 없음
2	출 19:5, 6	출 15:11
3	출 20:1-3	출 15:11, 19:5-6
4	출 20:4-6	출 19:5, 6, 20:1-3
5	출 20:7	출 20:1-3, 출 20:4-6
6	출 20:8-11	출 20:4-6, 출 20:7
7	출 20:12	출 20:7, 20:8-11
8	출 20:14-16	출 20:8-11, 20:12-13
9	출 20:17	출 20:12-13, 20:14-16
10	출 34:6-7	출 20:14-16, 20:17
11	레 19:2	출 20:17, 34:6-7
12	민 6:24-26	출 34:6-7, 레 19:2
13	신 4:33-35	레 19:2, 민 6:24-26
14	신 6:4-5	민 6:24-26, 신 4:33-35
15	신 7:7-8	신 4:33-35, 6:4-5
16	신 30:11-14	신 6:4-5, 7:7-8
17	신 30:19-20	신 7:7-8, 30:11-14
18	신 32:39	신 30:11-14, 30:19-20

Wilderness: Family Worship in Exodus, Leviticus, Numbers, and Deuteronomy

출·레·민·신 가정예배

지은이 조엘 R. 비키, 닉 톰슨
옮긴이 조계광
초판 발행 2024. 6. 24.
등록번호 제2018-000357호
등록된 곳 서울특별시 서초구 서초중앙로 24길 55, 401-2호
발행처 개혁된실천사
전화번호 02)6052-9696
이메일 mail@dailylearning.co.kr
웹사이트 www.dailylearning.co.kr

책값은 뒤표지에 있습니다.
ISBN 979-11-89697-48-8 03230